Karl Tanera

Der Krieg von 1870 71 dargestellt von Mitkämpfern

Karl Tanera

Der Krieg von 1870 71 dargestellt von Mitkämpfern

ISBN/EAN: 9783744634984

Hergestellt in Europa, USA, Kanada, Australien, Japan

Cover: Foto ©ninafisch / pixelio.de

Weitere Bücher finden Sie auf **www.hansebooks.com**

Der Krieg von 1870/71

dargestellt

von Mitkämpfern.

Vierter Band.

Straßburg unser! — Bis ans Meer.

Vierte Auflage.

München 1898
C. H. Beck'sche Verlagsbuchhandlung
Oskar Beck.

Strassburg unser! Bis ans Meer.

Von

Botho von Pressentin.

Mit mehreren Karten.

Vierte Auflage.

München 1898
C. H. Beck'sche Verlagsbuchhandlung
Oskar Beck.

C. H. Beck'sche Buchdruckerei in Nördlingen.

Vorrede zur ersten Auflage.

Als die ehrenvolle Aufgabe an mich herantrat, in dem vorliegenden Bändchen neben dem Nordfeldzug auch die Belagerung von Straßburg zu schildern, erschien mir der Gedanke fast vermessen, daß ein alter Kavallerist das Bild des Festungskrieges vom Jahre 1870/71 darstellen solle.

Weil indessen der Stoff untrennbar war, ein fachmännischer Autor vielleicht nicht in der Lage gewesen wäre, die Operationen der deutschen Nordarmee aus eigener Anschauung zu schildern, so nahm ich mit dem Mut und guten Willen des alten Soldaten die Feder zur Hand.

Und hiermit unterbreite ich dem Leser in schlichter Weise meine Arbeit. Bescheiden tritt dieselbe mit ihren Schilderungen selbsterlebter oder verbürgter Thatsachen in die Reihe der von Herrn Hauptmann Tanera geschriebenen Bändchen.

Möge sie vom Leser nicht verworfen werden!

Steglitz im März 1889.

Botho von Pressentin.

Vorrede zur dritten Auflage.

Das Wohlwollen, mit dem das lesende Publikum die beiden ersten Auflagen der vorliegenden Arbeit aufgenommen hat, die anerkennenden Urteile von Fachoffizieren auch über die Schilderung des Festungskrieges ließen mich mit Freude an die Durchsicht der 3ten Auflage gehen, und gebe ich mich der Hoffnung hin, daß die Gunst der Leser mein Buch auch ferner geleiten werde.

Steglitz im August 1892.

Botho von Pressentin.

Vorrede zur vierten Auflage.

Fünf Jahre sind verflossen, seitdem die 3te Auflage des vorliegenden Buches durch die Verlagsbuchhandlung in die Welt hinausgesandt wurde, zu erinnern an die große Zeit, in der sich Deutschlands Fürsten und Völker verbanden zu heißem, blutigem Ringen gegen den fränkischen Erbfeind. Der bequeme deutsche Michel war aber längst wieder eingelullt bei den süßen Früchten des Friedens und es bedurfte der alle Herzen bewegenden Hundertjahrfeier zu Ehren Kaiser Wilhelms des Großen, um die Liebe und Hingabe zu dem geschaffenen deutschen Reich wieder ein wenig wach zu rütteln. — Möge die vierte Auflage dieser mit Wohlwollen aufgenommenen Arbeit alle mahnen, die sich Deutsche nennen, festzuhalten an den Errungenschaften der Jahre 1870/71, damit das Wort mehr und mehr wahr werde:

Ein Reich, ein Volk, ein Gott!

Steglitz im Dezember 1897.

Botho von Pressentin.

Inhalt.

Erste Abteilung.

Straßburg und der Festungskrieg.

Zweite Abteilung.

Der Nordfeldzug.

Erste Abteilung.

Straßburg und der Festungskrieg.

I.

In Straßburg.

Ganz Europa befand sich seit den ersten Julitagen des Jahres 1870 in fieberhafter Erregung. Die Kandidatur des Prinzen von Hohenzollern auf den spanischen Königsthron war gleich einer Bombe mitten in die allgemein betonte Friedensstimmung gefahren und hatte unsere französischen Erbfeinde bewogen, in unverständlicher Weise mit dem Säbel zu rasseln.

Es war am Vormittage des 14. Juli 1870, als von Kehl aus Herr B . . . . ., ein bekannter badischer Kaufmann, mit dem Personenzuge auf dem Bahnhof bei der Porte de Saverne zu Straßburg eintraf und sich zu Fuß in die Stadt begab, um mit einem langjährigen Geschäftsfreunde wegen einer Mehllieferung zu verhandeln.

Infolge der plötzlich aufgetauchten Kriegsgerüchte hatten die Preise angezogen, vielleicht wußte sein Geschäftsfreund noch nicht, daß Prinz Anton von Hohenzollern, als ein echter Sohn des deutschen Vaterlandes im Interesse des europäischen Friedens auf die spanische Krone in aller Form Verzicht geleistet und es ließ sich in schneller Ausnutzung dieser Konjunktur ein vorteilhafter Handel abschließen.

Herr B . . . ., der in Straßburg durch langjährige Beziehungen fast so zu Hause war, wie in Kehl, wanderte zunächst in Gedanken dahin und mochte in seinem Innern überlegen, welchen Preis er fordern könne, da fühlte er sich von einem

Vorübergehenden höchst unsanft angerempelt, und als er ernüchtert aufsah, erkannte er einen in der Stadt heimischen Geschäftsagenten, dessen Vermittelung er bei früheren Anlässen mehrfach in Anspruch genommen hatte. Nichts Böses ahnend, glaubte der deutsche Kaufmann natürlich lediglich an ein Versehen und wandte sich mit der gutmütigen Glosse zurück: „Oho, so eilig?"

Da, hörte er recht? „Maudit Prussien!" zischte ihm der andere höhnisch zu, und mehrere Fußgänger hüben und drüben blieben stehen. B . . . . . sah, wie sich Fäuste ballten, vernahm von verschiedenen Seiten im Tone höchster Wut: „Espion de monsieur Bismarck!"

Dabei wurden die Straßen, je weiter er kam, um so belebter. Man las den Niederrheinischen Kurier in zusammengetretenen Gruppen; er vernahm Verwünschungen gegen dieses übermütige Preußen und dessen infolge von Sadowa herangewachsenen Größenwahn. — Es mußten neue Nachrichten eingetroffen sein!

Gerne hätte er gefragt, allein einige Sackträger, die vorhin Zeuge seiner Beschimpfung durch den Agenten gewesen, folgten ihm auf Schritt und Tritt; es blieb ihm nichts übrig, als seine Schritte zu beeilen und bei seinem Geschäftsfreund Nachrichten einzuziehen.

Nach und nach, gefolgt von einer anwachsenden Menge, gelang es ihm, sein Ziel zu erreichen, obschon die Erregung in der inneren Stadt immer mehr zunahm und mehrmals mit Schmutz nach ihm geworfen wurde.

War er, sich selbst bezwingend, auf der Straße nur langsam gegangen, um nicht die niederen Instinkte der Bevölkerung durch eine förmliche Flucht noch mehr herauszufordern, so sprang er in dem Hause des befreundeten Mehlhändlers eilig die wenigen Stufen hinauf und stand nach leichtem Klopfen atemlos mit den Worten in dessen Komptoir: „Was ist denn los? — Halb Straßburg ist ja auf der Gasse! — eine ganze Rotte hat mich unter Beschimpfungen aller Art bis an dein Haus verfolgt.

Noch bevor ich diese Thüre aufriß, gellte es mir von der Pforte nach: „Maudit Prussien!“

Monsieur D...., ein geborener Straßburger in den besten Jahren, welcher eine Dame aus Kehl zur Frau hatte, stieg langsam von seinem Reitschemel vor dem Doppelpult herab, und reichte B. mit den Worten die Hand: „Gut, daß du kommst! da ist dein Kontoauszug und hier liegt, wie du siehst, bis auf den letzten Centime genau abgezählt, dein Guthaben.“

„Aber seid ihr denn hier in Straßburg alle toll geworden? Sind neue Nachrichten da? — Ich denke, der Prinz von Hohenzollern hat auf die spanische Königskrone verzichtet!“ überstürzte sich förmlich der Kehler Kaufmann.

„Das wohl, aber diesen Verzicht hat Herr von Bismarck nur in Scene gesetzt, um gegenüber den berechtigten Reklamationen unserer Regierung einen gewissen Schein des Rechtes auf seine Seite zu bringen. Nachdem ihm dieses bei euch drüben anscheinend gelungen, glaubte man aber diese Schlappe vor der öffentlichen Meinung wieder gut machen zu müssen. König Wilhelm hat es abgelehnt, unseren Botschafter Benedetti — welcher von ihm Garantien dafür gefordert hatte, daß auch in Zukunft die Kandidatur des Prinzen Hohenzollern nicht wieder aufgenommen würde, — zu empfangen. Wie einem Überlästigen ließ er dem Botschafter Frankreichs durch seinen Adjutanten sagen: „Er habe ihm nichts weiter mitzuteilen.“ — Damit ist der Krieg so gut wie erklärt! In Paris herrscht eine hochgradige Aufregung und wie du selbst gesehen, denkt man bei uns in Straßburg genau wie an der Seine.“

B..... stand mit ineinandergefalteten Händen, als vermöge er das Vernommene nicht zu fassen. Endlich unterbrach er den Redenden mit der Frage: „Du glaubst wirklich, daß sich der Kaiser Napoleon Hals über Kopf in das Abenteuer eines derartig vom Zaune gebrochenen Krieges stürzen wird?“

„Nun, ich denke, dieses Abenteuer zu bestehen, dürfte uns nicht allzu schwer werden. Das Recht ist auf unserer Seite. König Wilhelm brauchte nur zu sagen: „Der Prinz von Hohenzollern wird niemals König von Spanien werden", — und wir hätten noch manchen Sack Mehl miteinander handeln können. Nachdem Benedetti in Ems die Thüre gewiesen wurde, werden unsere Mitrailleusen und Chassepots die einzig mögliche Antwort erteilen, und ich meine, die französischen Adler haben den Flug nach Berlin noch nicht vergessen."

„Die Verhältnisse liegen doch wohl anders als anno 6. Kommt es wirklich zum Kriege, so wird sich Alldeutschland erheben, und seine Million Gewehre könnte unter Moltkes Leitung doch am Ende ein ganz hübsches Adlerschießen veranstalten."

„Ganz Deutschland? — Chimäre! — Und der alte Mann, mit euren Zündnadeln? — Unsere Zuaven und Turkos sind nicht die Österreicher, welche immer den Stier an den Hörnern fassen zu können meinten. Mac Mahon, der an der Spitze seiner enfants perdus den Malakoff nahm und auf der Bresche stehend die lakonische Meldung schrieb: „Ich bin darin und werde darin bleiben!" würde übrigens, mein' ich, auch mit der ganzen deutschen Armee ein sehr kurzes und verständliches Wort reden."

B .... zuckte nur die Achseln und erlaubte sich die Frage: „Und deine Frau? — Wirst du sie nicht lieber — falls es wirklich zum Kriege kommt — mit den Kindern nach Hause schicken? Ich denke, Straßburg werde unfehlbar belagert werden und Deine Frau ist nicht die stärkste."

„Straßburg belagern? — Quelle bêtise! Dazu bedarf es heute, wie mich Offiziere versichert haben, einer ganzen Armee, und ich denke mir, die Preußen werden ihre Bataillone wohl nötiger im freien Felde gebrauchen. Sollten sie es aber wirklich versuchen wollen, sich ihre Dickköpfe an unseren Mauern und Wällen einzurennen, desto besser! Ich glaube aber, monsieur Moltke wird noch genug von der Geschichte des Jahres 1815 behalten haben, um nicht, wie der Kronprinz von Württemberg, seine Leute im Stauwasser der Ill verkommen zu lassen."

„Die Zeiten ändern sich, mein alter Freund. Die Kanonen unserer Tage sind nicht mehr die alten Puffer von 1815. Aber lassen wir diesen unfruchtbaren Streit. Der Rhein scheint mir, was ich früher niemals so recht geglaubt, nicht nur die örtliche Grenzscheide zwischen Frankreich und Deutschland, sondern man hat hier allmählich auch ganz anders denken und fühlen gelernt, unter der französischen Herrschaft."

„Gott sei Dank! — Wir sind stolz darauf, Franzosen zu sein! Heute mehr als je, und komme was da wolle, das Elsaß wird zu jedem Opfer bereit sein."

Auf diese Phrase hin brach B ..... die Unterredung ab, erledigte seine Geschäfte und eilte dann nach einem ernsten Händedruck in einer für ihn herbeigeholten Droschke mit der Überzeugung zur Bahn, daß die Beziehungen zu Straßburg für lange Zeit endgültig durchschnitten seien.

Während er heimwärts fuhr, stieg in Straßburg mit jeder neuen Depesche die Erregung. Die halbe Stadt war am Nachmittage des 14. Juli auf den Straßen. Truppenweise zog man vor die Präfektur und donnernd hallte es zu den Fenstern des Baron Pron, zeitigen Präfekten des Niederrheines hinauf: „Vive l'empereur!"

Und dieser Rausch verflog nicht etwa in den nächsten Tagen wie er gekommen, es brachte keine heilsame Ernüchterung, als man am 16. erfuhr, der alte Thiers habe am Tage zuvor in der Sitzung des gesetzgebenden Körpers dem Großsiegelbewahrer Olivier den Vorwurf zugeschleudert, der vorausgefaßte Kriegsbeschluß sei übereilt und unklug. Die Worte Aragos: „Ihr seid es, die den Krieg machet!" wurden belacht und bespöttelt. Man bejubelte die unerschütterliche Festigkeit des Kaisers Napoleon und vermochte nicht zu begreifen, daß selbst ein von so glühender Vaterlandsliebe beseelter Mann wie Gambetta in jener Sitzung seine Unkenrufe ertönen ließ.

Die mancherlei politischen Mißerfolge der Regierung während der letzten Jahre einerseits, das nach zwei glänzenden Feldzügen und durch eine weise Friedenspolitik unbestreitbar gewordene Übergewicht des alten preußischen Erbfeindes andererseits versetzten das ganze Volk in einen nach Ruhm dürstenden

Taumel, dessen wildem Reigen sich selbst besonnen Denkende nicht zu entziehen vermochten. —

Straßburg füllte sich mit Truppen. Von allen Seiten trafen Reserven ein, die siegesgewiß und jubelnd zu den Fahnen eilten. Unausgesetzt hallte militärische Musik durch die Straßen. Beamte, Bürger und Arbeiter verließen ihren Beruf und begleiteten die gen Hagenau marschierenden Bataillone und Schwadronen zur Stadt hinaus. Nach ihren Begriffen hatte die Würde Frankreichs zu Ems einen Schlag ins Gesicht erhalten; unter Händeschütteln und Tücherschwenken nahmen sie am Weichbilde der Stadt von den Rächern französischer Ehre Abschied und aus dem Munde von Tausenden klang es: „À Berlin und Rache für Sadowa!"

Rache für Sadowa? —

Freilich! — Da saß der Hase im Pfeffer! Die Herren Franzosen glaubten den Kriegsruhm als ihr ausschließliches Eigentum gepachtet zu haben, vermochten den Gedanken nicht länger zu ertragen, daß sie nicht mehr allein „an der Spitze der Civilisation marschieren sollten."

So vergingen die Tage. Immer bot die Stadt dasselbe buntbewegte militärische Bild, bis die unter dem 19. Juli zu Berlin übergebene französische Kriegserklärung die allgemeine Begeisterung bis zur Siedehitze steigerte. In geradezu komischen Ausbrüchen machte sich der entfachte Haß Luft.

An den Schaufenstern erschienen die wunderbarsten Karrikaturen auf die deutsche und besonders preußische Armee und in einem von Offizieren vielbesuchten Restaurant in der Nähe des Kleberplatzes tischte man ein Gebäck auf, welches die Figuren von Bismarck und Moltke zeigte. Man verschlang hier diese am meisten gehaßten Feinde Frankreichs in Massen und viele Hunderte von französischen Vaterlandsverteidigern waren kindlich genug, sich an einem unter Glas und Rahmen ausgestellten Spielwerk zu ergötzen, welches unseren viel geliebten König zu verhöhnen bestimmt war.

In einem nahe bei der Artillerieschule gelegenen Café

spielten im Billardzimmer zur Linken eine Anzahl von Unteroffizieren der verschiedenen Regimenter und Grade Boule. Der Kegel in der Mitte, nicht ungeschickt geschnitzt, stellte unseren Heldenkönig Wilhelm I. dar. Jedesmal, sobald es einem Spieler gelang, den König in der Mitte zu fällen, erhob sich ein toller Jubel, die Gläser wurden ergriffen, man sang eine wüste, hier nicht wiederzugebende Strophe und goß den Inhalt in die vom vielen Schreien heiseren Kehlen.

Und diesem Unfug schauten da aus dem unmittelbar daran liegenden Nebenzimmer wirklich, Kopf an Kopf gedrängt, französische Linienoffiziere zu? —

Armes Frankreich! — Was hätten wohl deutsche Offiziere gethan, wenn Untergebene es gewagt hätten, in dieser unflätigen Weise den Kaiser Napoleon zu beschimpfen.

Doch lauschen wir der Unterhaltung im Kreise der Offiziere.

„Ist es wahr, mein Kapitän", wendete sich ein schlanker Dragoneroffizier, dessen Regiment auf dem Durchmarsch begriffen, an einen Kameraden von der Artillerie, „daß man heute begonnen hat, die Glacis abzuholzen und die Wälle mit neuen Geschützen zu armieren?"

Statt einer direkten Antwort entgegnete ihm der Gefragte:

„Was für ein Einfall! Beabsichtigt ihr etwa die Preußen ungehindert nach Straßburg gelangen zu lassen?"

„Quelle farce!"

„Nun ja, und — selbst wenn ihr euch von diesen Kohlfressern schlagen ließet, in 8 Tagen ist bei uns alles gemacht. Vorläufig haben wir aber noch kein Genie-Detachement und ebensowenig wissen wir bis jetzt, welche Truppenteile als Besatzung hier bleiben."

„Das ist sonderbar!"

„Keineswegs! Diese Dinge hängen doch zunächst von den Bewegungen des Feindes ab. Man muß erst sehen, wo man die Truppen am besten entbehren kann!"

„Ich denke, eine Grenzfestung wie Straßburg dürfte auch mitten im Frieden nicht ohne ausreichende und feststehende Besatzung sein. Vor allem kann ich mir einen solchen Platz nicht ohne Genie-Korps denken."

„Ah bah! Das machen wir, wenn es sein muß, eben so gut wie die Maulwürfe!"

Der Dragoner seufzte, aber er kam zu keiner Erwiderung. Ein neuformiertes Mobilgarden-Bataillon marschierte unter Trommelschlag an dem Café vorüber. Alles stürzte vor die Thüre, an die Fenster und gleich darauf hallte aus dem Munde der jubelnd begrüßten zukünftigen Schlachtopfer ein donnerndes „Vive l'empereur!"

Tage um Tage vergingen so. Die Stadt wimmelte von Truppen. Die einen gingen, die andern kamen. Alle Straßen waren mit nationalen Fahnen geschmückt. Damen und Herren der wohlhabenden Kreise mischten sich unter die buntgewürfelte Schar der Vaterlandsverteidiger, teilten Zigarren, Champagner und Leberpasteten aus und in den überfüllten Lokalen hallte es während toller Orgien immer wieder: „A Berlin!"

Am 21. Juli langte der neuernannte Gouverneur, General Uhrich, an. Er reklamierte sofort energisch beim Kriegsministerium einige Genie-Kompanien und beantragte, die Armierung des Platzes ohne Zeitverlust durchführen zu dürfen.

Man vertröstete ihn mit der Weisung, daß er im Notfall nach eigenem Ermessen handeln solle.

Nachdem am 22. der mit Jubel begrüßte und überschwänglich als Zukunftsheld gefeierte Marschall Mac Mahon, Herzog von Magenta, eingetroffen war, wurde es stiller in Straßburg. Patrouillen hielten auf Ordnung, und als sich die Feldarmee nach dem nördlichen Elsaß in Marsch setzte, erschien manchem Bewohner die Stille, welche dem in Scene gesetzten militärischen Tohuwabohu gefolgt war, fast unheimlich.

Und einen Mann gab es schon damals in der ehemaligen alten deutschen Reichsstadt, der zwar ohne jede Furcht aber auch ohne Illusionen in die Zukunft sah. Privatbriefe des Generals Uhrich haben es zweifellos festgestellt, daß ihn das Unbeachtetlassen all seiner dringenden Depeschen an das Kriegsministerium schon vor Ausbruch der Feindseligkeiten mit Mißtrauen gegen die große allgemeine französische Kriegsmaschine erfüllte.

Aber General Uhrich war ein ganzer Mann, und da er nichts zu ändern vermochte, so behielt er den nagenden Schmerz für sich und drang in dem an seine Seite berufenen Verteidigungsrat darauf, daß Tag und Nacht unter Heranziehung der Bürger an der Armierung der Werke gearbeitet wurde.

Der Wille des verantwortlichen Gouverneurs wurde auch zum Beschluß erhoben, allein bis zur Ausführung, d. h. bis zur Gestellung der requirierten Arbeiterkolonnen gingen wieder einige höchst kostbare Tage verloren. Und als dann am 4. August Mac Mahon die Stadt verlassen, der Niederrheinische Kurier am 5. plötzlich die Nachricht brachte: „Die Vorhut des I. Korps, ungefähr 8000 Mann stark, bei Weißenburg stehend, wurde gestern von 80,000 Preußen und Bayern überrascht und umzingelt und mußte nach heldenmütigem Kampf nach Sulz und Hagenau zurückgehen", — da war noch nirgends das Schußfeld der Werke frei gelegt und auf dem Glacis wandelte man noch im Schatten der herrlichsten Bäume.

Wohl hatte der Militär-Intendant, Herr von Lavalette, dem General Uhrich melden können, die für offensive Zwecke der Armee seit lange gefüllten Magazine gewährten die Möglichkeit, sich in Straßburg selbst mit einer doppelt so großen Besatzung ein halbes Jahr lang zu halten, aber niemand von den dazu beauftragten Herren hatte daran gedacht, sich um all die kleinen und doch so notwendigen Details zu bekümmern. Erst nachdem die deutschen Zernierungstruppen der Festung alle auswärtigen Verbindungen abgeschnitten, entdeckte man zum Beispiel, daß es der Stadt an Salz und den Lazareten an gewissen Medikamenten mangele.

Die oben angeführte Nachricht vom Zurückgehen der Vorhut des Marschalls Mac Mahon fiel wie eine Bombe in die siegesgewisse Stimmung der Straßburger. Am Abend des 5. sah man die Gesichter der tollsten Großmäuler lang gezogen; denn man stand plötzlich vor der Möglichkeit einer Belagerung.

Dies erhellte auch aus der fieberhaften Thätigkeit, mit der nunmehr seitens der Besatzung die Bestauung ins Werk gesetzt und die Armierung der Hauptangriffsfronten bewirkt wurde.

Aber die Franzosen — und die Straßburger hielten sich ja für die treuesten Franzosen — hätten ihre Natur verleugnen müssen, wenn sie sich durch diese erste Nachricht lange hätten niederdrücken lassen. Schon am nächsten Tage war alles wieder eitel Jubel, und in dem Kurier stand es zu lesen: „Hurra! der Gegner ist zwischen zwei französische Armee-Korps genommen. Die Taktik wäre also gelungen, die Feinde herbeizuziehen und ihnen den Rückzug abzuschneiden. Wir haben von dem Sieger von Magenta nichts anderes erwartet!"

Also das Zurückgehen auf Hagenau bezeichnete kein verlorenes Gefecht, sondern den ersten wohlüberlegten Schachzug zur Vernichtung der Deutschen.

Wieder belebten sich die Straßen; von neuem feierte der Preußenhaß in den Weinschenken und Restaurants seine Orgien und die wenigen Verständigen, welche Tages zuvor daran gedacht, sich mit den Ihren auf eine immerhin mögliche Belagerung einzurichten, belachten ihre gestrige Kleingläubigkeit.

Dieser neubefestigten Hoffnung auf den sicheren Sieg machte am Nachmittage des 6. die Nachricht ein jähes Ende, daß man seit dem frühen Morgen um Wörth herum eine Schlacht schlage, in der die Franzosen wiederum rückwärts gedrängt wurden.

Und nun überstürzten sich die Ereignisse.

Durch Anschlag an den Mauern wurde bekannt gemacht: „Der Präfekt des Niederrheins benachrichtigt die Einwohner von Straßburg, daß die Stadt in Belagerungszustand versetzt ist.

gez. Baron Pron."

„Mais c'est impossible!" sagten die Leute nach dem Lesen dieser Kundgebung und schlichen verblüfft heim zu Frau und Kind. — Was sollte man beginnen, wenn es wirklich zu einer Belagerung oder Beschießung kam? Man entsann sich jetzt, von der Wirkung der preußischen schweren Geschütze vor Düppel gehört zu haben und man stand bei dem Gedanken ratlos, in der durch keine vorgeschobenen Forts geschützten Stadt die Schrecken einer Beschießung erleben zu müssen. Viele, welche noch am Morgen am lautesten à Berlin gerufen, meinten jetzt erbärmlich genug, General Uhrich dürfe eine Stadt von fast 90,000 Einwohnern nicht den Härten einer Belagerung aussetzen.

Natürlich hielt es aber niemand lange in seinen vier Pfählen; jeder dürstete nach Nachrichten. Ganz Straßburg war bald auf den Gassen.

„Haben Sie schon gehört, von morgen an werden die Thore um 5 Uhr geöffnet und um 8 Uhr abends geschlossen? — Wißt ihr schon, bei Schiltigheim soll ein langer Zug preußischer Gefangener angekommen sein?"

„Nein, das sind unsere Verwundeten von Weißenburg!" — so schwirrte es durcheinander und in Scharen zogen die Menschen aus dem Steinthor hinaus, um sich mit eigenen Augen zu überzeugen, welches der Gerüchte auf Wahrheit beruhe.

Bald trat ihnen ein Bild krassen Elendes entgegen.

Auf der Straße nach Hagenau kamen schaumbedeckte reiterlose Rosse dahergesprengt. Ein blutüberströmter Rapphengst brach in der Nähe des Glacis verendend zusammen, die übrigen Tiere schienen völlig toll vor Entsetzen und stürmten unaufhaltsam in die Stadt hinein. Kaum war dieses grausige Bild vorbeipassiert, so tauchten Reiter auf. Erst einzelne, dann truppweise kamen sie wie von Furien gepeitscht daher, indem sie ihre Pferde wie wahnsinnig zur Eile spornten. Hier ein Artillerist auf einem Zugpferd mit durchgeschnittenen Strängen, dort eine Marketenderin der Turkos auf einem irgendwo aufgegriffenen Berberhengst; Kürassiere, Lanziers und Dragoner, alles wild durcheinander gewürfelt, so jagten sie daher und blickten nur immer rückwärts über die Schulter, ob der Feind nicht folge.

Keiner dieser Flüchtlinge antwortete den Fragen des Volkes, nur vorwärts stürmte alles, den bergenden Mauern entgegen.

Die Preußen mußten im Anmarsch sein! Das Volk staute rückwärts. Und als jetzt in der Stadt gar Alarmmarsch geschlagen wurde, drängte alles Hals über Kopf den Thoren zu. Man glaubte den Feind vor der Stadt. Der Tumult wurde unbeschreiblich; alles floh.

Die Zugbrücken wurden aufgezogen und die Thore geschlossen. Allmählich gewann die Überlegung wieder Überhand.

Um 6 Uhr langte ein Eisenbahnzug mit flüchtiger Infanterie aus Niederbronn an. Bald folgte ein Zug mit Verwundeten. Lange Reihen von Gefährten aller Art brachten dieselben bei eintretender Dämmerung zur Stadt.

Auf dem ersten Wagen ein Zuave, drei Turko-Offiziere. Der erstere röchelnd und im Verscheiden, die Offiziere des Tirailleur-Regiments mit schweren Knochenschüssen an den Beinen und dennoch die Cigarette rauchend.

„Regardez les braves!" — Aber da, das ist furchtbar. Jenem Afrikaner im zweiten Karren sind beide Augen verbunden, dieselben scheinen verletzt; dennoch murmelt er eine eintönige Litanei vor sich her, während sein Kamerad zur rechten, der den zerschossenen Arm in der Binde trägt, dem gaffenden Volk unter Grinsen zuruft: „Wir haben sie wie die Hammel vor uns hergetrieben!"

„Ja, diese Turkos, das sind Helden!" geht es von Mund zu Mund, aber ernster und ernster werden die Mienen der Bürger.

Dort erzählt ein leicht Verletzter, daß alle Schwerverwundeten in Hagenau und den umliegenden Dörfern geblieben, und dennoch werden gegen 200 Verwundete im katholischen großen Seminar, 100 im protestantischen Seminar, 50 im Lyzeum und 200 in der Irrenanstalt von St. Stefansfeld untergebracht.

Die Bevölkerung ist jäh aus ihrem Taumel erwacht, und zum erstenmal während diesem Völkerringen sagt der Straßburger: „Der Krieg ist doch ein grausames Ding". Aber niemand greift in die eigene Brust und fragt sich, wer trägt die Schuld für das jetzt in Strömen geflossene Blut.

Les maudits prussiens! sie haben die sonst unüberwindlichen Bataillone überrumpelt und geführt von Spionen umzingelt. Wäre dieser Verrat nicht gewesen, kein Deutscher befände sich heute auf dem geheiligten Boden Frankreichs.

Verrat! Dieses Wort, welches im weiteren Verlauf dieses ganzen Krieges zur Bemäntelung eigener Schuld unausgesetzt im Munde der Franzosen sein sollte, wurde an diesem so trübseligen Abend des 6. August auch zum erstenmal in Straßburg von vielen Lippen gehört.

Dann kam die Nacht. Mit ihr Verwundete und Versprengte von der Schlacht bei Wörth in Massen. Die erschütterte Bevölkerung hielt sich in der Nähe der Thore, welche — unter starker Besetzung seitens der Garnison — nicht geschlossen wurden. Man mußte selbst schauen, wollte sich von den Herren der Verteidigungskommission nichts vormachen lassen, wo das Wohl und Wehe Straßburgs auf dem Spiele stand. Während der ganzen Nacht blieben die Weinschänken gefüllt, einzelne zur Stadt gelangte Kämpfer von Wörth wurden umringt und mit Fragen bestürmt. Man trank sich Mut zu, sprach von einem großen Siege des Marschalls Bazaine und fand doch weder Ruhe noch Überlegung zum Handeln.

So kam der Morgen des 7. und die Pariser Postzüge blieben aus. Neue Verwundete trafen ein. Bestürzung und Schrecken lagen auf den Mienen der Bewohner. Aber General Uhrich war überall. In seiner düsteren Ruhe, welche er den Straßburgern während der Tage höchsten Aufschwunges gezeigt, erteilte er Befehle, mahnte zur Ruhe und Besonnenheit.

So ging es auch am nächsten Tage, obschon Mac Mahon in der Nacht an den Gouverneur telegraphiert hatte: „Ich habe mit der deutschen Armee geschlagen. Ich habe die Schlacht verloren. Schicken Sie mir Lebensmittel und Munition. Ich habe nichts mehr."

Von allen Seiten flüchteten ganze Züge von Landleuten mit Hab und Gut hinter die für sicher gehaltenen Mauern der Feste. Vieh, Pferde und Schafherden wurden eingetrieben. Hunderte von Arbeitern zogen auf die Glacis und begannen die Bäume niederzulegen, Offiziere sammelten und ordneten die anlangenden Soldaten und wiesen ihnen Quartiere an; das Gewoge in Straßburg glich einem bunt durcheinander wimmelnden Ameisenhaufen. Frauen schleppten Lebensmittel und Vorräte in die Wohnungen, Arbeiter halfen den Landleuten beim Bergen ihrer Habe und auf allen Wällen herrschte emsige Thätigkeit.

Oberstleutnant Mengin, der Kommandeur der Artillerie, leitete vom Arsenal aus die Armierung der Werke, das Heranschaffen der Munition. Oberst Ducaße, der Kommandant, verfügte in Gemeinschaft mit dem Präfekten alle auf den inneren Sicherheitsdienst bezüglichen Maßnahmen und Oberst Roller unterzog sich der schwierigen Aufgabe, Ordnung in die Flüchtlinge von Wörth und Weißenburg zu bringen. Die ganze Energie dieser alten Soldaten war gegenüber den schweren Mißgeschicken der Feldarmee wachgerufen; Straßburg machte sich bereit, seine in Jahrhunderten fleckenlos erhaltene Ehre zu wahren.

Und das war auch nötig; denn der Feind stand vor den Thoren. Badische Dragoner streiften unbehelligt bis in die nächste Nähe der Werke und hatten volle Gelegenheit, sich davon zu überzeugen, daß die Armierung des Platzes noch lange nicht beendet sei.

Davon erfuhren freilich im Innern der Stadt nur wenige. Alle Hände hatten hier zu thun. Das Verhängnis war zu plötzlich und unerwartet gekommen. Man hörte auch erst gegen Abend, daß Generalleutnant von Beyer, Kommandeur der badischen Division, den Major von Amerongen als Parlamentär an General Uhrich gesandt habe, um diesen unter Darlegung der Umstände zur Übergabe aufzufordern, daß der letztere indessen diese Zumutung energisch zurückgewiesen habe.

Der ganze furchtbare Ernst des Krieges war an die Straßburger herangetreten. Das Ansammeln des Volkes auf den Straßen ward nicht geduldet, alle öffentlichen Lokale mußten auf eine vom Präfekten gegengezeichnete Verfügung des Gouverneurs schon um 8 Uhr abends geschlossen werden. Patrouillen zogen unter Führung von Offizieren durch die Straßen und an den Thoren wurden alle Versprengte, denen es gelungen war, die Linien der Deutschen zu umgehen, von starken Kommandos in Empfang genommen und ohne Aufsehen nach den Kasernen geleitet. Man wollte die Bevölkerung nicht noch weiter entmutigen.

Am nächsten Morgen aber wich Oberst Ducaße von diesem gewiß richtigen Verfahren doch wieder ab, als ihm gemeldet wurde, mit anderen Truppen habe auch ein Zug des 2ten afrikanischen Tirailleur-Regiments, unter Zurückweisung aller feindlichen Angriffe, die Fahne vom Schlachtfeld bei Wörth gerettet und harre am Steinthor der weiteren Befehle. Die Gelegenheit, durch einen Theatercoup Opferfreudigkeit und Begeisterung neu anzufachen, glaubte man sich nicht entgehen lassen zu dürfen.

Ein Musikkorps zog den Truppen entgegen. Das Volk strömte bei diesen Klängen auf die Straßen und in schnell anwachsendem Jubel geleitete eine nach Tausenden zählende Volksmasse die Kolonne bis auf den Kleberplatz, wo sie vor der Kommandantur aufmarschierte. Oberst Ducaße nahm die Fahne in Empfang. Einen Augenblick später erschien er mit diesem wehenden Symbol militärischer Ehre in der erhobenen Rechten auf dem Balkon des ausgedehnten Gebäudes und gleich darauf donnerte es noch ein letztes Mal in Straßburg viel tausendstimmig über den weiten Platz: „Vive l'empereur!"

Das war aber auch auf lange Zeit der letzte erhebende Augenblick für die Straßburger.

Der an diesem Tage erscheinende Niederrheinische Kurier brachte die Nachricht, daß alle Verkehrswege durch die badische Kavallerie abgeschnitten seien. Mit dieser Meldung zugleich wurde der Deutschenhaß durch wahre Ammenmärchen angestachelt.

In Schiltigheim sollte sich ein deutscher Offizier als ehemaliger Zögling der Straßburger Forstschule zu erkennen gegeben haben, welche er nur besucht, um die Stadt genau kennen zu lernen. Ebenso wollte man dort einen ehemaligen Straßburger Zivil-Ingenieur sicher in der badischen Uniform erkannt haben, und in der großen Bierbrauerei von Schnitzer hatten sich gar 2 badische Dragoner als ehemalige Brauknechte dieses Etablissements zu erkennen gegeben. Dabei wurde offiziell flott weiter gelogen, obschon sich inzwischen Tausende von Soldaten der Mac Mahonschen Armee innerhalb der Festungsmauern befanden. Eine öffentliche Bekanntmachung besagte, daß in Fröschweiler 33,000 Franzosen einen ganzen Tag lang gegen 140,000 Preußen und Bayern gerungen.

Armes Frankreich!

In der Bevölkerung glaubte man indessen nicht mehr blindlings. Die Verfügung des Generals Uhrich, durch welche er die Festung in vier Verteidigungsbezirke unter Kontre-Admiral Exelmans, den Generälen Joly, Frigola und Moreno, sowie Oberst Blot vom 87ten Linien-Regiment einteilte, wurde bekannt und erregte die Menge noch mehr. Einzelne Halborientierte wollten in dieser Maßnahme eine Verletzung bestehender Vorschriften sehen und in gewissen Kreisen nahm die Entmutigung in solcher Weise überhand, daß sich General Uhrich zu der nachstehenden Proklamation bewogen fand:

„Bewohner Straßburgs!

„Beunruhigende Gerüchte, blinder Lärm wurden in den letzten Tagen unfreiwillig oder absichtlich in unserer wackeren Stadt verbreitet.

„Einige Individuen wagten es sogar, den Gedanken laut werden zu lassen, daß die Stadt sich ohne Schwertstreich ergeben werde. Wir protestieren energisch im Namen der mutvollen Besatzung und französischen Bevölkerung gegen diese feige und frevelhafte Schwäche.

„Die Wälle sind mit 400 Kanonen bewaffnet, die Besatzung besteht aus 11,000 Mann ohne die ansässigen Nationalgarden.

„Wird Straßburg angegriffen, so wird es sich verteidigen, so lange es einen Soldaten, einen Zwieback und eine Patrone hat.

„Die Guten können sich beruhigen, die anderen aber mögen sich entfernen.

Der Divisionsgeneral Oberbefehlshaber:
gez. Uhrich.
Der Präfekt des Niederrheins:
Baron Pron."

Mit diesem Erlaß ging eine Warnung vor Ausschreitungen Hand in Hand und die Straßburger konnten es an allen Straßenecken lesen, daß jeder vor ein Kriegsgericht gestellt werden würde, der die Ordnung zu stören wage.

Das Kriegsrecht war mit seiner ganzen Strenge in Kraft getreten, und gegenüber der voll erkannten Gefahr beschloß die große Mehrzahl der Bevölkerung, Frankreich ein leuchtendes Beispiel von Mut und unerschütterlicher Ausdauer zu geben. Seit die Stadt am 28. September 1681 unter französische Herrschaft gekommen, war sie von den verschiedenen Regierungen Frankreichs wie ein kostbares Juwel gehütet und bevorzugt worden; nun mochten die eisernen Würfel rollen, der Name Straßburg durfte keinen Flecken tragen.

II.

Vor Straßburg.

Bis zur förmlichen Belagerung.

Kaum waren am 6. August die letzten Schüsse der Schlacht von Wörth verhallt, so ging bei der großherzoglich badischen Division, welche auf dem äußersten linken Flügel den Bewegungen der dritten Armee gefolgt war, — ohne jedoch selbst in die Schlacht eingreifen zu können, — aus dem großen Hauptquartier der Befehl ein, auf Straßburg abzumarschieren.

In fränkischem Übermut war dieser Feldzug heraufbeschworen; französische Willkür hatte vor 189 Jahren die damalige deutsche Reichsstadt Straßburg mitten im Frieden in Besitz genommen; König Wilhelm, des deutschen Vaterlandes Ehrenhüter, mochte — abgesehen von allen militärischen Gründen — nicht eine Stunde säumen, das schmerzlich beklagte Glied dem deutschen Nationalkörper wieder zu gewinnen.

Darum befahl er: „Auf nach Straßburg!" und die großherzoglich badische Division führte unter Kommando des General-Leutnants von Beyer ihre Fahnen vor die Mauern der uns durch Montclair so heimtückisch entrissenen Feste.

Seit den Tagen von Sebastopol und Gaeta hatten in Europa keine schweren Festungsgeschütze mehr gegen die Mauern starker Festungen gedonnert, deshalb waren die Augen der gesamten zivilisierten Welt auf Straßburg gerichtet, dessen Verteidigungswerke durch den berühmten französischen Marschall Vauban ausgebaut waren.

Zwar mangelten der Festung alle detachierten Forts und es fehlte an genügenden bombensicheren Unterkunftsräumen für Truppen, Lazarete und Kriegsmaterial, aber die Kehl gegenüberliegende Zitadelle mit fünf bastionierten Fronten galt infolge zweier vorliegender Hornwerke immerhin für stark. Im übrigen war die bastionierte Umwallung mit langgestreckten Courtinen sowie geräumigen Bastionen umschlossen und vor dem National- und Steinthor deckten vorgeschobene Lünetten die dort mündenden Straßen von Wasselnheim und Weißenburg. Mit zwei Hornwerken der Westfront durch ein gemeinschaftliches Glacis verbunden, war gerade hier viel durch die Befestigungskunst geschehen, während im Norden, Osten und Süden die Wasser der Ill, der Breusche und des krummen Rheins mittelst sorgfältig angelegter Schleusenwerke zu einer teilweise auf weite Strecken ausgedehnten Innundation verwandt werden konnten, durch welche nur einzelne hochgelegene Straßen den Zugang zur Festung gestatteten.

Diese Verteidigungsmittel waren wohl in allen Armeen Europas mehr oder weniger bekannt; der Platz wurde von den

Söhnen Frankreichs verteidigt; was würden die Deutschen beginnen, um die Wiedergewinnung Straßburgs zu erzwingen?

Nun, unsere süddeutschen Waffenbrüder ließen bald von sich hören.

In der Nacht vom 6. zum 7. August ging die badische Kavallerie-Brigade mit der reitenden Batterie unter Führung des Generalmajors Freiherrn von la Roche-Starkenfels morgens früh 4 Uhr gegen Hagenau vor, um diesen für die deutschen Verbindungen in Zukunft höchst wichtigen Platz, wenn möglich durch Überfall zu nehmen.

Bei völliger Dunkelheit durchtrabten die Dragoner-Regimenter den ausgedehnten Hagenauer Wald und gelangten gegen 7 Uhr vor das offene Weißenburger Thor.

General von la Roche-Starkenfels ließ hier die Batterie unter dem Schutze einer Eskadron abprotzen, und befahl je einer Eskadron die Stadt im Osten und Westen zu umreiten und den Bahnhof zu besetzen. Dann flogen die Säbel aus den Scheiden und wie Lützow's wilde verwegene Jagd ging es in langem Galopp in die Stadt hinein.

„Les Ulans!“ gellte es aus dem Munde flüchtender Bewohner; gleich darauf pochte und blitzte es aus den Häusern und Thüren auf die unbeirrt vorwärts brausende Kavallerie.

Es galt, die Thore und wichtigen Gebäude zu besetzen; mochte stürzen und fallen, was wollte, der badische General ließ sich nicht beirren. Weiter donnerten die Schwadronen durch die Straßen und das Glück war mit ihnen. In kaum einer halben Stunde war die Kaserne besetzt und die Stadt befand sich im gesicherten Besitz der Deutschen. Über 100 Gefangene, sowie reiche Beute an Waffen und Pferden fielen den Dragonern in die Hände.

Die Kavallerie-Brigade sollte aber nach ihrem hübschen Reiter-Coup nicht lange Ruhe in Hagenau finden. Schon im Laufe des Tages rückte die badische Division daselbst ein und die Dragoner eilten ihrer Infanterie nach Brumath voraus, wo sie unter Sicherung in Front und Flanken südöstlich des Ortes ein Biwak bezogen.

Am Morgen des 8. traf auch die Division bei Brumath ein und nahm hier gemäß den ihr aus dem Hauptquartier der dritten Armee erteilten Weisungen fürs nächste Stellung.

Da indessen nach übereinstimmenden Aussagen der Bevölkerung in Straßburg Schrecken und Verwirrung herrschen sollten, aus der Festung gekommene Landleute auch versicherten, die Thore seien offen, so faßte General-Leutnant von Beyer, Kommandeur der badischen Division, den Entschluß, einen Handstreich gegen den Platz zu versuchen.

Am Nachmittage brach die Kavallerie-Brigade mit der gesamten Artillerie und 6 Kompanien Infanterie auf Wagen der Fuhrparkskolonne gegen Straßburg auf. Kurz nach 6 Uhr nahmen die Truppen unter den Augen des persönlich zur Stelle befindlichen Divisions-Kommandeurs außerhalb Kanonenschußweite vor dem Steinthor Stellung und die Dragoner-Patrouillen umschwärmten bis an das Glacis heran nach allen Seiten die Festung. Leider waren die Thore geschlossen und von den Wällen wurden unsere unermüdlichen Reitet, wo sie allzu keck auftraten, mit Gewehrschüssen empfangen.

Als dann die im Auftrage des Generals von Beyer, wie schon bemerkt, durch Major von Amerongen gestellte Aufforderung zur Übergabe der Festung seitens des Generals Uhrich zurückgewiesen wurde, sah man die Unternehmung gegenüber der absoluten Sturmfreiheit des Platzes für gescheitert an und führte die Truppen in die Stellung bei Brumath zurück. Hier sollte die badische Division auch vorläufig stehen bleiben, um die Verbindungen der dritten Armee gegen Unternehmungen von Straßburg her zu sichern.

Die Zeit relativer Ruhe, welche die Division hier verlebte, wurde dazu benutzt, um durch Herstellung einer zwischen Plittersdorf und Sulz von Pionieren über den Rhein zu schlagenden Brücke die rückwärtige Verbindung auch mit dem rechten Rheinufer zu gewährleisten und durch die Kavallerie in den Ortschaften hinter der gewählten Stellung bei Brumath überall Marodeurs aufgreifen und die Bevölkerung entwaffnen zu lassen.

Kaum waren diese sehr wohlthätigen Maßnahmen durchgeführt, so ging am 10. August abends aus dem großen Hauptquartier der telegraphische Befehl Seiner Majestät des Königs ein, alle Zuzüge von feindlichen Truppen und Material nach Straßburg, namentlich von Süden her möglichst zu verhindern, volle Einschließung sei am besten und die nötigen Verstärkungen dazu unterwegs.

Als diese Weisung bei den Truppen bekannt wurde, jubelten unsere süddeutschen Brüder laut; fast unthätig hatten sie um Brumath stille liegen müssen, während die Preußen und Bayern bereits manchen Ruhmeskranz gepflückt. Nun sie das Schicksal einmal vor diese verdammten Mauern einer Festung verschlagen, wollten sie auch den Rothosen in ihrem Bau einheizen.

Da im Norden die Ill, im Osten der Rhein die Festung abschloß, durch die Inundation auf der Südfront aber nur wenige hoch gelegene Straßen führten, so blieb die Zernierungsstellung der Hauptsache nach durch die Natur auf die West- und Nordwestfront zwischen dem Marnekanal und der Breusche beschränkt.

In diesen Raum hatte sich die badische Division am 11. August zu schieben.

Die Kavallerie-Brigade marschierte mit der reitenden Batterie und einem Pionier-Detachement über Griesheim nach Holzheim, und belegte von hier aus Hangenbieten.

Die Infanterie rückte mit der Divisions-Artillerie und 2 Schwadronen des 3ten Dragoner-Regiments, ohne behelligt zu werden, nach Oberschäffolsheim, Wolfisheim und Oberhausbergen, während endlich ebenfalls ungehindert die 1te Infanterie-Brigade mit der Korps-Artillerie und zwei anderen Eskadronen 3ter Dragoner in Mundolsheim, Mittelhausbergen, Niederhausbergen und Suffelweyersheim Quartiere nahm, und zur Unterstützung der Kavallerie-Brigade ein Bataillon nach Holzheim entsandte. General von Beyer nahm sein Stabsquartier in Mundolsheim, während der am 12. eintreffende Großherzog von Baden, welcher als echter deutscher Fürst bei seinen Truppen zu sein wünschte, in dem von Pionier- und Trainabteilungen belegten Lampertheim Quartier nahm.

Um den Gegner bei seinen kaum begonnenen Armierungsarbeiten zu stören und die eigene numerische Schwäche zu verdecken, wurden seitens der badischen Division am 13. August mehrmals Abteilungen gegen Straßburg vorgesandt. Dieselben trieben jedesmal die im Gelände vor der Festung ausgestellten Vorposten schnell nach dem Glacis zurück, schossen sich mit der Wall-Besatzung eine Zeitlang herum, und verschwanden dann wieder rückwärts.

Während dieser verschiedenen Rekognoszierungs- und Beunruhigungsversuche hatte man entdeckt, daß vor dem Kronenburger Bahnhof noch ein langer Eisenbahnzug stand, dem sich wiederholt französische Truppen aus der Festung zu nähern versuchten. Als daher völlige Dunkelheit eingetreten war, gingen die Leutnants Schaible und von Kageneck vom Leib-Grenadier-Regiment, begleitet von je 10 Mann mit schnell zündendem Brennmaterial versehen, gegen den genannten Bahnhof vor und es gelang ihnen nach Vertreibung einiger Posten, den betreffenden Wagenzug in Brand zu stecken. Bald loderten helle Flammen auf und beleuchteten den Außenbahnhof sowie die dahinter liegenden Werke mit Tageshelle. Es ging nun eine Kompanie des Leibgrenadier-Regiments mit der 4ten leichten Batterie von Mittelhausbergen aus vor und bald bekamen die Straßburger den ersten Vorgeschmack einer ernsten Beschießung. Während sich das Feuer der Batterie nämlich der Hauptsache nach gegen die Bahnhofsgebäude richtete, schlug eine Granate hinter Bastion 10 in die Stadt und verbreitete dadurch Bestürzung unter der Einwohnerschaft. Erst nach längerer Zeit wandte sich das schwere Geschütz der Festung — wenn auch unfruchtbar — gegen die badische Feldbatterie. Kaum sah Hauptmann Kuntz, der Führer derselben, daß die Franzosen sich allmählich einschossen, so verschwand er mit seinen Geschützen im Dunkel der Nacht und lachte sich ins Fäustchen, als der Verteidiger noch längere Zeit seine Brummer weiter spielen ließ.

Auch am kommenden Tage fanden wiederholte Alarmierungen der feindlichen Wallbesatzung statt. Da diese aber stets unter den Geschützen der Festung unternommen werden mußten und daher jedesmal mit einigen Verlusten verknüpft waren, so wurden sie auf Befehl des Generals von Beyer fürs nächste beschränkt. Dagegen schien es durchaus geboten, das Festsetzen der Franzosen auf dem Kronenburger Bahnhofe zu verhindern, der deshalb wiederum von Feldbatterien unter Feuer genommen wurde. Auch hiebei schlugen einige Granaten in die nächstgelegenen Stadtteile. Die Verwundung mehrerer Einwohner verbreitete wachsende Erregung unter der Bevölkerung.

Während nach dieser verhältnismäßig kurzen Beschießung auf der ganzen Westfront für den 14. eine nur dann und wann durch einzelne Gewehrschüsse von den Wällen unterbrochene Ruhe eintrat, stellte eine gemeinschaftliche Rekognoszierung des vom Ober-Kommando der dritten Armee entsendeten Ingenieur-Generals Schulz und des badischen Generalstabschefs, Oberstleutnant von Leszczynsky, fest, daß der Besitz von Schiltigheim und des Raumes zwischen Ill und Rhein für ein erfolgreiches Vorgehen gegen Straßburg durchaus notwendig sei. Es wurde deshalb noch für den 14. eine Unternehmung nach der von den Franzosen besetzten Robertsau befohlen und als Einleitung derselben das Schlagen einer Brücke über die Ill in der Nähe der Suffel-Mündungen, und zwar unfern vom Englischen Hofe angeordnet.

Eine badische Pionier-Kompanie rückte mit dem leichten Feldbrückentrain von Lampertheim aus nach dem Englischen Hof und begann an der bereits rekognoszierten Stelle ihre Arbeit unter dem Schutz eines nach dem rechten Ufer übergesetzten Pionier-Detachements. Allein die Franzosen, welche gerade mit stärkeren Abteilungen beim Zerstören von Brücken, die nach der Insel Wacken führten, beschäftigt waren, schienen heute unter der persönlichen Führung des Geniekommandanten der Festung besonders neugierig. Plötzlich erschienen sie in dicken Linien vor den auf dem rechten Ill-Ufer ausgeschwärmten Pionieren.

Es entspann sich ein Feuergefecht, in welchem die technischen Truppen bei geringem Verluste nicht nur gegen die große Überzahl wacker stand hielten, sondern auch sehr bald mit der von Hönheim aus herbeieilenden Kompanie des 2ten Grenadier-Regiments ihrerseits zum Angriff schritten.

Wie es heißt, hatte General Uhrich befohlen, jedes ernstere Gefecht zu vermeiden; auf alle Fälle gingen die Franzosen, als die Infanterie kam, sofort rückwärts und die Brücke konnte zeitig genug beendet werden, um von dem für die Expedition in der Robertsau bestimmten 2ten Bataillon des 2ten Grenadier-Regiments in der Nacht überschritten zu werden.

Das gegen den Rhein-Ill-Kanal vorgehende Bataillon fand die nach der Insel Wacken führende Drahtbrücke bereits gesprengt und die Drehbrücke abgedreht. Es mußte sich darauf beschränken, durch das ihm beigegebene Pionier-Detachement die Viersäulenbrücke über den Ill-Rhein-Kanal sprengen zu lassen, um dann nach Suffelweyersheim ins Quartier zu rücken.

Noch am 14. war übrigens bei General von Beyer aus dem großen Hauptquartier die Nachricht eingegangen, daß ihm auch die bisherige Kriegsbesatzung von Rastatt unterstellt sei. Infolge dessen erhielt das 34te Regiment Befehl, sofort zur Einschließungsarmee von Straßburg abzurücken, und die bereits auf das linke Rheinufer zur Ausübung von Etappendienst abgerückten beiden Bataillone des 6ten badischen Regiments wurden durch Landwehr abgelöst. Ferner wurden, da Seine Majestät der König unter dem 13. August die Aufstellung eines größeren Belagerungskorps unter dem Oberbefehl des Generalleutnant von Werder befohlen, noch folgende Bestimmungen getroffen:

1. Die zwei in Rastatt befindlichen Pionier-Kompanien sollten nach Reichstett abrücken und dort Vorbereitungen für einen bei Suffelweyersheim anzulegenden Ingenieurpark treffen.

2. Das Kommando der durch die Garnison von Rastatt

verstärkten badischen Division wurde an Stelle des erkrankten Generals von Beyer dem Generalleutnant von Laroche übertragen.

3. Die Garde-Landwehr-Division unter Generalleutnant Freiherr von Loën ward dem Belagerungskorps unterstellt und

4. die erste Reserve-Division — bestehend aus der 1ten Landwehr-Division, den Regimentern 30 und 34, zwei Reserve-Kavallerie-Regimentern und drei Reserve-Batterien des I. und III. Korps — hatte ebenfalls unter den Befehl des Generals von Werder zu treten.

Außerdem wurde die Aufstellung eines artilleristischen Belagerungsparkes in Stärke von 200 Kanonen, 88 Mörsern und 50 Zündnadelwallbüchsen mit allem nötigen Zubehör angeordnet und 30 Festungsartillerie-Kompanien, sowie 10 Festungspionier-Kompanien nach Straßburg in Marsch gesetzt.

Infolge dieser teilweise schon in allernächster Zeit zu erwartenden Verstärkungen befahl der am 15. August zu Mundolsheim eintreffende General von Werder die sofortige engere Einschließung des Platzes, und zwar zunächst durch die Besetzung von Schiltigheim und durch Anlage von vier Zernierungsschanzen.

Da übrigens die Franzosen Miene machten, sich auf dem Kronenburger Bahnhofe ernstlich festzusetzen, so beschloß man, diesem Versuch sofort energisch entgegenzutreten. Zwei Batterien der Korps-Artillerie nahmen die Gebäude unter Feuer und verleideten dem Verteidiger die Lust zu ähnlichen Versuchen. Außerdem bewarf die 4te schwere Batterie bei Eintritt der Dunkelheit die Stadt mit Brandgranaten und schuf damit die erste Schreckensnacht für die Bewohner.

Am 16. wurden unter dem Schutz weiter vorgeschobener Vorposten östlich von Nieder-, Mittel- und Oberhausbergen die Zernierungsschanzen abgesteckt, das Füs.-Bataillon des 2ten Grenadier-Regiments aber nahm nach leichtem Feuergefecht Schiltigheim in Besitz. Zwei Kompanien gingen bis zur südlichsten Häuserreihe vor und richteten sich in dem der Festung zugekehrten Abschnitt unter dem Schutz ihrer Posten und Patrouillen zu hartnäckiger Verteidigung ein. Die beiden übrigen Kompanien besetzten den nördlichen Teil und schufen auch hier durch Anlage von Straßensperrungen und Verbindungswegen eine Reihe leicht zu verteidigender Abschnitte. Um bei einem Angriff des Verteidigers jederzeit schnell über die nötige Unterstützung verfügen zu können, rückte das 1 te Bataillon genannten Regiments zugleich nach Bischheim und Suffelweyersheim in eine Bereitschaftsstellung.

Nach Ausführung dieser Einschließungsbewegungen im Nordwesten erhielt das 2 te Bataillon desselben Regiments, welches sich mit seinen Vorposten bereits am Abend zuvor am Rhein-Ill-Kanal festgesetzt hatte, Befehl, sich in den sicheren Besitz der Robertsau zu setzen.

Dieser Bewegung versuchten die Franzosen ernstlicher entgegenzutreten.

Wiederholt nahmen sie einen Anlauf, um zu den am anderen Kanalufer versammelten Booten zu gelangen, allein die Grenadiere wiesen sie jedesmal durch ein ruhiges und wohlgezieltes Feuer zurück. Und bei dieser Gelegenheit war es, wo sich ein Unteroffizier und mehrere Leute des badischen Bataillons durch eine gewiß seltene Hingabe und Tapferkeit das eiserne Kreuz verdienten.

Eben war ein erneuter Versuch der von Matrosen geleiteten feindlichen Infanterie, in den Besitz der Boote zu gelangen, durch das badische Feuer zurückgewiesen, da stürzten sich jene Braven, nachdem sie die am meisten hindernden Kleidungsstücke abgeworfen hatten, in den Kanal, durchschwammen denselben trotz eines heftigen Feuers und brachten die gesamten Fahrzeuge, vom Jubel der Ihren begrüßt, an das nördliche Ufer. Diese Leistung der Deutschen beraubte den Gegner, da die Brücken zerstört waren, der Möglichkeit, seinerseits offensiv vorzugehen; die Rothosen blieben der bewiesenen Waghalsigkeit gegenüber eine Zeit lang erst völlig starr und überließen dann, zurückgehend, den nördlichen Teil der Robertsau den badischen Grenadieren.

Nachdem dann im Laufe des Tages, zu besserer Verbindung mit den Replis, noch durch den leichten Feldbrückentrain ein zweiter Übergang über die Ill bei Hönheim hergestellt war, konnte der Besitz der Robertsau für gewährleistet angesehen werden und damit hatten die auf diesen Fronten beabsichtigten Zernierungsbewegungen am 16. ihren Abschluß gefunden.

Im Süden war die Umschließung am 15. ebenfalls der Festung näher gerückt.

Das 3te badische Infanterie-Regiment hatte mit drei Batterien und der Divisions-Artillerie Entzheim, Gangolsheim und Ostwald besetzt. Von hier aus war am 16. früh seitens des im letztgenannten Ort liegenden 2ten Bataillons, die 8te Kompanie über die Ill nach Illkirch verlegt worden, um die Brücke über den Rhone-Kanal zu decken.

Die Sicherung gegen Süden und Südwesten hatte die Divisions-Kavallerie übernommen. Vielleicht war dem Verteidiger, sobald er im Laufe des 16. von seinem Observatorium auf dem Münster Meldung über dieses Eindämmen des Fouragierungsgebietes erhielt, nur daran gelegen, hier hinsichtlich der Verpflegung solange als möglich schöpfen zu können. Unter Umständen hatte er aber auch auf irgend einem Wege von der selbst bei General von Werder aus dem Hauptquartier eingegangenen Nachricht Kenntnis erhalten, daß zwei Divisionen des Korps Failly über Epinal zum Entsatz von Straßburg heranrücken sollten und gedachte sich für diesen Fall nach Südwesten die Aktionsfreiheit zu wahren.

Wie dem auch sei; gegen 2 Uhr nachmittags sah sich die bei der Brücke über den Rhein-Rhone-Kanal ausgesetzte Feldwache der 8ten Kompanie des 3ten badischen Regiments plötzlich von einer auf der großen Straße daherjagenden gemischten Kavallerie-Abteilung angegriffen.

Die Grenadiere der Feldwache lachten, als sie diese wilde Jagd auf sich zukommen sahen, und als die in erster Linie befindlichen Lanciers ihnen nahe genug schienen, rissen sie Funken. Und nun hatten die Badener alle Ursache, wiederum herzlich zu lachen. Wie sie gekommen, so brauste die Gesellschaft auf der

Chaussee zurück, bis sie bei Waghäusel durch eine von Kolonnen gefolgte, schnell vorrückende Schützenlinie aufgenommen wurde.

Die Sache war also doch ernster! Aber da eilte ja schon die Kompanie aus Illkirch im Laufschritt herbei.

Freilich, Hauptmann Kappler war auf dem Posten. Noch waren die Tirailleurlinien nicht auf Kernschußweite heran, da saßen die Grenadiere schon mit wiedergewonnenem Atem hinter den Kanaldämmen zu beiden Seiten der Brücke und teilweise auch in den Gehöften jenseits.

Jedes Gewehr lag im Anschlag, die Leute hatten längst ihren Mann auf dem Korn, aber der badische Hauptmann zögerte noch immer. Er war seiner Sache sicher. Endlich klang es den meisten seiner Leute verständlich: „Vom rechten Flügel langsam und ruhig feuern!“

Ja nicht wahr, das schmeckte nicht!

Wie flink die 45er Rothosen und die mehr östlich an Weghäusel vorbei vorgegangenen französischen Jäger Deckung zu suchen verstanden!

Sie schienen hier auch gar nicht mehr recht vor zu wollen und da ihre Pulververgeudung durchaus unfruchtbar blieb, so sah sich Oberst Fiévet, der Kommandant des südlichen Stadtbezirkes, welcher in Person die Führung der Kolonne übernommen hatte, veranlaßt, vier Geschütze vorzuziehen, welche die Stellung der badischen Kompanie beschießen sollten.

Ein eigener Unstern waltete über dieser Artillerie. Schon beim Herausziehen aus der Kolonne brach bei einem Geschütz die Deichsel und als die übrigen dann abprotzten und mit Granaten zu feuern begannen, erzielten sie eine so geringe Wirkung, daß der stets in erster Linie anwesende Oberst Fiévet das Vorgehen bis auf Kartätsch-Schußweite befahl.

Zugleich sollte zum Schutze der Geschütze auch die Infanterie wieder avancieren. Allein vergeblich befahl und wetterte der energische Führer; die Flüchtlinge von Weißenburg und Wörth waren nicht vorzubringen.

In seiner verachtungsvollen Empörung hierüber wandte

sich Oberst Fiévet etwas unüberlegt mit der Forderung an die Lanciers, die badischen Schützen vor der Brücke und an den Dämmen zu vertreiben.

Zwar ritt die Kavallerie in Zugkolonne auf der Straße im Trabe an, aber noch hatte sie keine 50 Schritt zurückgelegt, da — ertönte bei den badischen Grenadieren ein schriller Pfiff und als das Feuer einen Augenblick schwieg, avertierte Hauptmann Kappler: „Auf die Kavallerie! Vierhundert Schritt — Schnellfeuer!"

Wahrscheinlich kannten die Lanciers die Wirkung des deutschen Gewehrfeuers von Wörth her und hatten durchaus keine Neigung, unter dem vernichtenden Bleihagel die Brücke zu forcieren, denn kaum wirbelte hinter den Kanaldämmen der Rauch auf, so machten sie wie auf Kommando nach beiden Seiten Kehrt und stürmten — die Kürassiere und die Protzen der Geschütze in die Flucht mitreißend wie toll davon.

Und als sich auch die feindliche Infanterie von diesem traurigen Beispiele anstecken ließ, brach Leutnant von Stipplin mit seinem Zuge unter Hurra über die Brücke gegen die Geschütze vor; die noch widerstehenden Artilleristen wurden niedergemacht und die drei Kanonen fielen den Grenadieren zur Beute.

Da Oberst Fiévet während des badischen Schnellfeuers eine tödliche Verwundung erhalten hatte und gerade zur Zeit der tollsten Verwirrung von Ostwald her noch zwei Kompanien des 3ten badischen Regiments mit einer Batterie zur Unterstützung der 8ten Kompanie eintrafen, so gingen die vom deutschen Artilleriefeuer verfolgten Franzosen unter Verlust von 3 Geschützen, 9 Toten und 20 Verwundeten unaufhaltsam nach der Festung zurück. —

Infolge der erwähnten aus dem Hauptquartier der dritten Armee bei General von Werder eingegangenen Nachricht, daß zwei Divisionen des Korps Failly zum Entsatze von Straßburg im Anmarsch seien, fanden am 17. in der Richtung auf Mutzig und Barr hin weitausgedehnte Rekognoszierungen durch die Kavallerie statt. Das Zernierungs-Korps wurde während dessen bis auf die in ihren Stellungen vor der Feste belassenen Vorposten in der Linie Achenheim-Ernolsheim versammelt. Glücklicherweise aber gingen im Laufe des Tages nicht nur von der Kavallerie Meldungen ein, daß von einem feindlichen Anmarsch nach keiner Richtung etwas zu sehen sei, sondern es trafen auch das 30ste preußische Regiment, das Füs.-Bataillon des 6ten badischen Regiments und das 2te preußische Reserve-Dragoner-Regiment als erste Staffel der befohlenen Verstärkungen vor Straßburg ein.

Am Morgen des 18. August wurde die engere Einschließung mit aller Energie von neuem aufgenommen.

Die Verteilung der Zernierungstruppen erhielt indessen nunmehr insofern eine Veränderung, als die badische Division fortan die Sicherung des Abschnittes südlich der Oberhausberger Straße übernahm, den preußischen Truppen dagegen die Deckung des nördlich jener Chaussee gelegenen Teiles überwiesen wurde, und die von einem Bataillon unterstützte badische Kavallerie-Brigade die Aufklärung gegen das Gebirge sowie das Niederhalten der um Schirmeck herum aufsässig gewordenen Bevölkerung zu übernehmen hatte.

Nachdem diese Dislokations-Veränderungen überall durchgeführt waren, wurden zur Beschränkung der feindlichen Hilfsquellen für die Nacht vom 18. zum 19. August die Wegnahme von Königshofen befohlen und die Errichtung der bereits in Aussicht genommenen vier Zernierungsschanzen angeordnet.

Um hinsichtlich der ersterwähnten Unternehmung die Aufmerksamkeit des Verteidigers abzulenken, wurden Stadt und Werke nach Einbruch der Nacht zunächst von mehreren schweren Batterien aus einer Stellung nordöstlich von Ostwald beschossen. Dann gingen 2 Kompanien des 2ten badischen Grenadier-Regiments in lautloser Stille gegen Königshofen vor. Die 3te Kompanie gelangte nach Besetzung des Ortes mit einem Zuge auf den Judenkirchhof und ohne vom Feinde behelligt zu werden, gelang es unter Benutzung des Kirchhofes sowie östlichen Ortsrandes noch vor Tagesanbruch hier einen durchaus geeigneten Verteidigungs-Abschnitt herzustellen.

Nicht so glatt verlief der verfügte Schanzenbau am Morgen des 19. August. Vom Münster aus mußte derselbe zeitig entdeckt und für eine eröffnete Tranchee gehalten worden sein. Sehr bald schlugen die Granaten von allen Seiten bei den Bauplätzen ein und machten die Tagesarbeit unmöglich. Da übrigens alles darauf hindeutete, daß General Uhrich seine schlecht organisierten Bataillone nicht in gewagten Unternehmungen noch mehr zu erschüttern wünsche, so nahm General von Werder nicht nur mit Rücksicht auf die nunmehr täglich eintreffenden Verstärkungen von Errichtung dieser Schanzen ganz Abstand, sondern das Oberkommando befahl auch, sich gegenüber dem Verteidiger zunächst möglichst inoffensiv zu verhalten.

Als daher infolge eines Mißverständnisses von Kehl aus schon am 19. früh drei mit aus Rastatt herbeigeschafften Zwölf- und Vierundzwanzigpfündern armierte Batterien das Feuer gegen die Citadelle von Straßburg eröffneten, war dieses durchaus nicht im Sinne des Oberkommandierenden. Sofort wurde Oberst von Freydorf von Mundolsheim nach Kehl entsandt, um die Einstellung des Feuers anzuordnen. Doch kam leider dieses Eingreifen zu spät, um die Stadt Kehl vor den Verwüstungen eines Bombardements zu retten. Die Geschütze der Citadelle hatten es vorgezogen, sich lieber gegen die offene Stadt zu wenden, als den Kampf gegen die deutschen Batterien aufzunehmen. Als das beiderseitige Feuer gegen Abend allmählich erlosch, lag ein großer Teil des Ortes in Trümmern.

Desto ruhiger verliefen die nächsten Tage. Nur die Vorposten wechselten hier und da vor den Wällen Schüsse. Täglich, fast stündlich langten neue Truppen an, und am 24. August waren außer 26 Festungsartillerie- und 14 Pionier-Kompanien auch die 1te Reserve-Division, sowie die Garde-Landwehr-Division zur Stelle.

Die Garde-Landwehr! —

Als die Bataillone dieser Division in ihre Quartiere zu

beiden Seiten der Straße nach Paris rückten, standen die Bewohner von Hurtigheim und Handschuheim vor ihren Häusern und starrten auf die Heranmarschierenden, als vermöchten sie ihren Augen nicht zu trauen. In der That hatte auch ein Bataillon in Mänteln aus Berlin abmarschieren müssen, weil fast keinem der Leute mehr die Kriegsgarnitur gepaßt. Und wie pflichttreu, aber auch wie gutmütig diese Hünen waren. Kaum in ihre Quartiere gerückt, sah man sie hier ihre Waffen in stand setzen, dort mit den Kindern ihrer Wirte spielen. Alle waren freudig dem Rufe ihres Königs gefolgt, aber die meisten von ihnen hatten Weib und Kinder zu Hause, die sich vielleicht in derselben Zeit um den Vater sorgen mochten, und während sie den Kleinen Liebe erwiesen, gedachten sie der Ihren daheim. — Waren dies die Horden der germanischen Barbaren?

Während die 1te Reserve-Division mit der kombinierten Brigade in erster Linie Straßburg auf der Nord- und Nordostfront einschloß, die Garde-Landwehr die Westfront besetzte und die badischen Truppen den Ring gegen Süden geschlossen hielten, hatte das Oberkommando trotz der relativen Ruhe alle Hände voll zu thun.

Es waren die Stäbe der technischen Truppen zu organisieren, Magazine zu errichten und alle Vorarbeiten für eine förmliche Belagerung zu treffen.

„Alle Vorbereitungen für eine förmliche Belagerung zu treffen!" Das klingt so einfach und schreibt sich in wenigen Worten nieder; wenige Leser dürften indessen eine Ahnung davon haben, welche Unsumme von Arbeit und Hingabe dieses Wort in sich schließt!

Südlich von Wendenheim in Nähe der Station sollte der Artillerie-Park errichtet werden, westlich von Suffelweihersheim war das Haupt-Ingenieur-Depot anzulegen. Was hatte in Ausführung dieser Anordnungen nicht alles zu geschehen? Seit dem 18. mußte die badische Infanterie in den Büschen des Breusche-Thales Strauch hauen, welches von requirierten Landleuten unter Aufsicht zu Faschinen und Sappenkörben verarbeitet wurde. Die

Kavallerie war Tag und Nacht auf den Beinen, um im Umkreis von 3 Meilen alle Wagen und Pferde zusammenzubringen und bei Lampertheim in einen Fuhrpark zu vereinigen, mit dessen Bewachung und Einrichtung eine Eskadron des 2ten preußischen Reserve-Dragoner-Regiments beauftragt war. Dieselbe hatte am 23. August nicht weniger als 1500 zweispännige Wagen mit einer kleinen, durchaus nicht willigen Armee von Fuhrleuten und Arbeitern unter ihrer Obhut; bei Lampertheim arbeiteten Hunderte von Zivilarbeitern unter Aufsicht und Anleitung von Pionieren an den nötigen Pulvermagazinen und Feldpioniere errichteten die Schuppen für den Artillerie-Park. Festungs-Artillerie lud die angelangten schweren Geschütze aus, und aus allen Ortschaften der Umgegend wurden sämtliche vorhandenen Spaten und Hacken nach Suffelweiersheim ins Ingenieur-Depot geschafft.

Und trotz dieser reichen Heranziehung der Zivilbevölkerung ging die Arbeit den Ingenieur-Offizieren nicht schnell genug vorwärts. Man überzeugte sich, daß die Fertigstellung der Straucharbeiten, gegenüber der Widerwilligkeit gezwungener Arbeiter, nur mittels durchgreifender Maßregeln sicher gestellt werden könne. Es wurde deshalb jedem Bataillon der Einschließungsarmee, mit Ausnahme der beiden zu Schiltigheim und Königshofen in erster Linie stehenden, aufgegeben, bis zum Abend des 24. August an das dafür eingerichtete Depot bei Oberhausbergen zu liefern:

1000 Sappenkörbe
160 Stück Faschinen und
25 Hürden.

Infolge dieses Befehls sah man denn in allen Orten die deutschen Truppen bei der Arbeit. Die einen schleppten ganze Wälder herbei; die anderen handhabten Beile und Äxte, während die Mehrzahl unter Anleitung von Pionieren der ungewohnten Flechtarbeit oblag. Anfangs ging das bei manchem, der daheim vielleicht hinter dem Schreib- oder Ladentisch zu thun hatte, ziemlich trübselig von statten und bei der Abnahme beklagten sich die Ingenieur-Offiziere mitunter über wahre Monstra von Sappenkörben. Allein man hatte sich nicht verrechnet, der deutsche Soldat wußte, daß nur Nötiges von ihm gefordert wurde; unter Scherz und Lachen arbeitete er sich ein, und am 24. abends war die Arbeit gethan.

Hie und da mußte allerdings in diesen Tagen auch das Beil mit dem Gewehre vertauscht werden. Die badischen Leibdragoner waren am 17. uud 18. in der Nähe von Schirmeck durch bewaffnete Banden und Mobilgarden aus Schlettstadt angegriffen worden. Infolge dessen rückte das 2te Bataillon des 5ten badischen Regiments unter Major von Röder nach der aufsässigen Gegend ab. Die Gemeinden, in deren Grenzen der Überfall stattgefunden, wurden bestraft, Geiseln genommen und das Gebirge in verschiedenen Richtungen durchstreift. Schirmeck wurde übrigens fortan von 2 Kompanien des 6ten badischen Regiments zur Unterstützung der Kavallerie besetzt und Gertheim sowie Bossheim vom 3ten Regiment durch 6 Kompanien belegt.

Nachdem in solcher Weise der förmliche Angriff vorbereitet und durch die zahlreiche Kavallerie alle rückwärtigen Verbindungen der Einschließungs-Armee sicher gestellt waren, fand im Hauptquartier des Generals von Werder zu Mundolsheim die Frage Erwägung, ob man sofort zum förmlichen Angriff schreiten oder versuchen solle, durch Beschießung der Stadt schneller zum Ziele zu kommen. Die Ansichten hierüber waren geteilt.

Der Wunsch indessen, die vor Straßburg gefesselten Divisionen baldmöglichst wieder anderweit verwenden zu können, führte nach einer telegraphisch eingeholten Zustimmung aus dem großen Hauptquartier zu dem Entschluß, entgegen der durch die Ingenieure vertretenen Ansicht, General Uhrich durch ein Bombardement zur Übergabe der Festung geneigt zu machen. Zwar hatte die Beschießung von Kehl aus und durch die Feldartillerie bisher keine sichtliche Wirkung erzielt, allein neuere Nachrichten schilderten die Besatzung als vollständig entmutigt, die Disziplin als gelockert und die Bürgerschaft in bedenklicher Erregung. Warum sollte man nicht den Versuch machen, Straßburg durch eine ernstliche Beschießung zu gewinnen, nachdem die Franzosen von ihrer Citadelle aus halb Kehl in Asche gelegt hatten?

Bevor sich indessen General von Werder zur Erteilung der auf das Bombardement bezüglichen Befehle entschloß, wandte er sich anknüpfend an seinen mit dem Gouverneur über die Beschießung von Kehl geführten Briefwechsel nochmals in einem Schreiben an General Uhrich. Es wurde demselben darin mitgeteilt, daß die kaiserliche Armee geschlagen, 320 deutsche Geschütze vor Straßburg versammelt seien und anheimgestellt, die Stadt durch eine ehrenvolle Kapitulation vom Untergange zu retten.

General Uhrich lehnte diese Zumutung am folgenden Tage unter Berufung auf die militärische Ehre ab, erbat dagegen für die in der Stadt befindlichen Weiber, Kinder und Greise Erlaubnis zum Verlassen der Stadt.

Hierauf vermochte General von Werder jedoch nicht einzugehen, „weil die Befestigung großer Städte ihre Schwäche in dem Leiden ihrer Bevölkerungen habe", und damit war das Schicksal der Stadt entschieden.

Am 22. August schrieb General von Werder dem General Uhrich:

„Euer Hochwohlgeboren benachrichtige ich ergebenst, daß Sie nunmehr eines Bombardements der Stadt und Festung gewärtig sein wollen.

Der kommandierende General des Belagerungs-Korps:

gez. von Werder."

Die Würfel waren gefallen, und als am selben Tage auch der zum Chef-Ingenieur des Belagerungs-Korps ernannte General-Major von Mertens im Hauptquartier zu Mundolsheim eintraf, wurde auf Grund einer Beratung die sofortige Vorbereitung auf das Bombardement befohlen. Die Zernierung hatte sich als unzulänglich erwiesen, verschiedene Aufforderungen und Vorstellungen waren behufs Herbeiführung der Übergabe an General Uhrich ergangen, nun sollten die Geschütze mit feurigen Zungen sprechen. Wohl blutete dem Angreifer das Herz, doch die Pflicht gebot.

III.

Vor Straßburg! Bis zur zweiten Parallele.

Straßburg sollte und mußte sobald als möglich unser werden, dahin ging der Entschluß des Oberkommandos. Nachdem der Chef-Ingenieur General von Mertens noch am 23. persönlich die Festung rekognosziert, wurden sofort alle Verfügungen für das zunächst in Aussicht genommene Bombardement erlassen. Während von Kehl aus das Feuer der Festungsbatterien — linksseitig gesellte sich hiezu das der Feldartillerie der badischen und 1ten Reserve-Division — den Gegner beschäftigte, wurde der Batteriebau in Angriff genommen, und zwar sollte unter dem Schutz von näher an die Festung herangeschobenen Vorposten 13 Batterien für schwere Mörser und Vierundzwanzigpfünder errichtet werden.

1. Fünf in Wolfisheim zu versammelnde Kompanien der Festungsartillerie sollten die Batterien 1—3 bei Königshofen bauen.

2. Fünf Kompanien hatten von Oberhausbergen aus die Batterien 4—5 an den nach Ober- und Mittelhausbergen führenden Straßen zu errichten.

3. Sechs Kompanien der Garde-Festungsartillerie sollten die Batterien 6—8 in der Nähe der Weißenburger Straße in Arbeit nehmen, und endlich

4. fünf Kompanien von Hönheim aus die ausschließlich mit Vierundzwanzigpfündern zu armierenden Batterien 9—13 zwischen dem Rhein-Marne-Kanal und der Ill zur Ausführung bringen.

Leider blieb den mit dieser Arbeit betrauten Offizieren vor Eintritt der Dunkelheit nur auf dem näher gelegenen linken Flügel noch Zeit, während des Tages die Plätze zu rekognoszieren, auf denen die Batterien errichtet werden sollten. Für die ganze Westfront kannten die betreffenden Chefs die in Frage kommenden Punkte nur nach dem Plan, als sich bei Eintritt der Dunkelheit überall die Arbeiterkolonnen nach ihren Sammelplätzen in Bewegung setzten.

Um 8½ Uhr fiel bei der 1ten schweren Batterie der badischen Division der erste Kanonenschuß. Später dröhnte es auch von der Kehler Seite her tief grollend herüber und dann krachte und blitzte es im Süden und Südwesten ununterbrochen gegen die Feste. Der beginnende Geschützdonner aber war das Zeichen zum allgemeinen Vorschieben der Vorposten.

Bei tiefster Dunkelheit gingen die dazu bestimmten Bataillone in lautloser Stille vor.

Das I. Bataillon des 2ten badischen Regiments entwickelte sich hinter einer bereits in Königshofen eingenisteten Kompanie bei der Eisenbahn und schob seine Schützen bis auf einige hundert Schritte vom Glacis vor, wo sich dieselben mit Hilfe der ihnen beigegebenen Pioniere eingruben. Das I. Bataillon des 34ten Regiments erreichte mit seinem rechten Flügel den Ostrand von Kronenburg und lehnte sich links an die Nordwestecke des Kirchhofes von St. Helena. Weiter nördlich nisteten sich die Vorposten des 30ten Regiments im Kirchhof selbst, sowie im äußersten Südrande von Schiltigheim ein, die 1te Landwehrdivision endlich hielt 1½ Bataillone und eine Batterie bei Hönheim zur Unterstützung bereit, während die Robertsau durch zwei Kompanien des 30ten Regiments hinter dem Rhein-Ill-Kanal besetzt war.

Unter dem Schutz dieser Vortruppen wurde es, bald nach deren Vorgehen, auf den von Wendenheim und Mundolsheim südlich führenden Straßen lebendig. Unabsehbare Wagenzüge mit Strauchwerk schoben sich unter dem Geleit von Dragonern zwischen marschierenden Arbeiterkolonnen der Festungsartillerie hindurch. Hier trafen sie auf das etwas zu frühzeitig in Marsch gesetzte Geschützmaterial einer Batterie, — dort sahen sie sich zu einem Halt genötigt, weil ein langer Zug der von der Infanterie gestellten Hilfsarbeiter die Straße nach den Bauplätzen zu kreuzte.

Das unbeschreibliche Durcheinander, welches zeitweise kaum entwirrbar schien, brachte die zur Aufrechterhaltung der Ordnung kommandierten Offiziere und Unteroffiziere der Kavallerie fast zur Verzweiflung. Dummheit und böser Wille reichten sich unter den zu diesem Fuhrdienst gezwungenen Landleuten die

Hand, um die Aufgabe jener bis ins Unendliche zu erschweren. Und als nun gar von den Bastionen vor der Westfront kurz nacheinander mehrere Granaten daher geheult kamen, an einer anderen Stelle sogar Gewehrfeuer von den Wällen die Straße bestrich, da mußten erst die flachen Klingen der Dragoner Gehorsam erzwingen und Ordnung schaffen.

Bei den Batterien 10—13, welche — wie erwähnt — schon während des Tages nicht nur rekognosziert, sondern auch abgesteckt waren, ging das alles viel glatter. Alle Depots befanden sich dort in der Nähe, die gesonderten Anmarschstraßen waren durch das vorliegende Schiltigheim und die Robertsau gedeckt und die mit dem Bau beauftragten Kompanien waren pünktlich zur Stelle. Schon bald nach 8 Uhr erklang denn auch dort auf den Bauplätzen das gedämpfte Zählen der Unteroffiziere und Gefreiten:

„Achtung! — Zu — gleich!
Hoch und weit!
Schippen — voll!" —

Und dieses Nach-dem-Takte-schippen der sich regelmäßig ablösenden Fachbaumannschaften förderte gegenüber der völligen Unthätigkeit des Verteidigers die Arbeit derart, daß bei Tagesanbruch die 8 Batterien des linken Flügels fertig gestellt, armiert und schußbereit waren.

Nicht so gut sah es bei den Batterien des rechten Flügels aus. Zwar waren auch diese mit Ausnahme von Nr. 5, welche wegen späten Eintreffens der Arbeiter und Materialien kaum in Angriff genommen war, im allgemeinen beendet, allein die für sie bestimmten Geschütz- und Munitionskolonnen hatten Königshofen zu spät erreicht, um noch alle armieren zu können. Nur die Batterien 6—8 waren auch hier bei Morgengrauen zum Feuern bereit und mit hundert Schuß für jeden Mörser ausgerüstet.

Trotz des oft ziemlich starken Lärms innerhalb der ineinandergefahrenen Fuhrkolonnen schienen die Franzosen nichts von dem Batteriebau gehört zu haben; als aber der Tag anbrach, sahen sie vom Münster aus, daß die Deutschen während der Nachtstunden nicht auf der Bärenhaut gelegen hatten. Während die Festungsgeschütze Schiltigheim beschossen, wurde gegen die Schützen des 34ten Regiments ein wirksames Gewehr- und Wallbüchsenfeuer eröffnet und zugleich gingen stärkere feindliche Infanterie-Abteilungen überraschend vor. Urplötzlich tauchten die Rothosen aus der Tiefe des gedeckten Weges auf und überraschten die 34er, welche dem Fliegen der französischen Bomben mit den Augen gefolgt sein mochten oder sich vielleicht nach der anstrengenden Nachtwache in eine trügerische Sicherheit gelullt hatten, derart, daß unsere braven Musketiere nur schnell aus ihren Schützenlöchern voltigieren mußten, um nicht zu einem sehr unfreiwilligen Spaziergang nach Straßburg genötigt zu werden. Getragen von dem vielfach überlegenen Gegner eilten sie gerade auf ihre Replis zurück und nahmen denselben dadurch die Möglichkeit, sie durch ihr Feuer zeitig aufzunehmen. Die ganze 7te Kompanie mußte auf ihre Unterstützungen zurückgehen und büßte hierbei über 30 Mann an Toten und Verwundeten ein, bevor das Bataillon zum Eingreifen kam.

Dann hieß es freilich für die Herren Franzosen: „Halt und stopp!" Sie wurden kurzer Hand in ihren Bau zurückgeworfen und die wieder vorgehenden Deckungstruppen nahmen sich vor, künftig besser auf der Hut zu sein.

Leider hatten die Unseren etwa zu derselben Zeit auch noch an anderer Stelle einen harten und keineswegs selbst verschuldeten Verlust. Die auf dem Rückmarsch von Batterie 7 begriffenen Arbeits-Mannschaften des 1ten und 2ten Garde-Festungsartillerie-Regiments nämlich marschierten ruhig auf der Weißenburger Straße heimwärts, als zischend und sausend von der Festung her ein Shrapnel emporstieg und sich blitzschnell nieder auf die Spitze der Kolonne senkte. Ein furchtbarer Krach und — zwanzig Landwehrleute lagen im Blute, viele waren mehrfach getroffen, ein Familienvater von 11 Kugeln durchbohrt.

Das waren aber auch die hauptsächlichsten Opfer am 24. Die französische Festungsartillerie verharrte sogar in einer den deutschen Offizieren unbegreiflichen Trägheit. Nirgends unternahm sie den Versuch, sich am Tage auf die als solche erkannten Batterien einzuschießen, und auch den Kehler Batterien gegenüber fand von der besonders unter Feuer genommenen Citadelle aus kein eigentlicher Geschützkampf statt. Wohl wurde von den Franzosen wieder eine große Menge Pulver verknallt, allein das Feuer war schlecht gezielt und richtete sich zum großen Teil gegen Kehl statt auf die durch eine neue Batterie von acht Vierundzwanzigpfündern verstärkten Belagerungs-Geschütze am rechten Rheinufer.

Unter solchen Umständen konnte sich der Verteidiger nicht wundern, wenn ihm der Aufenthalt in der Citadelle durch die badische Artillerie sehr bald zur Hölle gemacht wurde. Nach 11 Uhr brannte das Arsenal und unersetzliche Vorräte an Artilleriegerät, Waffen und Materialien aller Art gingen verloren. Besonders empfindlich war der Verlust von 35,000 Stück metallenen Brennzündern für Granaten und Shrapnels, unter dem später die ganze Verteidigung zu leiden haben sollte.

Unsere Artillerie nutzte inzwischen den Tag noch weiter aus. Alle Vorbereitungen wurden nämlich für das Bombardement der folgenden Nacht mit zielbewußter Umsicht getroffen. Man sah in den Depots emsige Thätigkeit, die sich stetig vermehrte, als der trübe regnerische Tag zur Neige ging. Denn hundert gezogene Kanonen jeden Kalibers und 28 Mörser sollten bei Einbruch der Dunkelheit ihr schauerlich feuriges Werben um die spröde Feste beginnen.

Mit dem Glockenschlage 8 begann aus den bereits schußfertigen Bombardementsbatterien sowie von der Feldartillerie das Feuer, während die in der vergangenen Nacht nicht fertig gestellten Mörserbatterien des rechten Flügels in einer vom regen Wetteifer genährten, fast wunderbaren Schnelligkeit ausgebaut wurden.

Gegen Mitternacht konnte der Stab des Belagerungs-Korps von den Höhen südlich Mundolsheim auf das furchtbar schöne Schauspiel des Bombardements von Straßburg blicken.

Aus allen links- und rechtsseitigen Mörserbatterien stiegen die sternartig leuchtenden Bomben erst pfeilschnell, dann langsamer empor. Einen Augenblick schienen sie hoch oben zu stehen, dann fuhren sie züngelnd und gierig hernieder auf das Häusergewirr, wo ein plötzliches Aufsprühen von ihrem Krepieren Kenntnis gab. Mitunter hatte es den Anschein, als suchten sich die vernichtungslüsternen Geschosse, von den verschiedensten Seiten aufsteigend, alle ein gemeinschaftliches Ziel, über dem sie sich hoch oben in der Luft zu treffen schienen. In solchen Augenblicken pflegte auch der Verteidiger besonders eifrig seine Bomben zu schleudern und dann bildeten die feurigen Radien oft eine förmliche Strahlenkrone.

Wurden die glühenden Bahnen der Hohlgeschosse allmählich blasser, so daß sie nur unmittelbar über den deutschen Stellungen noch deutlich erkennbar blieben, so hatten dagegen die Brandgranaten, diese unentbehrlichen Dämonen des Krieges, im Innern von Straßburg an vielen Stellen gewaltige Riesenfackeln entzündet, als wollten sie das schauerliche Werk ihrer Zerstörung besser beleuchten. Tageshelle lag über der Stadt. Oft umwirbelten gewaltige schwarze Rauchsäulen das noch immer hoch und stolz gegen den Nachthimmel emporstrebende Münster, so daß man dasselbe von Feuer erfaßt glaubte; dann kam ein Windzug und man konnte aufatmen. Der hehre Bau Erwins stand unverletzt.

Das deutsche Feuer mußte während dieser nächtlichen Beschießung gleichwohl den Werken des Verteidigers keinen allzugroßen Schaden gethan haben, denn kaum war der Morgen angebrochen, so wandte sich die Artillerie der Festung nicht nur gegen die auf der Westfront von uns besetzten Ortschaften, sondern es entbrannte auch ein heftiger Geschützkampf zwischen der Citadelle und den badischen Batterien auf dem rechten Rheinufer. Bei dieser Gelegenheit wurde nicht nur der Kehler Bahnhof ein Raub der Flammen, sondern als der Abend kam, lag der ganze Ort bis zur Kirche in Asche. Die Bewohner waren glücklicherweise, infolge rechtzeitig erteilter Warnung durch die Militärbehörde, fast alle vorher aus Kehl geflohen, aber mancher konnte und mochte sich von seinem Heim nicht trennen, und diese Bedauernswerten hatten furchtbare Stunden der Todesangst zu erleben.

Oft brachte da nur das Walten der Vorsehung wunderbare Rettung. Ein Fischer, der das etwas abseits gelegene Häuschen samt seiner jungen Frau und einem kaum 3 Monate alten Söhnchen nicht hatte verlassen wollen, saß im Keller und las seinem Weibe unter dem Krachen der krepierenden Geschosse aus der Bibel vor. Auf der Straße lag Dung zur Abschwächung der Sprengwirkung, die Fenster waren ebenso verwahrt; man befand sich im Halbdunkel des trübseligen Lichts einer alten Öllampe. Eben hatte der Mann die Worte gelesen: „Das Dräuen der Wetter soll euch nicht schrecken!“ Da schlug eine Bombe keine 50 Schritt von seinem Hause nieder. Mann und Frau sanken neben dem Korb, in dem der Säugling schlummerte, auf die Kniee. Mit bebenden Lippen und gefalteten Händen beteten sie: „Dein Wille geschehe im Himmel wie auf Erden!“ da barst mit einemmale die Mauer über ihren Häuptern, eine neue Bombe durchschlug das Haus und krepierte jenseit desselben im hölzernen Schweinestall. — Hätten sich die Kniee nicht vor Gott gebeugt, so wäre des Fischers Weib eine Leiche gewesen. So aber lebten sie und konnten, um das Schicksal nicht zu versuchen, ihr und ihres Kindes Leben anderweit in Sicherheit bringen.

Und nun denke man sich das namenlose Elend in Straßburg während des sich in den nächsten Nächten noch steigernden Bombardements. Eingepfercht saßen die Familien in den Kellern. Thüren und Fenster mit Strohdecken, Sand oder Dung verblendet, harrten die Unglücklichen Stunde um Stunde bei düsterem Laternenschein, ob sie nicht ein durchschlagendes Geschoß zerschmettern oder eine springende Bombe unter den Trümmern begraben werde.

Tausende aber hatten solche Zufluchtsorte gar nicht mehr. Im Theater, in den Schulen, auf dem kaiserlichen Schloß sowie in anderen Staatsgebäuden saßen sie, in Verzweiflung brütend, bis eine neue Bombe ihnen auch diesen Zufluchtsort raubte.

Nach den von Doktor C. Kohts, Professor in Straßburg, später in der Berliner klinischen Wochenschrift veröffentlichten Berichten ist es nicht zweifelhaft, daß die unbeschreiblichen Schrecken der Bombardementsnächte bei einer großen Anzahl von Personen Rückenmarkskrankheiten und Störungen des Zentral-Nervensystems zur Folge gehabt haben.

Wenden wir uns deshalb von diesen Tagen gebotener Vernichtung, in denen auch der Dachstuhl des Münsters von den Flammen verzehrt wurde, — glücklicher Weise, ohne daß diesem Denkmal deutscher Baukunst sonst ein wesentlicher Schade zugefügt wäre, — ab, und sehen wir nach den Wirkungen, welche dadurch in militärischer Hinsicht erzielt wurden.

Am Morgen des 27. waren freilich durch das dreitägige Bombardement das Arsenal, mehrere Kasernen und viele Staatsgebäude in Asche gelegt, und der Verteidiger war dadurch mancher wichtigen Hilfsquelle beraubt; allein als General von Werder das Feuer am Morgen auf den ganzen Linien einstellen und General Uhrich nochmals zur Übergabe auffordern ließ, konnte derselbe die eines alten, braven Soldaten würdige Antwort erteilen: „Unsere Mauern stehen noch und ich kann nicht daran denken, einen Platz zu übergeben, welchen aufs äußerste zu verteidigen mir die Ehre sowohl, wie das Interesse Frankreichs gebietet."

Da nun auch die Festung ruhig ihr Feuer gegen die deutschen Batterien fortsetzte, besonders auch solche Batterien wieder in Thätigkeit traten, welche man während des Bombardements durch ein von allen Seiten auf sie gerichtetes konzentrisches Feuer gründlich zum Schweigen gebracht zu haben meinte, so wurde im Hauptquartier zu Mundolsheim die Eröffnung der ersten Parallele für die Nacht vom 29. zum 30. August beschlossen und alle dahin gehenden Befehle erlassen.

Bis dahin sollte die Beschießung weiter erfolgen, um die Wiederherstellung der zerstörten Verteidigungswerke zu hindern und eine völlige Armierung des Platzes unmöglich zu machen.

Da indessen der inzwischen angelangte Kommandeur der

Belagerungsartillerie, General von Decker, nach genauerer Orientierung erklärte, die vorhandene Geschütz-Munition werde bei einem so heftigen Bombardement unter Umständen nicht genügen, die förmliche Belagerung durchzuführen, so wurde bestimmt, daß für die nächste Zeit nur 50 Schuß und Wurf pro Geschütz und Tag verwandt werden dürften.

Während in dieser ermäßigten Weise die Kanonen ununterbrochen gegen Straßburg fortdonnerten, traf der Belagerer zugleich die vielseitigsten Vorbereitungen, um unter dem Schutz seiner Batterien mit den Spinnenarmen von Approchen und Parallelen in aller Form gegen die Mauern der Feste vorzugehen. Ingenieur- und Artillerie-Offiziere rekognoszierten das Terrain, auf dem die erste Parallele traciert resp. die damit zugleich in Aussicht genommenen 14 neuen Belagerungsbatterien errichtet werden sollten. Wieder arbeiteten die Truppen an Sappenkörben, Faschinen und Hürden. In den Wäldern der Umgegend fällten Hunderte von Zivilarbeitern Baumstämme, die auf der Sägemühle zu Hagenau in Bohlen, Balken und Pfähle zerschnitten, sodann durch unzählige Fuhrwerke nach den Depots geschafft wurden. Überall wimmelte es in geschäftiger Emsigkeit auf den Arbeitsplätzen und alle Hände wurden durch den Gedanken zu höchster Thätigkeit gespornt: „Straßburg muß so bald als möglich unser werden!“

Trotzdem verhielt sich der Verteidiger ziemlich lässig, obschon ihm nicht entgangen sein konnte, daß sich in der Nacht zum 28. die deutschen Vorposten überall noch näher vor dem Glacis eingegraben hatten, von wo sie erst bei Tagesanbruch zur Vermeidung unnötiger Verluste in ihre frühere Stellung zurückgegangen waren. Das Bombardement hatte wahrscheinlich während der letzten Tage alle Kräfte in Anspruch genommen und der Gegner wollte seine Truppen von der relativen Ruhe profitieren lassen, welche nach Ermäßigung des deutschen Feuers eingetreten war. Er versuchte es aber auch durch Vermittelung des Bischofs von Straßburg gegen die Zulässigkeit des Bombardements Einwendungen zu machen.

Seine Eminenz erschien am 28. zu Schiltigheim bei den deutschen Vorposten und stellte hier dem seitens des Generals von Werder mit den Verhandlungen betrauten Chef des Generalstabes, Oberstleutnant von Lescynski, vor, daß dieses Bombardement gegen die Stadt dem Völkerrecht widerspreche.

Natürlich war es leicht, diese Ansicht zu widerlegen. Hatten doch die Franzosen ohne jeden faßlichen Grund Saarbrücken unter den Augen ihres Kaisers beschossen; war doch die offene Stadt Kehl auf ausdrückliche Anordnung des Generals Uhrich bombardiert worden! — Ebenso mußte der Vorwurf des Vandalismus in betreff des gegen das Münster gerichteten Artilleriefeuers zurückgewiesen werden. Von dem Observatorium daselbst waren alle Anmarschbewegungen des Angreifers einzusehen; vom militärischen Standpunkt erschien es unmöglich, sich diese Gefährdung aller Maßnahmen weiter gefallen zu lassen und Oberstleutnant von Lescynski konnte nur anheimstellen, durch Beseitigung desselben für Erhaltung des herrlichen Bauwerkes Sorge tragen zu wollen.

Endlich mußte auch die Forderung, den Abzug der Bevölkerung zu gestatten, unter dem Hinweis abgelehnt werden, daß bereits Tags zuvor über 1000 Flüchtlinge die Festung nach Süden zu verlassen, eine weitere Verringerung der Bewohner in Straßburg aber nicht gestattet werden könne.

Übrigens fanden die Berufungen auf das Völkerrecht, nachdem der Bischof den Oberstleutnant von Lescynski behufs Rückkehr nach Straßburg verlassen hatte, sofort eine eigenartige Beleuchtung. Obwohl Oberstleutnant von Lescynski selbst die Parlamentärflagge in der Hand trug, wurde auf ihn ein förmliches Schnellfeuer eröffnet und hierbei die Flagge mehrmals von Kugeln getroffen.

Der Vermittelungsversuch war also gescheitert und das Bombardement nahm auf beiden Seiten wieder seinen Fortgang, nachdem eine Stunde lang abgewartet worden war, ob General Uhrich verhandeln wolle oder nicht.

Das Bombardement hatte nicht genügt; wohl, die Franzosen sollten die Schrecken einer förmlichen Belagerung erleben!

Keine Stunde blieb jetzt unbenutzt. Im Laufe des 28. noch schlugen Pioniere unter Befehl des Premierleutnants Waizenegger von der Robertsau aus Laufbrücken über die Aar nach der Insel Wacken und kaum waren dieselben fertig, so ging die 1te Kompanie des Landwehrbataillons „Konitz" bis zum Südrand der Insel vor, wo sich die Vorposten mit Hilfe von Pionieren ungehindert zur nachhaltigen Verteidigung einrichteten. Ein am Morgen des 29. von mehreren französischen Kompanien unternommener Versuch, die Insel wieder zu nehmen, wurde durch die Landwehr mit Unterstützung der Besatzung von Schiltigheim sehr prompt zurückgewiesen, und wo sonst das nächtliche Wiedervorschieben der Vorposten in die nachts zuvor gegrabenen Schützengräben etwa zu einem leichten Geplänkel geführt hatte, verstummte dasselbe bei Tagesanbruch wieder, als die Schützen zurückgingen.

Immer mehr waren die Werke des Verteidigers von einem Kreise wachsamer Feinde eingeschnürt, deren Argusaugen jede Blöße erspähten, um dieselbe für ihr Werk der Vernichtung zu benutzen, aber über das bestimmte Ziel des förmlichen Angriffs war man sich im Hauptquartier des Generals von Werder erst in allgemeinen Umrissen klar.

Die Bastionen 11 und 12 waren schon durch die Natur gewissermaßen als Angriffspunkt bestimmt, aber es war doch sehr fraglich, ob derselbe nicht noch auszudehnen sein werde. Deshalb kam alles darauf an, noch vor Eröffnung der 1. Parallele in nächtlichen Rekognoszierungen durch Ingenieur-Offiziere die Verhältnisse vor den in Frage kommenden Werken feststellen zu lassen.

Und schon hier hat sich der Ingenieur-Hauptmann Ledebour, wie während der ganzen Belagerungszeit bis zu seiner tödlichen Verwundung, mit unvergänglichem Ruhm bedeckt. In Begleitung weniger zuverlässiger Pioniere seiner Kompanie ging er fast allnächtlich gegen die Werke vor und zeichnete, während jede Sekunde ihm den Tod bringen konnte, in der Dunkelheit mit fester Hand in wenigen Strichen das Wichtigste auf. So stellte er fest, daß der gedeckte Weg vor Lünette 53 ohne Blockhäuser und unbesetzt sei, der Angriff hier mithin die meisten Chancen böte.

Auf Grund aller noch einmal erwogenen Umstände wurde dann am 29. der Korpsbefehl für die nächste Nacht ausgegeben. Zwischen 6 und 7 Uhr sammelten sich nicht nur überall die Mannschaften auf den Sammelplätzen, sondern der ganze ungeheure Apparat für den Batterie- und Parallelenbau setzte sich in Bewegung. Die verschiedenen Kommandostäbe begaben sich nach Schiltigheim, wo sie während der Nacht auf der Mairie zu finden sein wollten, und die während des Tages zurückgenommenen Vorposten rückten in die auf 400 Schritt von dem Glacis gegrabenen und allnächtlich verbesserten Schützengräben. Dahinter nahmen die Deckungs-Bataillone Stellung, und zugleich erlosch auf der Westseite das Feuer der deutschen Mörserbatterien. Nur die mit 24-Pfündern armierten Batterien 1 und 11 bis 13 setzten dasselbe langsam fort, während von der Kehler Seite her 34 schwere Geschütze die volle Aufmerksamkeit des Verteidigers durch gesteigertes Feuer auf sich zu lenken suchten.

Bald nahm denn auch die Citadelle den Geschützkampf nach jener Richtung auf und die Franzosen schienen froh, auf der meistbedrohten Front ein wenig verschnaufen zu können.

Nichts störte die Entwickelung der Arbeiterkolonnen an der Trace. Drei Bataillone Infanterie gingen südlich Schiltigheim unter Führung der technischen Truppen von beiden Flügeln aus mit der „gemeinen Sappe"* vor. Jeder Mann war sich des ganzen Ernstes der Stunde bewußt. Die beaufsichtigenden Offiziere hatten kaum nötig, den 34ern irgendwo Ruhe zu empfehlen. In lautloser Emsigkeit arbeiteten die Kolonnen gleich Maulwürfen, um das vorgeschriebene Profil von drei Fuß Tiefe und drei Fuß Breite zu erreichen.

Hinter diesen treuen Vertretern militärischer Pflicht und

* Ein Graben, dessen ausgehobene Erde als Brustwehr nach der Festung zu geworfen wird, um schnell Deckung zu schaffen.

Ordnung, welche jeden Augenblick erwarten konnten, ihre Arbeiten von der Festung her energisch gestört zu sehen, waren vier Infanterie-Bataillone ebenso eifrig bei der Herstellung der Kommunikationen für den rechten und linken Flügel und mehr als 3000 Artilleristen arbeiteten an Erbauung der Angriffsbatterien 14—27.

Trotz dieser Ansammlung vieler Tausender geschäftiger Arbeiter auf der Angriffsfront fiel nicht einmal ein Gewehrschuß aus der Festung. Als aber der Morgen des 30. August heraufdämmerte, war nicht nur die ganze auf 800 Schritte Entfernung den Linien der Werke folgende Parallele vom Rhein-Marne-Kanal bis zur Weißenburger Eisenbahn überall in genügender Tiefe und Breite hergestellt, sondern auch in den Kommunikationen war Deckung erzielt nnd sämtliche neu errichtete Batterien standen schußbereit da.

Aber wie hatten die Leute gearbeitet! Der fette, zähe Lehmboden war durch den Regen der letzten Tage zu einem dicken Brei verwandelt; Offiziere und Leute sahen aus, als hätten sie sich behaglich in diesem Schmutze gewälzt.

Nachdem bei Tagesanbruch die Vorposten zurückgezogen und dann die Ablösung der Arbeitermannschaften durch 7½ Bataillone Garde-Landwehr erfolgt war, auch zwei Bataillone als Laufgrabenwache in die Parallele gerückt waren, sahen die in dichtgedrängten Reihen schaffenden Erweiterungsarbeiter der 4600 Schritt langen Parallele mit Spannung dem Augenblick entgegen, wo der Feind die nächtlichen Arbeiten entdecken und sein Geschützfeuer gegen dieselben konzentrieren werde.

Gegen 6 Uhr des Morgens bemerkte man denn auch eine rege Thätigkeit auf den Wällen und bald kamen von den Bastionen der Westfront die ersten Granaten daher. Einem Unteroffizier der Laufgrabenwache, welcher, die Gefahr verkennend, es verschmähte, an die Berme gedrückt, Deckung zu nehmen, wurde zum Entsetzen der danebenstehenden Leute der Kopf glatt vom Rumpf gerissen.

Einen Augenblick drängten die Wehrleute nach links und rechts zusammen; da rief ein Berliner Kind:

„Kopf weg, Uhrich schmeißt mit faule Äppel!“

Mehr als alle Befehle der auf weitem Raum verteilten Offiziere wirkte dieser Kalauer. Die Leute lachten und während sie sich ordentlich deckten, erhoben sich verschiedene Stimmen, welche dem unverfrorenen Berliner rieten, um Gotteswillen seine „Schnauze“ in Acht zu nehmen.

Der hatte aber sein Mundwerk auf dem rechten Fleck. In seiner Nähe konnte keine gedrückte Stimmung aufkommen. Als mit dem Glockenschlag 7 Uhr nicht nur die Bombardementsbatterien, sondern auch 46 schwere Geschütze aus den in letzter Nacht errichteten Batterien ihr Feuer gegen die Werke begannen, rief er auf den Zeigefinger der Rechten beißend: „Ei wei Backe; Jungens, nu wird Vater Decker ungemütlich!“

Und in der That wurde die deutsche Artillerie den Franzosen jetzt höchst unbequem. Wo sich einmal der Gegner unter Nichtachtung des Feuers der Angriffsbatterien zu einer Beschießung der Parallele aufraffen wollte, fielen sofort von allen Seiten die deutschen Geschütze über ihn her und stopften ihm — wie Wehrmann Kulicke in der Parallele sagte — das große Maul.

Da nun die Franzosen auch keine Miene machten, die deutschen Erdarbeiten in einem Ausfall zu stören, so gestaltete sich der Dienst der Laufgrabenwache zu einer ziemlich langweiligen Sache. Kulicke nahm sich vor, künftig Spielkarten mitzubringen; und klagte die Franzosen eben wieder des Verbrechens der Langweiligkeit an; da — entstand aus der Richtung, wo der Kirchhof St. Helena lag, ein ziemlich vernehmliches Halloh in den Reihen der Erweiterungsarbeiter. Die Offiziere ließen die Wache unter das Gewehr treten, weil sie einen Angriff voraussetzten. Aber, wo sich die Köpfe in der Entfernung rückwärts wandten, sah man schmunzelnde Gesichter und bald wurde die Lösung von Mund zu Mund weiter gegeben.

Die Pioniere hatten einen gefüllten Bierkeller bloßgelegt.

„Kulicke, ist Ihr Kochgeschirr rein?“

„Befehlen Herr Hauptmann!“

„Nun, rekognoszieren Sie einmal das Terrain und sehen Sie zu, ob nicht für uns was abfällt."

„Befehlen, Herr Hauptmann! Für uns wird schon was abfallen; als Bierkutscher bin ich ja Sachverständiger!"

Schon stampfte er siegesgewiß von dannen und weiß der Himmel, wie er es angefangen, noch war keine Viertelstunde vergangen, da kam er, von unterdrücktem Jubel seiner Kompanie begrüßt, mit einem vollen Achtel auf der Schulter daher und meldete seinem Chef: „Herr Hauptmann, dat is gewiß un gewißlich ne Versuchung det Besen. — Da is so ville Stoff, dat sich die ganze Parallele dran beschmusen kann."

„Na, Kulicke, Sie haben wohl schon einen guten Zug gethan?"

„Nich im geringsten nich, Herr Hauptmann; dies Achtel hier hat mir der Herr Hauptmann, der nu dort vorm Eingang der Unterwelt sitzt, for meine Verdienste geschenkt, weil ick ihm Bescheid von wegen det Abzappen gesagt habe. Sonst hädt et nischt gegeben!"

Das war nun freilich eine willkommene Unterbrechung. Nachdem sich Offiziere und Leute der Kompanie, soweit es reichte, an dem Achtel gelabt, wurde später für die ganze Belegmannschaft der Laufgräben eine förmliche Bierrequisition eingerichtet, und wenn dann trotz des tollsten Schmutzes die schweren Tonnen in den Laufgräben entlang gerollt und gewuchtet wurden, klang es bald hier bald dort in neu belebtem Soldatenhumor: „Achtung! — Dampfwalze!"

Während sich in diesen Tagen die Erweiterungsmannschaften, nach langen Märschen aus den Kantonnements, in den Parallelen müde und marode arbeiteten, die Laufgrabenwachen sich daselbst meistens 24 Stunden lang in ihren sumpfstarrenden Höhlen langweilen mußten, wenn nicht die Franzosen irgendwo für eine kleine Zerstreuung durch vorgesandte Patrouillen sorgten, sah es in den von den deutschen Truppen besetzten Ortschaften viel gemütlicher aus.

Die nach den ersten für Frankreich unglücklichen Schlachten

ins Gebirge geflohenen Bewohner waren zurückgekehrt, und meistens fand zwischen den Deutschen und ihren Quartierwirten das beste Einvernehmen statt. In Schiltigheim, dessen Mairie seit Eröffnung der 1. Parallele für die Nächte der Sammelplatz der verschiedenen Stäbe geworden war, in deren Mauern auch dauernd das Ingenieur=Bureau Aufnahme gefunden, herrschten nach dieser Richtung geradezu merkwürdige Zustände. Noch immer waren die verschiedenen Verteidigungsabschnitte von den preußischen Truppen besetzt, in ziemlicher Regelmäßigkeit heulten von der Festung her Granaten durch die Straßen oder warfen hier und dort ein Gebäude in Trümmer, und doch sah man die Bevölkerung ruhig an ihre Arbeit gehen, Frauen auf der Schwelle ihrer Häuser preußische Uniformen flicken, Kinder auf den Straßen spielen, in denen kurz vorher noch die Bombe krepiert war, und Federvieh ruhig vor den Häusern sein Futter suchen. Man hatte sich eben an diese eisernen Todesboten seit der ersten Beschießung so gewöhnt, daß man alles Gott überließ. Wahrscheinlich trug das Beispiel des Feindes dazu außerordentlich bei; jedenfalls verfehlte es seine Wirkung auf die Bevölkerung nicht, daß die Ingenieur=Offiziere auf der Mairie ruhig an ihren Tischen weiter arbeiteten, obgleich eine 24pfündige Granate daselbst eingeschlagen und beim Krepieren mit ihren Sprengstücken mehrfach die Decke des betreffenden Bureaus zertrümmert hatte. Man sah die preußischen Posten so ruhig und unbekümmert an den errichteten Barrikaden hin- und herschreiten, daß die Bewohner unwillkürlich die würdige Haltung mit annahmen. Sie kannten hier die von den Deutschen auf den Schlachtfeldern errungenen Siege, hörten täglich, Straßburg müsse deutsch werden, und sahen nach dem zielbewußten Vorgehen des Belagerers auch kein anderes Ende mehr voraus.

Welche Mühe und Arbeit mußte aber noch aufgewandt werden, bevor es dahin kam; wie viel kostbares Blut sollte noch vergossen werden!

IV.

„Straßburg unser!“

Während einer drückenden feuchtwarmen Hitze waren bis zum 30. August die Parallelen und Laufgräben bis auf mindestens 8 Fuß Sohlenbreite erweitert und dadurch die nötige Brustwehrstärke gewonnen worden. Nun galt es ohne Rast und Ruhe die Kommunikationen zur 2. Parallele vorzutreiben.

Die Nacht vom 30. August zum 1. September war hierzu bestimmt.

Deshalb fand am Abend des letzten August wiederum ein angemessenes Vorschieben der Vorposten statt und dann ließ der Tranchee-Major, Oberstleutnant von Gayl, die durch 2 Kompanien Infanterie verstärkten Pioniere mit den Kommunikationen zur 2. Parallele rechts und links des Kirchhofs St. Helena vorgehen. Um den Feind nicht aufmerksam zu machen, geschah diese Arbeit ohne vorheriges Tracieren.

Freilich war der Verteidiger diese Nacht recht lebendig, allein sein ziemlich heftiges Geschützfeuer richtete sich der Hauptsache nach gegen die deutschen Batterien der Nordfront und gegen das Wallbüchsen-Emplacement auf dem Kirchhof St. Gallen, welches infolgedessen zurückgenommen werden mußte. Gegen die Erdarbeiten der Angriffsfront gingen nur dann und wann Patrouillen vor, welche von unseren Vorposten jedesmal sofort heimgeschickt wurden, und die von dem Oberkommando für diese Nacht verfügten Rekognoszierungs-Patrouillen gegen die Lünetten 44, 52 und 53, wurden zwar durch rechtzeitige Beschießung an einem erfolgreichen Einsehen der Werke gehindert, zu einem ernsteren Engagement indessen führte ihr Erscheinen nirgends.

Deshalb konnten die Approchen ohne ernste Behelligung vor Tagesgrauen wesentlich gefördert werden und auch die für nötig befundene neue Batterie 28 stand am Morgen am Südausgange von Schiltigheim gefechtsbereit da.

Die zur Tagesarbeit in die Laufgräben geführten Erweiterungsmannschaften vermochten das notwendige Profil herzustellen und das gesamte Material vorzubereiten, um in der kommenden Nacht die 2. Parallele zu eröffnen.

Es liegt auf der Hand, daß der Angreifer, je mehr er sich mit seinen zickzackförmigen Annäherungen den Werken nähert, desto leichter Überraschungen seitens der feindlichen Truppen ausgesetzt ist. Ebenso selbstverständlich ist es, daß nach Maßgabe dessen die Deckungsmannschaften zu steter Gefechtsbereitschaft verstärkt werden müssen. Als deshalb am Abend des 1. September die Dunkelheit eingetreten war, besetzten nicht nur 2 Bataillone des 2ten badischen Grenadier-Regiments mit vorgeschobenen Schützen, wie üblich, als Wache die Laufgräben, sondern es wurden auch an verschiedenen Punkten Spezialreserven bereit gehalten.

Gegen 10 Uhr begannen 4 Pionier- und 10 Infanterie-Kompanien die Arbeit unter spezieller Leitung der Hauptleute Chevallier und Herzberg. Da der Feind auf der ganzen Front äußerst rege war, so wurde — wie in der vergangenen Nacht — auf ein Tracieren verzichtet. Die Teten-Offiziere hatten nach einem gemerkten Punkt die Richtung festzuhalten. Das sollte aber für die betreffenden Herren in dieser Nacht eine schwierige Aufgabe werden. Noch waren die Kommunikationen nicht bis in Höhe der zu errichtenden 2. Parallele fertig, da prasselte von den Werken 44, 47 und 53 ein ununterbrochenes Schnellfeuer daher und gleich darauf tauchte vom Steinthor aus eine geschlossene Abteilung auf. Die Vorposten wichen zurück und die Sappen-Arbeiter griffen zu den Gewehren. Glücklicherweise waren die badischen Grenadiere auf dem Posten. Einige in aller Ruhe abgegebene Salven trieben den Feind in die Festung zurück und die Arbeiten konnten ihren Fortgang nehmen.

Gegen 3 Uhr des Morgens war das Werk gethan, und nachdem die bis in Nähe des Glacis vorgeschobenen Deckungs-Kompanien in die fertig gestellte 2. Parallele zurückgezogen waren, erfolgte der Abmarsch der Arbeiter.

Vor der Nordwestfront herrschte nun eine kurze, fast auffällige Ruhe. Still blieb auch alles auf der Insel Wacken, wo nach Einbruch der Nacht das 2te Bataillon der 30er mit einer halben Pionier-Kompanie vorgegangen war, um dort durch leicht zu verteidigende schanzenartige Abschnitte den Besitz der Insel gegen den Jars zu sichern. Ebenso gab die in dieser Nacht ausgeführte Rekognoszierung der Schleusen- und Wasserverhältnisse seitens des bereits mehrfach erwähnten kühnen Ingenieur-Hauptmanns Ledebour zu keinem Hervortreten des Verteidigers Anlaß; derselbe schien anderweit beschäftigt.

Habt Acht, ihr Grenadiere! — General Uhrich, der den Seinen einst mit der Fahne in der Hand gegen den Malakoff vorausgestürmt, hält seine dichtgeschlossenen Kolonnen auf den Waffenplätzen bereit. Er selbst begeistert seine 87er in kurzer Ansprache, drückt dem Führer derselben, Oberst Blot, noch einmal die Hand und spricht dann sein: „En avant!"

Die badischen Grenadiere waren wohl auf der Hut, allein es braute ein dichter Nebel über dem Gelände. Als die Vorposten den Gegner entdeckten, war derselbe nahe vor ihnen.

Schützen und Soutiens wurden auch bei den Bahnhofsrotunden überrumpelt und es entstand bei der eine Überschätzung der feindlichen Kräfte leicht zulassenden dunstigen Luft auf kurze Zeit eine ernste Gefahr für die nächsten Batterien. Besonders die französischen Matrosen stürmten gegen Batterie 4 unaufhaltsam vorwärts.

Aber schon hatten sich die Bataillone der Laufgrabenwache überall wieder in die Lage gefunden, und da auch gleichzeitig die im Anmarsch begriffenen Ablösungen der Garde-Landwehr sehr zu rechter Zeit mit eingreifen konnten, so fand der französische Angriff bald sein Ende. Zwar knatterte es noch eine Zeitlang auf der ganzen Front, auch auf der Insel Wacken, gegen welche die Franzosen ebenfalls vorgegangen waren; dann wurde der Feind allmählich von den badischen Grenadieren und 3 preußischen Landwehr-Kompanien nach dem gedeckten Wege rückwärts getrieben.

In dem hierbei eintretenden Durcheinander wurden die

französischen Matrosen von ihrer eigenen Infanterie für Preußen gehalten und erlitten, mit dem Bajonett angefallen, mehrere Verluste, bevor sie den Irrtum aufzuklären in der Lage waren.

Um 4 Uhr des Morgens war der Ausfall überall wieder zurückgeschlagen. Freilich hatten 3 Offiziere und 89 Mann dabei deutscherseits ihr Blut vergossen, allein der französische Verlust war fast noch einmal so stark und der sorgfältig vorbereitete Angriff verlief vollkommen resultatlos. Die Pioniere hatten sich weder bei ihren Erdarbeiten stören lassen, noch war ein einziges Geschütz vernagelt worden.

Dieser geringe Erfolg schien den Verteidiger ernstlich zu verstimmen. Kaum waren seine zurückflutenden Kolonnen hinter den schützenden Werken in Sicherheit, so begannen seine Geschütze von allen Seiten zu grollen. Der Geschützkampf tobte mit geradezu überraschender Heftigkeit. Neue Batterien traten auf und trotz des Nebels schossen die Franzosen an diesem Morgen vorzüglich. Fast alle deutschen Batterien wurden mehrfach, wenn auch glücklicher Weise ohne große Verluste, getroffen. Natürlich blieben dieselben nicht ganz aus. In Batterie 27 schlug ein Granatsplitter in eine Pulvertonne; dieselbe flog in die Luft und ein Mann wurde zerrissen, drei andere verwundet. Batterie 4 wurde nur durch die seltene Unerschrockenheit des Kanoniers „Wecken“ vom westfälischen Festungsartillerie-Regiment Nr. 7 vor schweren Verlusten bewahrt. Eine Bombe mit brennendem Zünder schlug daselbst mitten unter die Bedienungsmannschaft, als der westfälische Held hinzusprang und das Tod und Verderben drohende zischende Geschoß mit einem gewaltigen Schwunge über die Brustwehr schleuderte, wo es wenige Sekunden später unschädlich krepierte.

Auch in den Trancheen sollte der angebrochene Tag, welcher vor Sedan über das Schicksal des Kaiserreiches entschied, infolge der ohne Trace bewirkten, mehrfach unterbrochenen Sappenarbeit herbe Verluste bringen.

Kaum war um 4 Uhr morgens die Ablösung der Laufgrabenwache erfolgt und die Tagesarbeiter des Landwehrbataillons

Gnesen gingen auf Anordnung des Trancheen-Majors, Oberstleutnant von Gayl, an die Vertiefung des zur 2. Parallele führenden einen Approchenschlages, so fegte von Lünette 56 ein Kartätschschuß daher und mehrere Leute der 1ten Kompanie lagen in ihrem Blute. Es war klar, die Richtung des Schlages war hier in der Nacht verfehlt worden! Und doch mußten die Kompanien hindurch, um in die 2. Parallele zu gelangen.

Zugweise versuchte man es, die Leute im Laufschritt hindurch zu ziehen, allein der Feind hatte die schwache Stelle entdeckt und jedesmal blitzte es verderbenbringend bei der Lünette auf. Oberstleutnant von Gayl stellte sich zuletzt selbst an die Spitze des noch rückwärts befindlichen Kompanierests, um die Leute hindurchzuführen. Fast war er auch glücklich bis ans Ende der eingesehenen Strecke gelangt, da sauste eine Granate mit furchtbarer Wirkung durch den Schlag. Oberstleutnant von Gayl und Hauptmann Herzberg fielen mit einer ganzen Anzahl von Wehrleuten. Die verfehlte Approche mußte nach Verlust von 2 Offizieren und 28 Mann bis zu ihrer demnächstigen Korrektur aufgegeben werden.

Der 2. September hatte dem Belagerer also verhältnismäßig viel Blut gekostet. Dafür war er jetzt den Werken so nahe gerückt, daß er von verschiedenen Emplacements aus alle Scharten unter ein höchst wirksames Wallbüchsen-Feuer nehmen konnte und die ganze Überlegenheit seiner Artillerie zu entfalten vermochte.

In der Nacht zum 3. wurden die Batterien 16a, 17a, 19a, 29 und 30 erbaut und armiert. Zugleich trafen in Schiltigheim 12 kurze gezogene 24 Pfünder und zwei gezogene 21 cm-Mörser ein, von denen man sich wegen ihrer gewaltigen Wirkungen gegen bombensichere Räume den größten Erfolg versprach.

Hatten die ununterbrochenen Anstrengungen seit Eröffnung der 1. Parallele die Stimmung innerhalb des Belagerungskorps ein wenig niedergedrückt, so brachte die im Laufe des 3. in den Laufgräben von Mund zu Mund fliegende Freudenkunde vom Ausgang der Schlacht bei Sedan einen kaum für möglich gehaltenen Umschwung. Heller Jubel lag auf allen Gesichtern, und in neuem Impuls zitterte es durch jede Soldatenbrust: „Straßburg muß unser sein!"

Am Abend fand, während die Truppen in allen Kantonnements zum feierlichen Appell versammelt wurden, auch in den Laufgräben selbst die Siegesfeier statt. Musikchöre rückten in die 1. Parallele und die Weisen des „Heil dir im Siegerkranz" drangen aus der Erde hervor nach den Wällen von Straßburg hinüber. Was mochten die Franzosen staunen, als sämtliche Geschütze der Feld- und Belagerungsartillerie wie mit einem Schlage drei Salven abgaben; dann aber aus Tausend und aber Tausend Stimmen andächtig der Choral „Nun danket alle Gott" gesungen wurde?

Die Kunde von der Sedanschlacht war gerade zu rechter Zeit eingetroffen; denn unsere braven Truppen mußten eben damals schier Unerträgliches durchmachen. Ein furchtbares Gewitter hatte noch während der erhebenden Siegesfeier mit wolkenbruchartigem Regen alle Laufgräben überschwemmt. Ganze Strecken standen fußtief unter Wasser und die Erdarbeiten konnten deshalb für die nächsten Tage nur Schritt für Schritt vorwärts kommen.

Aber auch der Verteidiger schien sich in das grundlos gewordene Gelände nicht hinauszuwagen.

Man konnte deshalb die nächsten Tage zum Bau der Batterien 31 bis 34 ausnutzen und durch das sichere Feuer unserer Geschütze die wesentlichsten Unterkunftsräume in der Stadt zerstören. Die große Finkmatt-Kaserne wurde ein Raub der Flammen und badische Geschosse der Kehler Batterien legten allmählich die ganze Citadelle in Ruinen. Und dennoch traten bei dem Angreifer immer neue Batterien in den Kampf. Während der Nacht zum 8. September wurden nicht nur die beiden 21 cm-Mörser als Nr. 35 in Batterie gebracht, sondern auch die Batterien 36 bis 40 für Feldgeschütze und Mörser errichtet. Die beiden Riesen-Mörser sollten bei dem gegen die Bastionen 11 und 12 vorschreitenden Angriff vor allem Lünette 44 in

Schach halten, deren flankierendes Feuer oft unangenehm empfunden war.

Dieser in den nächsten Tagen konzentrisch entfalteten Feuerwirkung der deutschen Geschütze gegenüber sah sich die feindliche Artillerie bald mehr und mehr zum Schweigen verdammt. Die 21 cm-Batterie that so wohl ihre Schuldigkeit, daß Lünette 44 von ihrer Besatzung geräumt wurde. Dieses lästigen Gegners los, wurden in der Nacht zum 11. die Approchen zur 3. Parallele vorgetrieben und diese selbst in der Nacht vom 12. während eines von beiden Seiten wieder heftiger geführten Geschützkampfes mittelst der gemeinen Sappe auf eine Gesamtlänge von 700 Schritt eröffnet.

Die Unseren ließen sich weder durch den anhaltenden Regen noch durch die Grundlosigkeit der Wege von kühnen Unternehmungen abschrecken. In der Nacht vom 13. zum 14. besetzten die badischen Truppen die Sporeninsel, eine Batterie wurde daselbst errichtet, und schon am nächsten Morgen ward der Feind von hier aus durch einen vernichtenden Eisenhagel überrascht.

Wichtiger für die Entwickelung der Angriffsarbeiten und von seltenem Heldenmute zeugend war eine neue Rekognoscierung des Ingenieur-Hauptmanns Ledebour.

Nachdem die 3. Parallele am Fuße der Glacis angelangt war, kam es darauf an, zu wissen, ob und wie weit die Werke durch Minen verteidigt seien. Hauptmann Ledebour ging mit einem unbedingt zuverlässigen Pionier in dunkler Nacht gegen die Lünette 53 vor. Er gelangte unbemerkt bis an den Graben. Nichts rührte sich. Held Ledebour ließ sich mit seinem Begleiter an einem Seile in den 47 Meter breiten, mit lehmigem Wasser gefüllten Graben hinab und erreichte schwimmend das jenseitige Ufer. Hier suchte und fand er die Eingänge zu den Minen. Zwei derselben waren bereits zerstört; eine noch geladene dritte legte Ledebour in mehrstündiger Arbeit lahm. Als er dann wieder zurückschwamm und mittelst des Seiles emporklimmen wollte, riß dasselbe. Die beiden kühnen Wager mußten sich erst mit ihren Messern mühsam Stufen in dem Mauerwerk schaffen, wo Hände und Füße haften konnten, und zu alledem begann der Feind jetzt auf die Klimmenden zu feuern. Aber das Wagnis gelang und der Name „Ledebour“ wird für alle Zeiten ruhmvoll genannt werden.

In den nächsten Tagen wurde die 3. Parallele, welche bereits das Glacis von Lünette 53 in der Eröffnungsnacht berührt hatte, durch einen mittelst der Traversensappe vorgetriebenen Schlag zu einer Halbparallele ausgebaut und in der Nacht zum 15. zur Krönung des Glacis vor Lünette 53 geschritten. Zugleich errichtete der Belagerer Batterie 42 für kurze 24 Pfünder als Breschbatterie gegen Bastion 11 und durch inzwischen angelangte württembergische Artillerie wurden die Batterien 41 für vier Zwölfpfünder und 43 für acht Vierundzwanzigpfünder erbaut und sofort in Feuer gestellt.

Gegen diese gewaltige Artillerie versuchte es der Feind nur noch während der Nächte aufzukommen. Fast gar nicht mehr ernstlich behelligt, schritten so die Erdarbeiten um so rascher fort. Der Anfang vom Ende nahte für Straßburg heran.

Am 17. war auch vor Lünette 52 das Glacis gekrönt und die Batterien 17a, 19a und 21a wurden als Batterien 17b, 19b und 21b in die 2. Parallele vorgeschoben, während die Mörserbatterien 46, 47, 48 und 5a neu erbaut wurden.

Schon am 16. war durch das Feuer der indirekten Breschbatterie eine völlig gangbare Bresche geschaffen. Sobald deshalb eine nächtliche Untersuchung festgestellt, daß das Reduit in Lünette 52 vom Feinde verlassen sei, wurde während der nächsten Tage der Grabenniedergang zu den beiden Lünetten 52 und 53 hergestellt.

Nachdem dann am 20. die Futtermauer der Kontreskarpe durch eine Mine niedergeworfen, die entstandene Bresche durch Pioniere erweitert und durch Schanzkörbe, Sandsäcke, Erde, Steine und Faschinen in mühseliger Arbeit ein Übergang über den breiten Wassergraben geschaffen war, nahmen erst Pioniere, dann Mannschaften des Garde-Landwehr-Bataillons Cottbus von der verlassenen Lünette 53 Besitz.

Drin war man nun wohl in diesem Werk, allein dasselbe hatte nach rückwärts eine offene Kehle und man kann sich denken, wie schnell sich der Verteidiger beeilte, die hier endlich einmal sichtbar werdenden verhaßten Deutschen mit einem Gewehrfeuer zu überschütten. Aber die Pionier-Kompanie, welche der Landwehr in das Werk vorangegangen war, um dasselbe auf Minen zu untersuchen, stand unter Befehl des Hauptmanns Ledebour, und dieser verstand auch seine Leute zu voller Hingabe und höchster Leistungsfähigkeit zu begeistern. Trotz des hereinprasselnden Schnellfeuers ward die Kehle durch eine Brustwehr gegen den Hauptwall zu verbaut, deckende Kommunikationen nach rückwärts geschaffen und in der eroberten Lünette durch Artilleristen die 7pfünder Mörserbatterie 56 erbaut.

Immer neue Feuerschlünde thaten ihren Mund gegen das unglückliche Straßburg auf, heischten ungestüm: „Sei unser!"

In der Stadt nahm Mangel, Verzweiflung und Elend immer mehr zu. Alle hervorragenden Gebäude wurden ein Raub der Flammen; Weiber und Kinder flüchteten, auf die Großmut des Belagerers vertrauend, zu vielen Hunderten aus den anscheinend der Vernichtung geweihten Mauern.

Und freilich hatten sie allen Grund zu gehen. Das Verhängnis schritt seinen Weg. Mit mathematischer Konsequenz zwangen die deutschen Ingenieure dem Gegner am 21. auch Lünette 52 ab.

Nachdem der Grabenniedergang während des Tages unter unendlichen Mühsalen mit der nötigen Deckung zu Ende gekommen, wurde abends 8 Uhr mit dem Bau einer Tonnenbrücke über den 120 Fuß breiten Graben begonnen. Um 10½ Uhr hatte Hauptmann Andreae diesen Bau vollendet. Die mehrere Tonnen zusammenhaltenden Rahmen waren mit Laufbrettern belegt und zur Vermeidung von Geräusch mit Stroh bedeckt. Premier-Leutnant von Kaiser I konnte mit einer Abteilung von 100 Pionieren hinübergehen.

Das Werk war unbesetzt und Minen nicht vorhanden. Einige Artilleristen vernagelten die französischen Kanonen. Dann besetzte die 2te Kompanie der 34er die Lünette und behauptete dieselbe mit Hilfe der gegen Kartätsch- und Gewehrfeuer nach allen Seiten Deckung schaffenden Pioniere trotz namhafter Verluste an Toten und Verwundeten. Unter ersteren befand sich der Tranchee-Major vom Dienst, Major von Quitzow, zu letzteren gehörte Leutnant von Oppen, der an einer besonders gefährdeten Stelle selbst zur Hacke gegriffen.

Wenige Stunden nach der Besetzung der Lünette schleuderte bereits die daselbst erbaute Mörserbatterie Nr. 57 ihre Bomben gegen die nächsten Festungslinien, und während der kommenden Nacht stand die Stadt wieder an allen Enden in Flammen. Zahlreiche Menschen wurden in den Häusern oder auf den Straßen getötet; nirgends gab es mehr Schutz vor Granaten und Shrapnels und die Lebensmittel nahmen unerschwingliche Preise an.

In der Nacht zum 23. ging der Belagerer von Lünette 52 mittelst der Traversensappe gegen die Spitze des Glacis von Contregarde 51 vor und die Breschbatterie 42 richtete ihr Feuer gegen Bastion 11, während die Schwesterbatterie Nr. 58 sich bereit hielt, gegen Bastion 12 in Thätigkeit zu treten.

Sobald jedoch die Sappentete vor der Contregarde 51 unter Leitung des Hauptmann Ledebour aus der Lünettenkehle heraustrat, wurde sie von den nächstgelegenen Werken unter ein mörderisches Feuer genommen. Hauptmann Ledebour wurde durch die Wade geschossen und eine ganze Anzahl von Pionieren verwundet, so daß man sich entschließen mußte mit der förmlichen Sappe vorzugehen. Und leider erwies sich die Verwundung des Hauptmanns Ledebour schon in den nächsten Tagen als eine gefahrdrohende. Am 24. überbrachte ihm General von Werder im Lazarett persönlich das eiserne Kreuz; der Verwundete jubelte auch auf seinem Schmerzenslager noch mit, als es hieß, auf dem Münster wehe die weiße Fahne, aber am 20. Oktober hatte der kühne Held ausgelitten und ein unerschrockenes Herz schlug weniger für König und Vaterland.

Inzwischen begann die Breschbatterie Nr. 58 am 24. ihr

gegen Bastion 12 gerichtetes Zerstörungswerk und zwei eingetroffene bayerische Festungs-Artillerie-Kompanien übernahmen den Dienst in den Batterien 46, 47 und 59. — Alldeutschland sollte um die ehemals deutsche Reichsstadt Straßburg werben!

Am 25. wurde noch in Lünette 53 die Batterie 60 für drei gezogene Sechspfünder errichtet, und noch einmal während der Nacht zum 26. alle Werke und die ganze Stadt mit Geschossen aller Art überschüttet.

Im Laufe des 26. verstummte die Breschbatterie Nr. 58. Sie hatte ihre Aufgabe erfüllt, in Bastion 12 klaffte eine weit geöffnete Bresche.

Nachdem dann im Laufe der nächsten 24 Stunden das Kouronnement der Contregarde zu Ende geführt war, kam der 27.

In emsiger Geschäftigkeit arbeiteten die Pioniere an Vertiefung der zum Kouronnement führenden Verbindungen, sowie an Schaffung von ausreichenden Flankendeckungen, während das Feuer des Belagerers dem Verteidiger den Aufenthalt in den Bastionen 11 und 12 fast unmöglich machte.

Das feindliche Geschützfeuer schwieg fast ganz, aber niemand hatte eine Ahnung davon, daß die ersehnte Entscheidung nahe, als plötzlich um 5 Uhr nachmittags erst auf dem Münster, dann auf den Bastionen 11 und 12 weiße Fahnen emporgingen.

Die Beobachtungsposten riefen die Kunde den Offizieren in die Laufgräben und Batterien zu; die Geschütze verstummten hüben und drüben.

Man wagte es nicht daran zu glauben, sund doch war das weltgeschichtliche Ereignis eine Thatsache. Unter nicht endenwollendem Jubel wurden die Brustwehren erstiegen, weit schallendes Hurra ertönte überall und durch den schon seit einigen Tagen von der 3. Parallele rückwärts geführten Feldtelegraphen wurde die Freudenkunde blitzschnell in die entferntesten Kantonnements getragen.

General von Werder, der sich gerade in den Trancheen befand, mußte sich erst nach Mundolsheim zurückbegeben, um daselbst das Schreiben des Generals Uhrich in Empfang zu nehmen, welches ein Parlamentär dorthin gebracht hatte, und das also lautete:

„Der Widerstand von Straßburg hat sein Ende erreicht. Auf Gnade und Ungnade übergebe ich die Stadt, die Citadelle und die Garnison.“

Um 2 Uhr in der Nacht zum 28. September wurde zu Königshofen durch den Chef des Generalstabes Oberstleutnant von Lescynski und den Rittmeister Grafen Henkel von Donnersmark deutscherseits, und französischerseits durch den Kommandanten von Straßburg, Oberst Dukasse, sowie Oberstleutnant Mengin, sous-directeur de l'artillerie, im allgemeinen nach den Bedingungen von Sedan die Kapitulation abgeschlossen. Sie wurde vom General von Werder gutgeheißen, und da die Übergabe der Festung schon am 28. vormittags erfolgen sollte, so mußten sofort die nötigen Befehle an die Belagerungstruppen erlassen werden.

Nach 10 Uhr vormittags standen die deutschen Truppen vor dem Nationalthor bereit. Mit hellem Jubel wurde der Großherzog von Baden begrüßt, als derselbe mit General von Werder eintraf, um die in die Kriegsgefangenschaft abziehende Besatzung vor sich defilieren zu lassen. In Begeisterung nahmen die deutschen Bataillone ein von General von Werder ausgebrachtes Hoch auf den König auf; — da kam, als dasselbe kaum verhallt war, von dem Weißenturmthor die ausmarschierende Besatzung daher. An der Spitze von 451 Offizieren und über 14,000 Mann schritten General Uhrich, General Barral und Kontre-Admiral Exelmanns, gefolgt von den übrigen Offizieren; dann Gendarmerie, Artillerie, Douaniers und die Linientruppen. Diese Abteilungen zogen noch in einiger Ordnung vorüber, obschon auch hier Betrunkene das große Maul führten. Nach ihnen kam das Chaos. In wirrem Durcheinander, hier dicht gedrängt, dort weit auseinander, tobend, lästernd, ihre Offiziere des Verrats anklagend, wankten sie daher, bedrohten die gleich Bildsäulen in unerschütterlicher Ruhe dastehenden Sieger und taumelten doch vorwärts — ohne etwas zu wagen — in ihrer erbärmlich feigen Disziplinlosigkeit.

Als endlich das widerliche Bild vorüber war, rückte General von Werder an der Seite des Großherzogs von Baden unter klingendem Spiel und mit entrollten Fahnen in die Stadt ein.

Um 3 Uhr waren alle wichtigen Punkte von Stadt und Festung in deutschen Händen.

Unter einem Verlust von 45 Offizieren und 952 Mann hatten die Deutschen fast 7 Wochen lang die Feste umschlossen gehalten; nun endlich war Straßburg unser und 1277 broncene Geschütze, 900 Lafetten, 49,000 blanke Waffen, 5500 Zentner Pulver und ein gewaltiges Kriegsmaterial aller Art fiel dem Sieger zur Beute.

Das wichtigste aber war, unsere Divisionen wurden von neuem im freien Felde verwendbar und Straßburg war wieder deutsch geworden, was es — so Gott will — auch bleiben soll.

V.

Die kleineren französischen Festungen östlich der Mosel.

(Schlettstadt, Neu-Breisach, Lützelstein, Marsal, Pfalzburg, Bitsch.*)

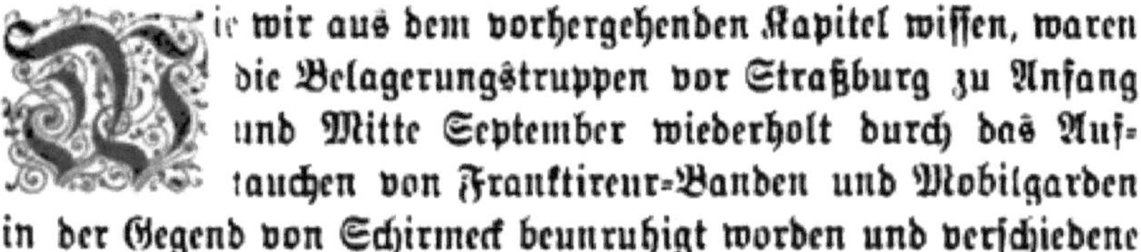

Wie wir aus dem vorhergehenden Kapitel wissen, waren die Belagerungstruppen vor Straßburg zu Anfang und Mitte September wiederholt durch das Auftauchen von Franktireur-Banden und Mobilgarden in der Gegend von Schirmeck beunruhigt worden und verschiedene

* Man findet die meisten der in diesem wie in dem folgenden Kapitel genannten Festungen auf der im ersten Bändchen unseres Werkes befindlichen „Übersichtskarte für den deutschen Vormarsch im J. 1870."

Streifkolonnen hatten entsandt werden müssen, um den gestützt auf die Festung Schlettstadt im Gebirge weiter glimmenden Volkskrieg nieder zu halten.

Da indessen vor Straßburg alle Arme für die gewaltigen Erdarbeiten, jedes Gewehr für den Deckungsdienst unentbehrlich geworden, so hatte die deutsche Heeresleitung in weiser Voraussicht bereits früher angeordnet, daß die 4te preußische Reserve-Division bei Freiburg im Breisgau unter dem Befehle des General-Majors von Schmeling zusammenzutreten habe.

Ihr war die Aufgabe zuerteilt, die rheinaufwärts gelegenen Festungen Neu-Breisach und Schlettstadt zu nehmen und die volkreichen Fabrikstädte jenes Teiles von Elsaß zu besetzen.

Am 1. und 2. Oktober überschritt General von Schmeling mittelst dafür hergestellter Fähren bei Neuenburg den Rhein.

Die in der Vorhut befindlichen Reserve-Ulanen stießen sofort auf Franktireurs, allein schon ging mit dem Ruf „les Ulans!“ ein heilsamer Schrecken einher, und die alten Wehrreiter thaten auch mit höchstem Schneid ihre Pflicht. Weder das dichte Gestrüpp am linken Rheinufer noch der sich meilenweit bis zu den Vogesen hinziehende Hardtwald vermochte den Gambetta'schen Helden des Stegreifkrieges sicheren Unterschlupf zu bieten. Überall fanden die preußischen Reiter sie auf, kitzelten sie die gefürchteten Lanzenspitzen aus noch so sorgsam gewähltem Hinterhalt, sobald sie wirklich einmal auf kleinere Abteilungen von ihren Büchsen Gebrauch zu machen gewagt hatten.

Nachdem Mühlhausen und Colmar von der Division Schmeling besetzt war, marschierte das Gros derselben auf Neu-Breisach.

Der General ließ den Kommandanten zur Übergabe auffordern, allein dieser lehnte dieselbe nicht nur energisch ab, sondern am 5. Oktober unternahmen die Franzosen in Stärke von etwa 2000 Mann gegen drei in den Dörfern Heitern, Balgau und Namsheim auf Fouragierungen begriffene Kompanien des 43sten Landwehr-Regiments sogar einen Ausfall, der zu einem längeren Gefecht führte, welches sich erst, als deutscherseits eine schwere Batterie herbeigeführt wurde, zu Gunsten der Landwehren entschied.

Diesem aktiven Auftreten der Besatzung entsprach auch das Verhalten des Platzes während einer in der Nacht vom 7. zum 8. Oktober ausgeführten energischen Beschießung durch preußische Feldgeschütze. Trotzdem es sehr bald an mehreren Stellen in der Stadt brannte, brachen bald hier, bald dort kleinere feindliche Abteilungen aus der Festung hervor, und bewiesen damit zur Genüge, daß eine feste Soldatenhand in dem Platze gebiete.

General von Schmeling hatte damit die Überzeugung gewonnen, daß Neu-Breisach nicht kurzer Hand wegzunehmen sei und wandte sich deshalb, ein kleineres Zernierungskorps vor dem Platz lassend, gegen Schlettstadt, welches seiner ganzen Lage nach von größerer Bedeutung war, und wo infolge der unmittelbaren Verbindung mit dem inzwischen gefallenen Straßburg eine Unterstützung durch Festungsartillerie und Belagerungsmaterial zunächst erfolgen konnte.

Schlettstadt ist eine Festung II. Klasse und deckt, an der Ill gelegen, die Straße von Straßburg nach Colmar, sowie die Eisenbahn zwischen erstgenannter Festung und Belfort beziehungsweise Basel.

Die Festung ist nach den Plänen des Altmeisters Vauban ausgebaut und besteht der Hauptsache nach aus acht mit Ravelins ausgestatteten Bastionsfronten. Außenwerke sind nicht vorhanden, dagegen kann durch sorgsam angelegte Schleusenwerke das Wasser der Ill zu einer ausgedehnten Überschwemmung des südlich der Festung gelegenen niedrigen Geländes angestaut werden.

Am 9. Oktober erschien die 4te Reserve-Division vor Schlettstadt und nachdem der Festungs-Kommandeur Graf Reinach die Aufforderung zur Übergabe mit Hinweis auf die einzig mögliche Entscheidung durch die Kanonen abgelehnt, bezogen die Truppen, bis die von Straßburg aus in Marsch gesetzte Festungsartillerie und technischen Truppen anlangten, enge Kantonnements um die Festung. General von Schmeling nahm sein Hauptquartier in Kühnheim.

Sehr bald stellte es sich heraus, daß — im Gegensatz zu Neu-Breisach — wenig soldatischer Geist unter der Besatzung des eingeschlossenen Platzes herrschen mußte. Kleine Versuche abgerechnet, ließ der Verteidiger die Zeit, bis die Straßburger Verstärkungen ankamen, ungehindert verstreichen und sah es ruhig mit an, daß 11 Artillerie-Festungs-Kompanien unter Befehl des Oberstleutnant von Scheliha, sowie 4 Festungs-Pionier-Kompanien ihre Depots für den förmlichen Angriff einrichteten. Ebensowenig wurde seitens des Verteidigers ein Versuch gemacht, in der Nacht vom 19. zum 20. Oktober den Bau einer Batterie für 4 gezogene Zwölfpfünder auf der Ostfront mindestens durch energisches Geschützfeuer zu stören, und so konnten sich die Schlettstadter Bürger nicht wundern, als ihnen am 20. Oktober früh die deutschen Granaten ihre Morgengrüße brachten.

Freilich nahmen 8 Geschütze der Ostfront sehr bald den Kampf mit der deutschen Batterie auf, allein die gezogenen Zwölfpfünder thaten so wacker ihre Schuldigkeit, daß sie stets das letzte Wort behielten.

Dem passiven Verhalten des Verteidigers gegenüber gedachte General von Schmeling nicht lange Umstände zu machen.

In der Nacht vom 22. zum 23. traten auf der für den Angriff erwählten Südwestfront die Arbeiter an der 700 Schritt von der Festung gestreckten Trace an, und die Festungsartillerie ging an den Bau von 6 neuen Belagerungsbatterien. Und trotzdem die Nacht ruhig und mondklar, der Boden an vielen Stellen steinig war, wußten die an hartes Schaffen gewöhnten Wehrleute die Arbeit derart zu fördern, daß bei Morgengrauen nicht nur die gesamte 1te Parallele mittels der gemeinen Sappe fertig gestellt war, sondern auch 12 gezogene 24-Pfünder, 20 gezogene 12-Pfünder und 12 schwere Mörser ihr Feuer auf die Festung eröffnen konnten.

Dieser mächtigen Artillerie trat der Verteidiger anfangs

mit verhältnismäßig großer Energie aus all seinen Geschützen entgegen, allein sehr bald zeigte sich die große Überlegenheit des in schonendster Weise besonders nur gegen die Thore und Werke gerichteten deutschen Feuers. Schon am Abend waren die meisten Festungsgeschütze verstummt, das Colmarer Thor lag in Trümmern, und Brände, durch Fehlschüsse erzeugt, verbreiteten im Innern der Stadt Angst und Schrecken, während der Besatzung das Betreten der Wälle durch ein wohlgezieltes Shrapnelfeuer völlig unmöglich gemacht wurde.

Da ganz Schlettstadt nötigenfalls mit Leichtigkeit durch die deutschen Bomben und Granaten in Trümmer zu legen gewesen wäre, so kam es dem Belagerer nicht unerwartet, als nach einer während der Nacht weiter durchgeführten energischen Beschießung schon am Morgen des 24. Oktobers die weiße Fahne auf den Werken erschien.

Zwar beantragte der Gouverneur Graf Reinach zunächst nur einen 24stündigen Waffenstillstand. Dem seitens des Generals von Schmeling mit den Kapitulationsverhandlungen betrauten Major von Kretschmann vom Generalstabe, der in Begleitung des Premierleutnants Jordan auf die Kommandantur zu Schlettstadt entsandt wurde, genügten jedoch wenige Blicke, um die wahren Ursachen für die so bald angebotene Kapitulation zu erkennen. Man gewann den Eindruck, in einer eben geplünderten Stadt zu sein. Die fast durchweg betrunkene Besatzung hatte mit dem Pöbel Gemeinschaft gemacht. Alle Zivilgefangenen waren befreit worden und nun zogen brüllende Horden durch die Straßen. Läden wurden geplündert, Privathäuser, in denen man sich der Rotte gegenüber nicht sofort willfährig zeigte, steckte man in Brand und die französischen Vaterlandsverteidiger drohten unter offener Verhöhnung ihrer ohnmächtigen Offiziere mit Sprengung des Pulvermagazins.

Diesen Zuständen gegenüber wurde deutscherseits die beantragte Waffenruhe nur bis 2 Uhr zugestanden. Doch beantragte der Festungsgouverneur sehr bald sogar selbst, daß auch von dieser Bedingung abgewichen werde. Derselbe fürchtete nämlich allen Ernstes, daß von seinen Leuten die Pulvermagazine gesprengt werden könnten, und da er nach Meldung seines Adjutanten mit seinem Leben auch das Leben der deutschen Parlamentäre bedroht glaubte, verließ er gegen allen militärischen Brauch mit den feindlichen Unterhändlern die Stadt und schloß gewissermaßen unter dem Schutz deutscher Truppen die Kapitulation ab.

Noch bevor dieselbe vom General von Schmeling ihre Genehmigung erhielt, rückten auf ausdrücklichen Wunsch des Gouverneurs drei preußische Bataillone in die Festung ein, welche die von dem Artillerie-Kommandanten Oberst Pinot bezeichneten Pulvermagazine absperrten und sehr bald allen ferneren Ausschreitungen vorbeugten. Wenige Stunden später hatte General von Schmeling schon die Kapitulation genehmigt, und bereits um 4 Uhr nachmittags zogen 100 Offiziere und 2000 Mann der verschiedenen Waffen, ein Bild ekelhaften militärischen Verfalls, in die deutsche Kriegsgefangenschaft; den Offizieren wurde nach einer aus dem großen Hauptquartier ergangenen Bestimmung die bisher übliche Freilassung auf Ehrenwort nicht zugestanden. Man hatte schon zu dieser Zeit so traurige Erfahrungen nach dieser Richtung hin gemacht, daß die deutsche Heeresleitung es vorzog, die Herren lieber in dem sicheren Schutz unserer Depot-Bataillone zu wissen, als ihrem Wort zu trauen.

Am Vormittage des 25. Oktober rückte General von Schmeling an der Spitze der Belagerungstruppen unter dem Geläute der Glocken in die Stadt, mit deren Besitz dem Sieger 122 Festungsgeschütze, sowie ansehnliche Vorräte an Tabak, Proviant, und Ausrüstungsgegenständen aller Art zur Beute fielen. —

Kaum war Schlettstadt von den deutschen Truppen in Besitz genommen, so hieß es beim Stabe der 4ten Reserve-Division ohne eine Stunde Zeitverlust: „Auf nach Neu-Breisach!"

Daselbst hatten inzwischen die als Belagerungs-Korps zurückgelassenen Landwehrbataillone einen harten Dienst gehabt. Die feindliche Besatzung war von einer unermüdlichen Thätigkeit. Als die Deutschen zur besseren Verbindung mit dem rechten Rheinufer zwischen Argenheim und Jechtheim aus dem in Straßburg eroberten Material eine Brücke geschlagen und auf diesem Wege verschiedenemale lange Züge mit Belagerungsmaterial eingetroffen waren, wandten sich die Ausfälle fast allnächtlich nach jener Richtung und die Aufmerksamkeit unserer Truppen ward aufs höchste in Anspruch genommen.

Mit dem Fall von Schlettstadt änderte sich diese Sachlage sofort. Denn schon am 26. Oktober bestand das Belagerungs-Korps vor Neu-Breisach aus nicht weniger als 11 Bataillonen Infanterie und 2 Eskadronen Kavallerie, sowie 4 Feldbatterien, 11 Artillerie-Festungs-Kompanien und 4 Pionier-Kompanien.

Da nun aber die Beschießung aus Feldgeschützen keinen nennenswerten Eindruck auf den Verteidiger gemacht zu haben schien, so galt es vor allem, die demnächstige Angriffsfront zu bestimmen.

Von Ludwig XIV. gleich Straßburg als ein Ausfallsthor gegen Deutschland nach Vaubans Manier der befestigten Türme erbaut, besteht Neu-Breisach aus einem fast gleichmäßigen bastionierten Achteck. Das Mauerwerk der Bastionen wird durch vorliegende Erdwerke gegen direktes Feuer geschützt. Eigentliche Außenwerke sind, bis auf eine kleine Lünette zur Flankierung des Rhone-Rhein-Kanals, nicht vorhanden, doch liegt im Nordosten, an den Grün-Gießen-Fluß gelehnt, etwa 2000 Schritt von der Festung das ehemals auf Alt-Breisach (jetzt verfallen) gestützte Fort Mortier. Dasselbe beherrscht die Rheinufer nach beiden Seiten und konnte, seit die Franzosen den Kehlverschluß zu einer bastionierten Front ausgebaut, sehr wohl gegen die deutsche Seite als ein die Annäherung hinderndes Außenwerk gelten. Die Ost- und Südseite der Festung lehnt sich an den ihre Mauern umfließenden Rhein-Rhone-Kanal. Die Westfront wird von dem zur Verbindung der Ill mit dem Rhein-Rhone-Kanal hergestellten Kanal de Vauban als wesentlichstes Annäherungshindernis umspült.

Dieser Lage entsprechend wurde im Hauptquartier des

Generals von Schmeling zu Kühnheim beschlossen, daß der Angriff gleich wie vor Straßburg von zwei verschiedenen Seiten erfolgen solle. Während die 4te Reserve-Division mit der ihr zugeteilten Festungsartillerie die Aufgabe übernahm, gegen die Nordfront vorzugehen, sollten zwei großherzoglich badische Festungs-Kompanien unter dem Schutz von Deckungstruppen das Fort Mortier vom rechten Rheinufer unter das Feuer schwerer Belagerungsgeschütze nehmen. —

In wenigen Tagen war das gesamte Material auf beiden Rheinufern zur Stelle geschafft und während der ruhigen aber trüben Nacht vom 1. zum 2. November gingen die deutschen Artilleristen hüben und drüben unter dem Schutz der bis in die Nähe der Glacis vorgeschobenen Vorposten mit gewohnter Emsigkeit an den Batteriebau. Und trotz der sonst so regen Verteidigung blieb gerade diese Nacht auf den Wällen alles still. Kein Schuß fiel, keine Leuchtkugel erhellte das von der Natur vorgezeichnete Angriffsfeld vor der Nordfront. Als der Morgen des 2. November heraufdämmerte und nach und nach 5 mit kurzen und langen 24-Pfündern armierte Batterieen nach Zurückziehen der Vorposten aus der Linie Biesheim-Wolfgantzen ihr Feuer gegen die Werke eröffneten, zugleich aber drei badische Belagerungs-Batterien von nördlich Alt-Breisach her unerwartet das Fort Mortier mit einem Eisenhagel überschütteten, waren die Franzosen wiederum völlig überrascht. Sie müssen uns überhaupt entweder in diesem ganzen langen Völkerringen für geborene Schlafratten gehalten haben, oder der Mangel an Hingebung und Pflichttreue, vielleicht auch ein übergroßes Selbstbewußtsein, ließen sie selbst in den Stunden drängender Entscheidung ihrerseits die Ohren und Augen nicht ordentlich aufthun.

Im Kampf selbst zeigte sich die Besatzung von Neu-Breisach durchaus der tapferen Väter würdig. Mit großer Energie nahmen die Festungsgeschütze überall den Geschützkampf auf und kleinere Abteilungen hielten die am Tage auf etwa 1000 Schritt vor den Werken eingegrabenen Vorposten unausgesetzt in Atem.

Während der Nächte trat der Gegner mit derartigen Versuchen vorsichtiger auf, er schien einen Handstreich zu fürchten.

Und unsere Landwehrleute hatten dazu Neigung genug. Sobald sie bei eintretender Dunkelheit in die nächtliche Vorpostenstellung rückten, deren Schützen sich schon in der Nacht des Batteriebaues auf 400 Schritt von der Festung eingegraben hatten, drängten sich die alten Wehrleute ordentlich zu den Schleichpatrouillen und kleinen Unternehmungen aller Art.

So ruderten die Pioniere Wechmar und Frese unter Benutzung eines kleinen Flosses in der Nacht zum 3. November, trotz des bereits rauh gewordenen Wetters, in leichtester Bekleidung und nur mit dem Faschinenmesser bewaffnet, auf dem Rhein-Rhone-Kanal lautlos gegen die Festung vor, um auf diesem Wege festzustellen, ob der Verteidiger mit der Besatzung des Forts Mortier nächtlicher Weile Verbindung halte. Sich langsam im Schutz des Ufers hinschiebend, gelangten die Kühnen ein gutes Stück über die deutschen Vorposten hinaus. Nichts rührte sich auf den Wällen und auf der Straße nach Alt-Breisach, aber eine dunkle Linie quer über den Kanal zeigte ihnen, daß sie sich unmittelbar vor einer Sperre befänden.

Sollten da nicht feindliche Posten stehen?

In halb liegender Stellung zogen sie das Floß noch etwas weiter vorwärts, dann erhob Wechmar wieder einmal den Kopf, um zu lauschen, resp. Umschau zu halten.

Blitzschnell tauchte er wieder nieder. — Keine 15 Schritt vor ihnen saßen zwei Franzosen, das Gewehr über den Knieen; der eine schien zu schlafen, der andere stopfte seine Pfeife.

Wechmar wies nach oben, Frese verstand ihn. Kein Wort wurde gesprochen und doch waren sich die Pioniere darüber klar, den köstlichen Streich zu wagen.

Noch fester zogen vier muskelkräftige Arme das schwache Floß an dem vorhandenen Gras und leichten Schilf zum Ufer. Ein Augenblick, wo sie kaum zu atmen wagten; dann schwangen sie sich, mit den Händen in die Erde krallend, von ihrem in die Mitte des Kanals rauschenden Gefährt aus feste Land. Die

Faschinenmesser flogen aus den Scheiden und gleich Indianern auf dem Kriegspfade stürzten sich die Wagehälse, ihre kurze Waffe schwingend, auf den jäh aus seinen Träumen gerissenen Doppelposten.

Die beiden Rothosen waren so entsetzt, daß sie gar nicht daran dachten auch nur einen Schuß abzugeben, vielleicht hielten sie die Preußen für Trabanten der Hölle, oder sie glaubten sich von einer größeren Anzahl überrumpelt; genug, sie ließen Chassepots Chassepots sein und gaben mit einer Schnelligkeit Fersengeld, welche die oft überraschend glücklichen Rückzugsbewegungen geschlagener französischer Armeen einigermaßen erklärlich erscheinen läßt.

Die beiden Pioniere aber gelangten, nachdem sie noch bei ihrer Rückkehr von einigen deutschen Kugeln umsaust waren, mit den französichen Gewehren als gefeierte Helden glücklich zu ihrer Truppe und konnten entsprechende Meldung erstatten.

An einer andern Stelle überfiel in derselben Nacht der Vize-Feldwebel Blaß vom Landwehrbataillon Gumbinnen mit einer Sektion eine feindliche Feldwache, die sich in einem Hause unmittelbar am Glacis eingerichtet hatte und ehe die Franzosen zu ihren Gewehren greifen konnten, sahen sie sich entwaffnet und wanderten als Gefangene in sicherer Begleitung nach Biesheim.

Nach solchen kleinen Heldenthaten unserer Vortruppen nahm sich der Verteidiger in nächster Zeit freilich mehr in Acht. Der energische Kommandant hielt darauf, daß seine Posten fortab unausgesetzt durch Offiziere begangen wurden. Die Leitung seiner Artillerie ließ überhaupt niemals etwas zu wünschen übrig. --

Während der ununterbrochen andauernden Beschießung von beiden Angriffsfronten aus war das Fort Mortier durch das Feuer der badischen Batterien schon am 3. in eine gewaltige Ruine verwandelt und die meisten Geschütze darin demontiert; dennoch setzte die brave Besatzung aus den wenigen unversehrten Geschützen das Feuer Tag und Nacht mit zäher Energie fort und in der Festung selbst schien es gar keinen Eindruck zu machen, als am 4. und 5. November infolge der Beschießung wiederholt größere Brände das Innere der Stadt verheerten. Während die Flammen am 5. auf verschiedenen Stellen gen Himmel leckten, brachen zwei Kolonnen an der Straße nach Colmar aus der Stadt hervor und zwangen unsere Vorposten-Replis zum Eingreifen. — Zwar hatte auch dieser Versuch keinen Erfolg, denn die Landwehren waren auf der Hut und die Geschosse unserer schweren Geschütze setzten dem kühnen Ausfall selbstredend sofort Schranken, allein wir müssen doch anerkennend sagen: „Hut ab vor der Besatzung von Neu-Breisach und ihrem braven Kommandanten!"

In der Nacht zum 7. November wurde die Belagerungsartillerie noch durch Anlage von zwei Batterien für schwere Mörser verstärkt und nun zogen auch ohne Unterlaß die Bomben ihre hohen Bahnen, um die in den Wällen befindlichen Hohlräume zu zerstören und der Geschützbedienung den Aufenthalt in den Batterien zu erschweren.

In Fort Mortier waren inzwischen sämtliche Geschütze bis auf ein einziges demontiert. General von Schmeling hatte bereits den Sturm auf das völlig unhaltbar gewordene Werk befohlen, als Kapitain Kastali, der Kommandant des Forts, in der Nacht zum 8. die Kapitulation beantragte. Und in ebenderselben Stunde, in welcher der Sturm erfolgen sollte, verließ die Besatzung in Stärke von 5 Offizieren und 250 Mann als Kriegsgefangene das Fort, welches sie als brave Soldaten verteidigt.

Mit dem Fall des Forts Mortier war auch der Festung selbst das Schicksal gesprochen. Noch bis zum 10. November sträubte sich zwar Oberstlieutnant de Kehor, der zwingenden Notwendigkeit Rechnung zu tragen, allein vom Fort Mortier aus war Neu-Breisach leicht in Grund und Boden zu schießen, und so sah er sich denn am 10. November nachmittags 2 Uhr veranlaßt, die weiße Fahne hissen zu lassen.

Der von dem Kommandanten und Major von Kretschmann vom Generalstabe vereinbarten Kapitulation wurde abends durch General von Schmeling die Genehmigung erteilt. Am 11. November morgens 9 Uhr nahm das Belagerungs-Korps vor dem Baseler Thor Aufstellung; dann erschien mit dem tapferen Kommandanten an der Spitze die französische Garnison in festem Schritt und Tritt.

Das waren Soldaten!

Die preußischen Musikchöre spielten den Präsentiermarsch, unsere Bataillone präsentierten und dann begann der traurige Akt des Waffenniederlegens.

Besiegt, aber vom Sieger geehrt, zogen 100 Offiziere und 5000 Mann in die deutsche Kriegsgefangenschaft.

Mit Neu-Breisach, auf dessen Wällen 108 Geschütze dem Sieger zur Beute fielen, war das ganze obere Elsaß bis auf Belfort in deutschen Händen. Mit einem Verlust von nur 8 Toten und 18 Verwundeten war die ehemals mustergültige Feste vor der ausgezeichneten Wirkung unserer Belagerungs-Artillerie zur Kapitulation gezwungen worden. Heute stehen diese gewaltigen Zerstörungswerkzeuge auf den Wällen von Neu-Breisach und halten die Wacht gegen die Vogesen. —

In der Reihe der französischen Festungen östlich der Mosel, welche während des Krieges von 1870 die Aufgabe erfüllen sollten, unseren Truppen den Vormarsch von der Grenze ins Innere zu wehren, gebührt eigentlich nur noch Pfalzburg und Bitsch eine eingehendere Beachtung. Wir wollen indessen an dieser Stelle erwähnen, daß Lützelstein nach den Schlachten bei Wörth und Saarbrücken von seiner Besatzung verlassen und am 9. August von einer württembergischen Kompanie besetzt wurde; daß Marsal nach einer Beschießung durch Feldartillerie von der Avantgarde des zweiten bayerischen Armee-Korps am 14. August die weiße Fahne aufzog und Lichtenberg durch ein württembergisches Detachement unter General von Hügel nach 12stündiger Beschießung durch Feldartillerie zur Übergabe gezwungen wurde. Mit allen drei Plätzen fielen je einige hundert Mann nebst einer Anzahl von Kanonen und verhältnismäßig bedeutendem Kriegsmaterial in die Hände der

Deutschen. Den Vormarsch der siegreichen Armee vermochten sie nirgends lange aufzuhalten.

Dies vermochte auch Pfalzburg nicht, wennschon es das sechste Armee-Korps zwang, lästige Umgehungsmärsche zu machen. Da die Straßensperre auf die Dauer große Übelstände im Gefolge hatte, so mußte dieser Ort, der die Gebirgsstraßen nach Nancy und Paris beherrschte, zur Vernunft gebracht werden. Um so mehr, da er durch seine teilweise in Felsen gehauenen bombensicheren Kasematten einer starken Garnison sichere Unterkunft zu geben vermochte.

Auf steiler Bergeshöhe gelegen, war das in 6 Bastionen erbaute Pfalzburg durchaus sturmfrei, jedoch ließen sich verschiedene Werke von unseren Höhen einsehen und hier lag gegenüber der erprobten Wirkung unserer Belagerungsgeschütze die größeste Schwäche, — da vorgeschobene Werke nicht vorhanden.

Nach der siegreichen Schlacht bei Wörth erhielt die 12te preußische Division den Auftrag, Pfalzburg, wenn möglich, durch einen Handstreich zu nehmen. Am 13. langte die Vorhut der 22ten Infanterie-Brigade vor der Festung an. Die Besatzung war indessen wachsam und eine Wegnahme beim ersten Anlauf völlig ausgeschlossen.

Die 38er, 51er und 6ten Jäger erhielten deshalb bei einbrechender Dunkelheit Befehl, die Bergfeste eng einzuschließen und General von Tümpling befahl, unter Gestellung von Hilfsarbeitern durch Infanterie, die sofortige Errichtung von zehn Emplacements auf den nordwestlich von Pfalzburg gelegenen Höhen, von denen aus die Festung am nächsten Morgen durch 60 Feldgeschütze beschossen werden sollte. Nirgend wurden diese Arbeiten während der Nacht gestört. Ein aufgefangener Brief ließ auch keinen Zweifel darüber, daß der Kommandant von der Anwesenheit einer größeren Truppenmacht vor den Mauern unterrichtet war.

Trotzdem lehnte Oberst Taillon-Taillant die ihm am 14. August früh durch den Major Rese vom Generalstabe überbrachte Aufforderung zur Übergabe der Festung ab, und nun sprachen die Kanonen ihr sehr verständliches Wort.

Die preußische Artillerie schoß vorzüglich. Wenige Granaten verfehlten ihr Ziel, allein der Gegner, dessen schwere Geschütze fast regelmäßig ihr Ziel überschossen, stand hinter seinen Felsenmauern in verhältnismäßiger Sicherheit. Obschon während 10 Stunden etwa 1700 Granaten in die Festung geworfen wurden, wenngleich im Innern der Stadt ein Haus nach dem andern in Flammen aufging, mit der Kirche auch die meisten Magazine und öffentlichen Gebäude niederbrannten und die ganze Festung aus der Ferne ein rauchender Trümmerhaufen erschien, antwortete der tapfere Kommandant auf einen gegen Abend erneuten Kapitulationsvorschlag: „Schießen Sie weiter, Sie werden bald nur noch einen Aschenhaufen und mich auf der letzten Kanone finden!“

Bravo! ein solches Soldatenwort hört man gerne, auch wenn es aus Feindesmund kommt, und wie hier eine unbequeme Verzögerung im Vormarsch herbeiführte. Dieselbe war indessen, wie schon erwähnt, nicht so groß, denn das sechste Armee-Korps, machte einfach unter Zurücklassung von zwei Bataillonen einen Umgehungsmarsch und erreichte schon am 15. früh Saarburg.

Inzwischen schufen sich die Beobachtungs-Bataillone Vorpostenstellungen und Verteidigungsabschnitte, in denen sie am 18. August von den Landwehr-Regimentern Nr. 71 und Nr. 31, einer Eskadron des schlesischen Reserve-Dragoner-Regiments, sowie einer Feldbatterie unter dem Befehl des Majors von Giese abgelöst wurden.

Der Dienst des neuen Zernierungs-Korps war nicht leicht; der Verteidiger unternahm fast täglich energische Ausfälle gegen die preußischen Vorposten.

Im Anfang des Septembers tauchten zu alledem in dem umliegenden Gebirge Franktireurbanden auf, welche den Dienst der Landwehrbataillone zur Sicherung der Verbindungen nach allen Seiten in Anspruch nahmen. Genau mit der Gegend vertraut, meistens durch Bewohner der nächstgelegenen Orte geführt, traten diese Banden so keck auf, daß im Laufe des Oktobers noch eine Verstärkung des Detachements Giese durch einige Landwehrkompanien stattfinden mußte.

Dadurch wurde es möglich, die Fouragierungsversuche, welche der Verteidiger gewöhnlich unter dem Schutz vorbrechender Kolonnen unternahm, immer mehr unmöglich zu machen.

Im November erfuhr man, daß die Lebensmittel in der Festung nahezu erschöpft seien und beschloß deshalb, den Platz noch einmal ernstlich beschießen zu lassen.

In der Nacht zum 25. donnerten die Geschütze der Feldbatterien ununterbrochen gegen die Mauern von Pfalzburg, und dieses Feuer war so wohl gezielt, daß die feindlichen Festungsgeschütze gegen Morgen allmählich verstummten, nachdem sie keine andere Wirkung erzielt hatten, als daß 1 Offizier und 1 Mann vom Zernierungs-Korps verwundet waren.

Was aber der eherne Mund unserer Feldgeschütze nicht zu bewirken vermochte, erreichte endlich der Hunger. Am 12. Dezember ergab sich die Felsenfeste nach 18wöchentlicher Einschließung auf Gnade und Ungnade. Die Besatzung, bestehend aus 52 Offizieren und 1839 Mann, zog nach tapferer Verteidigung in die Kriegsgefangenschaft und Deutschland hatte auf den bisher von 65 Geschützen verteidigten Platz seine mächtige Hand gelegt. —

Unbezwungen, weder durch Gewalt der Waffen noch den Hunger, blieb während des ganzen Krieges nur eine Festung, um welche die Deutschen ernstlich warben, und dieser stolze Ruhm gebührt der lothringischen Felsenfeste „Bitsch“.

Unfern der bayerisch-pfälzischen Grenze, auf einem Sandsteinkegel gelegen, an dessen nordwestlichem Abhange die von der unteren Festung umschlossene Stadt sich terrassenförmig aufbaut, besteht der Grundriß dieses Platzes im wesentlichen aus einem langgestreckten Viereck, auf dessen vier Seiten je eine Bastion vorspringt. Die Nordfront wird noch besonders durch ein starkes Hornwerk geschützt. Das ganze Vorgelände, sowie die Stadt mit ihren auf der Nordwestecke in einer Zitadelle gipfelnden Werken kann aus der oberen Festung eingesehen werden. Beide völlig getrennten

Abschnitte stehen durch in Felsen gehauene, zum Teil unterirdische Wege miteinander in Verbindung, und Kasematten, Gräben, Wälle sowie Magazine sind mit unendlicher Mühe in den Felsen gesprengt. Vor etwaigem Wassermangel durch Ableitung des die Stadt durchfließenden Hornbaches schützen fünf Zisternen und ein 80 Meter tiefer Brunnen.

Vor diesem durch Natur und Kunst geradezu uneinnehmbar gestalteten Felsenhorst erschien nach der Schlacht bei Wörth schon am 8. August das II. bayerische Korps.

Eine kurze Beschießung durch Feldartillerie, welcher die Festungsgeschütze energisch entgegentraten, gab den Bayern sehr bald die Überzeugung, daß Bitsch nicht kurzer Hand zu haben sei. Nur eine regelrechte Belagerung oder Einschließung konnte hier zum Ziele führen. Damit aber durfte sich das bayerische Korps nicht aufhalten. Die Beobachtung und Zernierung von Bitsch wurde vielmehr an die Garnison der pfälzischen Festung Germersheim übertragen, während die bayerischen Feldtruppen in drei schwierigen Märschen die Festung umgingen, um sich bei Beaumont und Sedan unvergängliche Ruhmeskränze zu pflücken. Es waren Teile des bayerischen 2ten Feldartillerie-Regiments unter Oberst Kohlermann, die nun die Belagerung des Platzes begannen. Auf geeigneten Höhen der Umgebung wurden Emplacements für Feldgeschütze gebaut und verschiedene Batterien für schwere Festungsgeschütze errichtet, ohne daß indessen der Verteidiger diese Arbeiten störte. Am 23. August begann die Beschießung der Werke.

Nun überzeugte sich Oberst Kohlermann jedoch, daß er der von jetzt an um so energischeren Verteidigung gegenüber mit den vorhandenen Kräften nicht zum Ziele gelange. Fast täglich unternahm die Garnison bald größere, bald kleinere Ausfälle und hinderte durch ihr das ganze Gelände beherrschendes Geschützfeuer jede Annäherung an die Mauern. Infolge eines größeren Ausfalles am 4. September, bei dem es zu einem ziemlich lange dauernden stehenden Infanteriegefecht kam, wurde das Einschließungs-Korps denn auch durch das 3te und 8te königlich bayerische Infanterie-Regiment, eine bayerische Artillerie-Festungs-Kompanie und eine halbe Kompanie bayerischer Pioniere verstärkt.

Schon nach wenigen Tagen standen nun eine ganze Anzahl von Bombardementsbatterien bereit und Oberst Kohlermann ließ dem Festungs-Kommandanten Oberst Theyssier für den 11. September den Beginn der eigentlichen Beschießung ankündigen. Zugleich stellte er der Bevölkerung anheim, die Stadt zu verlassen. Der Kommandant indessen weigerte sich, den Bewohnern diese Erlaubnis zu erteilen, weil er meinte, es sei des Bürgers Pflicht, sich bei der Verteidigung mitzubeteiligen.

So nahm denn das Bombardement seinen Anfang und bald lagen die überhaupt zerstörbaren Gebäude der oberen Festung in Asche und auch der größere Teil der unteren Stadt fiel der Beschießung zum Opfer. Am 12. brannte die Stadtkirche nieder und etwa 70 Wohnhäuser gingen in Flammen auf. Jetzt, wo ein großer Teil der Bürger obdachlos geworden war, hielt es Oberst Theyssier für angezeigt, um freien Abzug für die Bevölkerung bitten zu lassen. Aber dieses Ansinnen mußte nun abgelehnt werden, und zwar in der Hoffnung, die traurigen Zustände in der Festung würden um so eher zu einer Kapitulation führen.

Aber man hatte nicht mit der Überfülle von bombensicheren Räumen in der oberen Festung und dem Starrkopf des Kommandanten gerechnet. Weder das fortgesetzte Bombardement noch die Mitteilung der großen politischen Ereignisse ließen den energischen Soldaten in treuer Erfüllung seiner Pflicht wanken. Oberst Kohlermann gewann mit der Zeit die Überzeugung, daß jede fernere Beschießung lediglich eine Pulverschwendung bedeute. Es wurden deshalb das Belagerungsmaterial und die schweren Geschütze nach Germersheim zurückgeschafft und das Zernierungskorps erhielt nach Ablösung durch 4 bayerische Landwehrbataillone und eine leichte Batterie anderweitige Verwendung.

Und damit war vor Bitsch im großen und ganzen eigentlich die militärische Aktion beendet. Zwar machte die Garnison noch einige Ausfälle zum Zweck von Fouragierungen, allein als der Winter kam, hielt sich der Verteidiger, in stillschweigender Übereinkunft mit den Deutschen, ruhig hinter seinen Mauern, während das Beobachtungskorps von seinen um die Feste erbauten Baracken aus, mit der Regelmäßigkeit des Friedensdienstes und der nie wankenden Pflichttreue deutscher Soldaten, auf der Wacht stand, um jeden etwaigen Durchbruchversuch zu hindern.

Ein solcher wurde indessen nicht gemacht, und als dann durch den Friedensschluß vom März 1871 Bitsch an Deutschland fiel, zog die brave französische Besatzung, der alle Kriegsehren bewilligt wurden, mit Wehr und Waffen nach Versailles ab.

Die bayerischen Wehrleute aber promenierten nun auf den Wällen von Bitsch. Hatten sie das Felsennest auch nicht überwunden, in den schwierigen Verhältnissen des selten harten Winters waren sie als echte Söhne des geeinten deutschen Vaterlandes bewährt gefunden, und als sie endlich von dem 1. Bataillon des königlich preußischen 60ten Regiments, als der demnächstigen Friedensgarnison von Bitsch, abgelöst wurden und heimzogen zu Frau und Kind, jubelte man in Bayern, wie allüberall in Deutschlands Gauen: „Hurra, Germania!“

VI.

Die französischen Festungen westlich der Mosel.

(Thionville, Montmédy, Mézières. — Toul, Verdun, Laon, Soissons und Lafère.)

Ein Blick auf die Karte zeigt uns, daß die ehemals französische Grenze westlich der Mosel auch gegen Luxemburg und Belgien durch eine Reihe von Festungen geschützt war.

Als die erste Armee nach den Gefechten bei Forbach und

Spichern dem zurückweichenden Feinde vor die Mauern von Metz folgte, hielt man bereits im großen Hauptquartier die Beobachtung von Thionville (deutsch: Diedenhofen) für geboten, da jene Moselfeste, außer dem Fluß, alle von Norden nach Metz führenden großen Straßen beherrscht und der Knotenpunkt der nach Luxemburg und Longuion führenden Eisenbahn ist.

Das in Deutz formierte zweite schwere Reserve-Reiter-Regiment erhielt zunächst den Auftrag, Thionville zu beobachten. Als die aus Landwehren gebildete Division Kummer dann herankam, übernahm deren Brigade von Strantz, aus zwei Kavallerie-Regimentern und einem Landwehrbataillon bestehend, die Zernierung; später standen auch die 72er, 94er und das lauenburgische Jägerbataillon Nr. 10 vor Thionville, und das 3te Reserve-Husaren-Regiment wurde besonders mit dem schwierigen Sicherheitsdienst gegen die in der Umgebung auftauchenden Franktireurs-Banden betraut.

Während des Monats September kam es wiederholt zu ernsteren Zusammenstößen zwischen diesen Beobachtungstruppen und der auf Fouragierungen ausgehenden Garnison. Am 17. glückte es den Franzosen sogar, eine für die deutsche Armee bestimmte Kolonne von 105 Wagen unter Niedermachung der schwachen Bedeckung bei Königsmachern zu überfallen. Schon waren 58 mit Hafer beladene Wagen in die Festung geschafft, als die 3ten Reserve-Husaren erschienen, den Rothosen auf die Finger klopften und den größeren Rest der Fourage-Kolonne in Sicherheit brachten.

Besonders aufmerksam mußten unsere Reiter in dieser Zeit die nach Luxemburg führende Eisenbahn, sowie die dahin führenden Straßen im Auge behalten. Man schien in dem Großherzogtum ganz eigene Ansichten über die zu beobachtende Neutralität zu haben. Zwar hatten unsere Truppen die Bahn durch Aufreißen der Schienen unfahrbar gemacht, allein wiederholt gingen zur Nachtzeit stärkere Abteilungen aus der Festung vor, stellten das Schienengeleise wieder her und nahmen, infolge genauer Vereinbarung, aus Luxemburg eingetroffene Proviantzüge in Empfang. Natürlich hielten nun die Kavalleristen ihre Augen offen, die Bahn wurde gründlich zerstört und nur dann und wann noch gelang es einigen ländlichen Fuhrwerken, während der Nacht nach Thionville zu gelangen. Und als Metz nun gar kapitulierte, da wurde diesem freundnachbarlichen Gebaren der Luxemburger sehr schnell ein Ende gemacht.

Die 14te Infanterie-Division, unter Befehl des Generalleutnants von Kamecke, setzte sich sofort nach Thionville in Marsch und die dort beobachtenden Landwehrtruppen wurden bis auf das 2te schwere Reserve-Reiter-Regiment abgelöst.

Hatte man sich bisher wegen Unzulänglichkeit der Truppen damit begnügt, die Festung hauptsächlich zu beobachten und die Zufuhr von Proviant rc. zu verhindern, so sollte das jetzt anders werden. Der Feind wurde sofort auf dem linken Moselufer aus dem ihm bisher überlassenen Vorgelände vertrieben, und Major von Eynatten, dem die Belagerungs-Artillerie unterstellt war, ging nach Maßgabe des Eintreffens der Festungs-Kompanieen an die Errichtung der Depots.

Am 18. November waren 13 Artillerie-Festungs-Kompanien, sowie 7 Pionier-Kompanien eingetroffen, die nötigen Materialien zum Batteriebau beschafft und 158 schwere Geschütze standen bereit, in die Batterien gestellt zu werden.

Für den Batteriebau selbst brauchte man vor Thionville nicht wie vor anderen Plätzen die Nacht zu wählen. Das ganze Vorterrain war in französischem Leichtsinn vollständig mit jeden Überblick hindernden Bäumen bedeckt und vor Belästigungen durch Ausfälle der Garnison war man ebenfalls ziemlich sicher. Das ununterbrochene Regenwetter der letzten Zeit hatte die Felder nahezu unbetretbar gemacht, alle tiefgelegenen Wege standen unter Wasser und dann — waren bei dem Ernst der Lage alle Hände beschäftigt, die Armierung zu vollenden.

Die Befestigung von Thionville besteht aus drei Gruppen, der Hauptfestung am linken Moselufer — in der auch die Stadt liegt —, dem aus einem langgestreckten Kronenwerk mit drei bastionierten Fronten bestehenden Brückenkopf und dem auf dem rechten Ufer des kanalisierten Moselarmes liegenden Kronwerk le Fort. Die drei Bastionfronten des letzteren sind wie alle Bastionen der Festung mit Ravelinen ausgestattet. Der Verteidiger hatte fast ausschließlich den Hauptwall besetzt und zum größeren Schutz alle Linien desselben mit Sandsäcken passepoiliert.

Generalleutnant von Kamecke, der sein Hauptquartier in Hayange genommen, ließ den Batteriebau derart beschleunigen, daß trotz des entsetzlichen Wetters am 20. November sämtliche Geschütze schußbereit waren.

Drei 6pfündige und eine 4pfündige Feldbatterie standen auf dem rechten Moselufer bei Haute-Yutz in Emplacements und beim Gehölz von Illange waren 3 Batterien für 24Pfünder, 12Pfünder und Mörser errichtet, um aus einer Entfernung von etwa 2500 Schritt den Brückenkopf und die nächstgelegenen Festungsfronten unter Feuer zu nehmen. Linksseitig war bei Gassion-Ferme eine Batterie für vier kurze 24Pfünder errichtet, bei Chateau-Serre sollten zwei 24pfündige Batterien gegen die Nordwestfront in Thätigkeit treten, und von Veymarange her eine 24pfündige und zwei 12pfündige Batterien die Stadt beschießen. Endlich waren drei vor Hettange-Grande errichtete 12pfündige Batterien dazu bestimmt, vorzugsweise als Enfilierbatterien zu wirken.

Eine für gezogene Mörser bestimmte Batterie konnte nicht armiert werden, da die Riesengeschütze angesichts des Feindes im völlig aufgeweichten Boden stecken blieben. Um das kostbare Material nicht dem feindlichen Feuer auszusetzen, wurden dieselben mit Büschen bis zur kommenden Nacht maskiert; man mußte indessen überhaupt darauf verzichten, sie in Stellung zu bringen.

Um einerseits die Wirkung des Geschützfeuers genau kontrollieren zu können, andererseits um über alle Vorgänge in und vor der Festung früh genug Kenntnis zu erhalten, ließ General von Kamecke zu Chateau-Serre ein Observatorium errichten, von dem aus die ganze Festung einzusehen, fast alle Belagerungs-Batterien zu überblicken waren.

Am 22. sollte das Bombardement beginnen. General der Infanterie von Zastrow wünschte hierbei persönlich gegenwärtig zu sein und traf deshalb am 21. mit seinem Stabe zu Chateau-Serre ein. In der nächsten Nacht gingen die Bataillone der Division überall gegen die Festung vor, um dem Verteidiger die letzten Dörfer und Gehöfte, welche er noch besetzt hielt, zu nehmen. Nirgend leistete derselbe ernstlichen Widerstand und nachdem gegen Morgen die Infanterie wieder von den Werken zurückgezogen war, begann am 22. November früh 7 Uhr das wohlvorbereitete Bombardement.

Die Stäbe der höheren Kommandos waren auf Chateau-Serre versammelt, aber es hatte sich auch aus weitem Umkreise eine größere Menge von französischen Landbewohnern eingefunden, die von den Höhen ringsherum dem Gange der furchtbaren Tragödie folgten.

Als trotz des seitens der Festungsartillerie energisch aufgenommenen Geschützkampfes in der Stadt erst die Präfektur, dann das Arsenal, die Kaserne und fast alle hervorragenden Gebäude in Flammen aufgingen, konnte man mehrfach aus französischem Munde die Bemerkung hören, das sei keine Art, eine Festung anzugreifen, die müsse man stürmen, wie die Franzosen Sebastopol gestürmt hätten. Bei einer derartigen Gelegenheit gab ein preußischer Artillerie-Offizier dem betreffenden Prahlhans sehr gut zurück: „Wir haben bisher leider keine Festung getroffen, die verteidigt wurde wie Sebastopol."

Die preußischen Kanonen wirkten wunderbar. Sie schossen mit einer Sicherheit, welche geradezu erstaunlich schien. Als Beweis möge folgendes gelten:

Während des Diners in Chateau-Serre meinte der kommandierende General des siebenten Armee-Korps, die beiden Batterien in der Nähe des Schlosses stünden auf 5500 Schritt von der Festung doch zu weit, um selbst die thörichterweise durch Sandsäcke genau markierten Linien des Hauptwalles sicher zu treffen. Major von Eynatten verbeugte sich, stellte jedoch in kürzester Zeit den Gegenbeweis in Aussicht. Eine Ordonnanz überbrachte der nächstgelegenen 24 Pfünder-Batterie den Befehl, nach dem Zifferblatt der sichtbaren Kirchenuhr zu schießen. Offiziere stürmten nach dem Observatorium hinauf, das Fernrohr wurde eingerichtet und siehe da, schon die zweite Granate fuhr mitten durch die Uhr. Dieser Schuß brachte dem betreffenden Kanonier ein Goldstück, mancher Flasche Cliquot aber den Tod, als sie aufs Wohl der deutschen Artillerie geleert wurde.

Die aus Metz herbeigeschafften französischen 13 zölligen Mörser freilich, die mochten ihre Landsleute nicht beißen. Infolge schlechter Zünder krepierten die meisten Bomben hoch oben in der Luft.

In der Nacht zum 23. versuchten es die Pioniere auf der Westfront mittelst der gemeinen Sappe zwischen Terville und dem Kirchhof vorzugehen. Es gelang auch bis gegen Morgengrauen überall ausreichende Deckung zu schaffen, allein ein furchtbarer Regen verwandelte die Trancheen in einen reißenden Strom, so daß nur die aufgeworfene Brustwehr als Resultat dieser Erdbewegung übrig blieb.

Das war aber nicht ganz unwichtig; dem Verteidiger war damit der Ernst der Lage noch näher vor Augen geführt. Trotz der vernichtenden Wirkung unserer Geschütze antworteten die Kanonen der Festung mit zäher Ausdauer. In der Nacht zum 25. schoß der Verteidiger die große Jesuitenanstalt zu Beauregard in Brand. Einige Herren Patres erschienen entsetzt bei den deutschen Vorposten und wünschten Herrn General von Kamecke ihre Vermittelung anzubieten, da — krepierte gerade unfern ein Shrapnel und die Herren verschwanden wieder im Dunkel der Nacht. Mit der Vermittelung war es nichts.

Weiter brüllten die Geschütze!

Immer neue Gebäude gingen drinnen in Flammen auf. Prasselnd und krachend stürzten schon wankende Trümmer nieder, Balken und Bäume, welche als Schutz gegen Sprengstücke in der Stadt schräg über das Trottoir an die Häuser gelehnt waren, sah man durch die Explosion deutscher Geschosse umhergeschleudert werden. Die Kirche begann zu brennen, und — dennoch antworteten immer wieder neu in Stellung gebrachte Geschütze von den Wällen. Oberst Turnier, der Kommandant von Thionville, schien sich unter den Trümmern der Feste begraben zu wollen.

In der That hatte derselbe etwas Ähnliches vor. Mit einer Deutschen verheiratet, hatte man ihn während der ersten Zernierung in echt französischer Weise verdächtigt, er werde sich und die Seinen wohl durch eine zeitige Kapitulation in Sicherheit zu bringen wissen. Diese Niedertracht hatte den ehrlichen Soldaten empört; er hatte die verleumderischen Schreier zu sich entbieten lassen und ihnen erklärt, er werde nicht früher kapitulieren, bevor er gerade von ihnen darum ersucht werde.

Mochte das Verhängnis also seinen Gang gehen!

Nur eines wollte Oberst Turnier versuchen. Er gedachte freien Abzug für die Frauen und Kinder vom Belagerer zu erbitten. Statt nun aber einfach einen Parlamentär mit diesem Gesuch an General von Kamecke zu senden, ging auf dem Kirchturm plötzlich die weiße Fahne hoch.

Natürlich sah man dies deutscherseits für ein Zeichen an, daß die Festung zu kapitulieren wünsche, und mit einem Schlage schwieg das Feuer. Da indessen kein Parlamentär bei unseren Vorposten erschien, so wurde ein solcher seitens des Generals von Kamecke in die Stadt gesandt, der dann statt Ergebung die seltsam eingeleitete Bitte um freien Abzug von Frauen und Kindern überbrachte.

Hierauf konnte nicht eingegangen werden. General von Kamecke gab sogar die Erklärung ab, er werde künftig die weiße Fahne nicht respektieren, bevor nicht ausdrücklich die Kapitulation angeboten werde. Und — weiter heulten die Granaten ihren unverfehlbaren Zielen entgegen.

Noch die ganze Nacht bis 10 Uhr am Morgen des 24. November währte das Bombardement, bis wiederum die weiße Fahne aufgezogen wurde. War das die Kapitulation? —

Gleichgültig! Der deutsche General hatte sein Wort gegeben, er werde dieses Zeichen der Ergebung nicht anerkennen, und — die Kanonen donnerten noch kurze Zeit weiter. Bald aber erschien jetzt aus der Festung ein Parlamentär und erbat die Einstellung des Feuers. Major Freiherr von Hilgers vom Generalstabe wurde unsererseits mit den Verhandlungen betraut und schon nachmittags 2 Uhr gelangte die Kapitulation unter den Bedingungen von Sedan zum Abschluß. Am 25. November vormittags 11 Uhr rückte General von Kamecke mit seinen Truppen, die während der Beschießung nur 2 Tote und 8 Verwundete verloren hatten, in Thionville ein, wo den Preußen über 200 Geschütze und reiches Kriegsmaterial zur Beute fielen. Über 4000 Gefangene zogen als Kriegsgefangene nach Deutschland. Unter letzteren befand sich auch Oberst Turnier, der — treu seinem Wort — erst dann kapituliert hatte, als er durch die vorzeitigen Begeiferer seiner militärischen Ehre einstimmig darum gebeten war.

Schon während Thionville noch umschlossen gehalten wurde, war die 27ste Brigade unter Befehl des Obersten von Pannewitz, das mehr abseits gelegene Longwy unter Beobachtung von Landwehren rechts liegen lassend, vor Montmedy gerückt und hatte diesen Platz, der während des Septembers den deutschen Verbindungen recht unbequem geworden und dessen Garnison sogar in der Nacht zum 16. Oktober einen erfolgreichen Überfall auf das von Landwehren besetzte Stenay ausgeführt, energisch eingeschlossen.

Das war freilich nicht leicht gewesen, denn die Umgebung von Montmedy besteht fast durchweg aus mit Wald bedeckten, schwer zugänglichen Höhen, die von vielen schmalen Einschnitten quer durchzogen sind, und die Garnison war äußerst rührig, aber jeder deutsche Soldat fühlte sich als ein Glied der unbesiegbaren deutschen Armee, und wo immer die Gewehre knatterten, da zog auch die höchste Energie als stete Begleiterin mit den Unseren.

Man hatte deutscherseits so wie so noch ein Hühnchen mit der Garnison von Montmedy zu pflücken. Als nach der Schlacht von Sedan 3te Garde Ulanen vor der Festung erschienen waren, hatte man den Trompeter des an den Kommandanten gesandten Parlamentärs heimtückisch von den Wällen erschossen, weshalb auch als Strafe eine Beschießung durch Garde-Feld-Artillerie erfolgte. Vor allem aber befanden sich seit dem Überfall gegen Stenay 4 preußische Offiziere und 237 Wehrleute hinter den Mauern von Montmedy in Gefangenschaft.

Die 74er machten also sehr kurzen Prozeß, als ihnen bei Chauvemy und Thonelle französische Abteilungen entgegentraten. Mit Hinterlassung von 86 unverwundeten Gefangenen wurden die Rothosen hinter ihre Mauern zurückgeworfen und dann unter verdoppelter Aufmerksamkeit nach allen Seiten ein Riegel vorgeschoben, so daß sich die Besatzung bis zur Ankunft des von Thionville abgegangenen Belagerungstrains nicht mehr zu rühren vermochte.

Am 28. November traf General von Kamecke mit dem Rest der 14ten Division vor Montmedy ein und nahm sein Hauptquartier zu Louppi. Eine Aufforderung zur Übergabe wies der Kommandant, Oberst Reboul, energisch zurück, indem er dem deutschen Parlamentär gegenüber die stets gleichen Redensarten von der letzten Kanone und dem letzten Zwieback machte.

Nun das kannte General von Kamecke. Er hielt es aber doch für gut, dem Kommandanten diesesmal eine Erwiderung zu senden. Der preußische General ließ nämlich den Herrn Oberst Reboul mit seinem Kopf verantwortlich machen für Leben und Gesundheit jedes deutschen Wehrmannes, der sich zu Montmedy in Gefangenschaft befand.

Nach dieser erfüllten Herzenspflicht gab General von Kamecke Befehl, so schnell als möglich mit dem Batteriebau zu beginnen. Unsere gezogenen 24-Pfünder sollten die streng militärischen Grundsätze des Kommandanten zu erschüttern suchen. Der Batteriebau kam aber nur sehr langsam vorwärts. Der Boden, sowie der ziemlich tiefe Schnee waren hart gefroren und zu den etwa in Höhe der Festung liegenden Höhen bei Ville-

Claye und Gerauvaux mußten unter den schwierigsten Verhältnissen erst Anfuhrstraßen geschaffen werden.

Endlich waren aber alle diese Hindernisse durch deutsche Pflichttreue, trotz Schnee und Kälte, überwunden und am 11. Dezember standen außer 8 langen gezogenen 24-Pfündern, 10 kurzen gezogenen 24-Pfündern und 20 gezogenen 12-Pfündern auch 4 gezogene Mörser, die letzteren hinter dem Gehölz von Moncey schußbereit in Batterien. Zugleich wurden 20 Feldgeschütze auf den Höhen nördlich der Festung hinter errichteten Emplacements bereit gehalten, und am 12. Dezember morgens 7 Uhr spielten 62 preußische Geschütze der Festung zum gewaltigen Kriegsreigen auf.

Deutlich vermochte man jeden Schuß der Riesenmörser herauszuhören, und wenn eines der zuckerhutförmigen Geschosse in der Feste krepierte, vernahm man das Krachen des niederstürzenden Gemäuers bis in die Batterien. Leider aber trat mit dem zweiten Tage der Beschießung ein höchst lästiger, das Zielen erschwerender Nebel ein. Das Feuer der Belagerungsbatterien verlangsamte immer mehr und schwieg gegen abend fast ganz, da man von der bisherigen Feuerwirkung nichts wahrnehmen konnte, als einzelne Brände.

Trotzdem sah es in Montmedy furchtbarer aus, denn in einer anderen von deutscher Artillerie beschossenen Feste. Fast kein Haus war unverletzt. Eine der ersten, blindgegangenen Granaten der gezogenen Mörser hatte man aufgefunden und dieselbe als eine noch nicht dagewesene Zerstörungsmaschine unter Grauen betrachtet. Da waren am 13. nachmittags mehrere dieser Riesengeschosse auf die für völlig bombensicher gehaltene Decke des Haupt-Pulvermagazins gefallen und ihre Sprengkraft war eine so fürchterliche gewesen, daß weite, klaffende Risse entstanden waren. Noch eine Granate in derselben Richtung und der ganze Stadtteil flog unfehlbar in die Luft.

Unter diesen Umständen wurde ein Kriegsrat gehalten und sämtliche anwesende Offiziere sprachen sich für die Übergabe aus. Allein nun begab sich folgendes. Ein zu der Beratung gezogener Unteroffizier erklärte seinen Vorgesetzten sehr energisch, er denke nicht an Übergabe und er fühle sich Mann genug, dieselbe zu verhindern. Damit eilte er zu den Truppen, die Thore wurden besetzt und kein Offizier hinausgelassen.

Aber eine neue Granate der gezogenen Mörser, die ganz in Nähe des höchst gefährdeten Pulvermagazins einschlug, ließ Oberst Reboul zu einem verzweifelten Mittel greifen, um die Stadt zu retten.

Der zweite Kommandant mußte sich an einem Seil über den Wall hinablassen. Auf diese Weise gelangte er nach Iré le Sec zu den deutschen Truppen, wo, nachdem daselbst auch Major Freiherr von Hilgers im Auftrage des Generals von Kamecke eingetroffen war, um 2 Uhr in der Nacht zum 14. Dezember die Kapitulation abgeschlossen ward. Dieselbe wurde von General von Kamecke bestätigt und gegen Mittag zogen die preußischen Truppen in Montmedy ein.

Mit Verlust von 12 Verwundeten war nach 36stündiger Beschießung die schwer anzugreifende Feste bezwungen. Von neuem mußten 3000 Gefangene in die Heimat gesandt werden und 65 Geschütze vermehrten die zu erstaunlicher Höhe angesammelte Beute dieser Art. Der höchste Lohn aber für die Ausdauer und Pflichttreue des deutschen Belagerungskorps war der Jubel, in den unsere gefangenen Wehrleute ausbrachen, als die deutschen Fahnen ihnen wieder entgegenflatterten.

Montmedy war unser und damit die Eisenbahn bis Sedan frei. Der Tunnel, den die Franzosen in der Nähe von Mézières gesprengt hatten, war rasch hergestellt. Jetzt mußte Mézières fallen!

Das abseits liegende Longwy war inzwischen durch schwächere Landwehrabteilungen beobachtet worden. Vom 16. Januar wurde es durch die Landwehrbataillone, Köslin, Glatz, Münster, Oppeln, Neutomischl, Schrimm, Ostrowo, Ravicz, Anklam und Schievelbein mit der nötigen Festungsartillerie in einer bis zum 25. Januar währenden förmlichen Belagerung und Beschießung aus 86 Geschützen zur Kapitulation gezwungen. Schon stand die Eröffnung der zweiten Parallele gegen Bastion VI bevor, als der Kommandant Oberst Maßaroly die Kapitulation beantragte, womit wiederum 4000 Kriegsgefangene und reiches Material in die Hände des Siegers fielen. —

Wir müssen uns jedoch nach Mézières zurückwenden, das als Knotenpunkt von vier Eisenbahnen und vielen Straßen besonders für unsere Nordarmee inzwischen ein Objekt von großer Wichtigkeit geworden war.

Die von etwa 6000 Einwohnern bewohnte Stadt und Festung Mézières liegt der Hauptsache nach auf einer rechtsseitig durch die Maas gebildeten schleifenartigen Halbinsel, und zwar so, daß dieser Fluß nach Norden, Westen und Süden ein wesentliches Annäherungshindernis bietet. Die Ost- und Westfront der ein längliches Viereck bildenden Hauptfestung zeigen ein sehr vermischtes Verteidigungssystem von durch Erdwerke geschützten Bastionen. Vor der Ostfront liegt am Fuß der Höhe von Boutaucourt außerdem die völlig sturmfreie Zitadelle, und im Norden und Süden sichern auf dem rechten Maasufer brückenkopfähnliche, bastionierte Werke die Maasbrücken, indem sie zugleich eine größere Annäherung an die Festung hindern. Eigentliche Außenwerke sind nicht vorhanden, doch ist der nördlich gelegene Ort Charleville durch einige Schanzen gedeckt.

Vor Mézières waren als erste deutsche Truppen am 1. und 2. September 6te Kürassiere erschienen. Rittmeister Graf Monts hatte es in Begleitung des Leutnant von Rautter versucht, eine Übergabe der Festung zu erreichen. Der Kommandant, Oberst Vernet, hatte diese Zumutung indessen abgelehnt und die Unterhändler auf eigene Faust waren bei ihrem Rücktritt kaum den nachgesandten Kugeln entgangen. Später hatte erst die 1te Division, dann die 3te Reserve-Division, unter General Schuler von Senden, die Beobachtung beziehungsweise Zernierung der Festung übernommen. Allein da sie kein schweres Geschütz besaßen, hatten sich diese Truppen der Hauptsache nach auf Zurückweisung von Ausfällen und Niederhalten des in der waldigen Umgegend des Platzes blühenden Franktireur-Unwesens beschränken müssen. Der

Fall von Montmedy kam gerade zu rechter Zeit, um die bei der Armee des Generals von Göben unentbehrlich gewordene 3te Reserve-Division vor Mézières frei zu machen. In größtmöglicher Schnelligkeit setzte sich deshalb die 14te Division in Marsch und lange Geschützkolonnen zogen, neue Opfer heischend, vor die Mauern der ihnen verfallenen Feste.

Sobald die Bataillone der 14ten Division vor Mézières anlangten, wurde zunächst die Umgegend von den Franktireurbanden gereinigt. Am 22. Dezember kam es bei Nouzon und Rimogne zum Gefecht mit solchen Banden, und nachdem dieselben zerstreut, konnte bei zunehmendem Frost an die enge Zernierung des Platzes geschritten und an die Errichtung der Geschütz- und Materialien-Depots gegangen werden. Ein im Norden gelegener, an Charleville anstoßender, undurchdringlicher Wald machte indessen nach der belgischen Grenze zu die völlige Einschließung geradezu unmöglich. Während auf den übrigen Fronten die Vorbereitungen für den Batteriebau ziemlich ungestört vorwärts gingen, wurden die nördlich des Platzes stehenden preußischen Bataillone aus jenem Walde her beständig von Franktireurs beunruhigt, und so oft unsere Leute sich mit dieser Gesellschaft herumschießen mußten, pflegte auch die sehr rührige Garnison aus den Thoren hervorzubrechen. Mit 2 Vierpfündern und zwei kleinen Mörsern auf Handkarren erschienen plötzlich einige Kompanien, trieben die preußischen Vorposten zurück und verschwanden, sobald deren Replis eingriffen.

Bei dieser anzuerkennenden Thätigkeit der Besatzung sowohl wie der feindlichen Artillerie auf den Wällen, welche selbst einzelne rekognoscierende Offiziere beschoß, hatte unsere Infanterie und Feldartillerie einen überaus schweren Dienst. Die Kälte war fast unleidlich geworden und Baracken für die Feldwachen anzulegen lohnte auf der Nordfront kaum. Man war sicher, wenige Stunden später die kleinen Ausfallpuffer ihr Feuer auf dieselben eröffnen zu sehen. Unsere Feldartillerie mußte also Tag und Nacht hinter errichteten Emplacements gegen Ausfälle bereit stehen. In den langen Nächten, wo überdies die aus den Gebirgswäldern kommenden Wölfe rudelweise auf den umliegenden Höhen saßen und ein schauerliches Konzert aufführten, war begreiflicherweise der Kognak der einzige Trost unserer Leute. Trotz aller dieser örtlichen und durch die Witterung erzeugten Schwierigkeiten war jedoch der Batteriebau am 30. Dezember auf beiden Maasufern, sowohl gegen die Ostfront wie gegen den Brückenkopf von le Piere beendet.

General von Kamecke, der diesen zweiseitigen Angriff entgegen anderen in seinem Stabe vertretenen Ansichten verfügt, hatte inzwischen am 25. das Kommando des Belagerungskorps an Generalmajor von Woyna II. abgetreten, um die Angriffsarbeiten vor Paris zu leiten. Doch war vor Mézières mit der Errichtung der Bombardementsbatterien auch schon die Hauptarbeit geschehen. Als nach einer nochmaligen, aber vergeblichen Aufforderung zur Übergabe am 31. Dezember früh von beiden Ufern aus die Bezwinger von Thionville und Montmedy ihre Schlünde aufthaten, sah man bald, wie die Sache gehen werde. Im Anfang zwar erwiderten die Franzosen das ruhig gezielte Feuer unserer Artillerie aus 24 Geschützen; ja zum allgemeinen Jubel des Belagerers richteten sie ihr Feuer längere Zeit sogar gegen eine nächtlicherweile recht auffällig etablierte Batterie aus Ofenröhren, in der sich die ausgestopfte Puppenbedienung musterhaft stramm hielt. Erst als daselbst die Strohfetzen umherflogen, erkannte man drinnen den von deutschem Soldatenhumor geschaffenen Schabernack. Inzwischen aber wütete in der Stadt ein sich steigernder Brand und schon gegen Abend des 31. wurde ein teilweises Abziehen der Besatzung nach Charleville beobachtet. Um 12 Uhr in der Nacht wurde das neue Jahr von dem Belagerer durch eine allgemeine Artilleriesalve und dreimaliges Hurra aller im Dienst befindlichen Leute begrüßt, dann aber das vorgeschriebene Feuer in zielbewußter Ruhe fortgesetzt.

Am 1. Januar 1871 gegen Mittag, mithin nach nur 27stündiger Beschießung wurde die weiße Fahne aufgezogen. Und nachdem die gegen Abend zum Abschluß gekommene Kapitulation ihre Bestätigung gefunden, erfolgte am 2. Januar mittags 12 Uhr die Besetzung von Mézières durch die preußischen Truppen.

Leider hatten sich alle Franktireurs und auch größere Bruchteile der Besatzung über Charleville nach der belgischen Grenze geflüchtet; immerhin fielen dem Sieger noch 98 Offiziere und 2000 Mann als Kriegsgefangene in die Hände und 106 Geschütze nebst einem reichen Kriegsmaterial bildeten die fernere Beute.

Übrigens harrte besonders unserer technischen Truppen noch nach der Besetzung, in Mézières selbst, eine ernste Aufgabe. Viele Häuser der Stadt waren eingestürzt und hatten ihre Bewohner unter den Trümmern begraben. Mit dem Hochgehen der weißen Fahne, diesem Zeichen der Ergebung, waren diese Bedauernswerten für den Sieger nur unglückliche Mitmenschen und viele Hunderte der deutschen Barbaren setzten nun den letzten Atem daran, um jedes Leben zu retten, welches in den verschütteten Kellern unter den Trümmern noch nicht unwiederbringlich verloren schien.

Am 2. Januar war Mézières gefallen; auf Befehl des neuernannten Kommandeurs der 14ten Division, des Generals Schuler von Senden, sollte sofort der Versuch gemacht werden, auch die kleine Grenzfestung Rocroy zu nehmen.

Am 4. früh rückten fünf Bataillone, 2 Eskadrons Husaren, 6 Feld-Batterien und eine Pionier-Kompanie unter Befehl des Generals von Woyna II bei 16 Grad Kälte nach Norden. Die Leute waren mit Decken, Tüchern und Kaputzen versehen, Kavalleristen und Artilleristen hatten die Bügel mit Stroh umwickelt; indessen 16 Grad Kälte, tiefer Schnee und ein schneidiger Nordost, das sind wahrlich keine Annehmlichkeiten für einen forcierten Marsch. Aber man hatte Eile. Die Division sollte und mußte nach Paris, wo ihr ehemaliger Führer bereits war. Sollte das so nahe liegende Felsennest im Walde noch ferner die Franktireur-Wirtschaft begünstigen dürfen?

Rein vorwärts! „Rocroy muß unser sein!“ sagten Offiziere und Leute. Ohren und Nasen wurden häufig gerieben, hie und da ein tüchtiger Kognac hinter die Binde gegossen und wirklich standen die Preußen gegen abend 4000 Schritt von der Festung, wo sie sofort alle Vorbereitungen für den Batteriebau trafen.

Das war aber leichter gesagt, als gethan. Mit beginnender Dämmerung hatte sich ein undurchdringlicher Nebel über die Schneegefilde gelegt, der jede Orientierung fast zur Unmöglichkeit machte. Dennoch wußten unsere Artillerie-Offiziere sich nach den Karten ungefähr zurecht zu finden. Am 5. früh standen die Batterien, nachdem einzelne während des Nebels fast nach Rocroy hineingefahren waren, aber glücklicherweise durch einen unschädlichen Kartätschenschuß über ihren Irrtum noch zeitig genug belehrt wurden, hinter geschaufelten dicken Schneeschanzen bereit, und als die erlassene Aufforderung zur Kapitulation seitens des Kommandanten abgelehnt wurde, begann bei kaum vermindertem Nebel die Beschießung. —

Welche Arbeit!

Die Chefs der Batterien vermochten die Richtung nur nach dem von der Festung erwiderten Feuer zu nehmen. Die Speichen der Kanonenräder waren dick mit Eis und Reif bedeckt, Hände, Füße, Ohren und Nasen erfroren und doch trat auch nicht das leiseste Murren über die Lippen der preußischen Soldaten. So kam die Dämmerung, und da man den Versuch zur Wegnahme des Platzes für fehlgeschlagen hielt, so wurde nach Einstellung des Feuers der Rückmarsch befohlen.

Ohne die bezüglichen Maßnahmen aufzuhalten, wurde indessen Leutnant von Förster in Begleitung des Trompeters Böhme noch einmal als Parlamentär nach der Festung gesandt, und eine halbe Stunde später jagte der kleine Trompeter mit der Meldung daher, die Festung habe kapituliert, der Herr Leutnant habe auch die Pulverhäuser durch gefangene deutsche Kavalleristen, die er mit Chassepots bewaffnet, besetzen lassen.

„Na, Böhme, wie haben Sie denn das gemacht?“ fragte

der direkte Vorgesetzte des glücklichen Überbringers der Siegesnachricht.

„Herr Hauptmann, ick habe erst dat „Ganze", nachher „Die Herren Stabsoffiziere" geblasen; — da haben sie sich gleich übergeben!"

Inzwischen hatte Leutnant von Förster wirklich die Kapitulation abgeschlossen und 12 gefangene Kavalleristen inklusive zweier Belgier, welche die Franzosen gefangen genommen, weil sie die Deutschsprechenden für Preußen gehalten, waren bis zum Anlangen der preußischen Besetzungstruppen mit Bewachung der Pulvermagazine betraut. Eine Stunde später war der Platz von zwei preußischen Kompanien besetzt und die etwa aus 300 Mann bestehende französische Besatzung trat mit dem Detachement Woyna den Rückmarsch an. —

Die Grenzfestungen westlich der Mosel waren gefallen; vor Paris donnerten noch die Kanonen. Dahin rückte die städtebezwingende 14te Division und an den Eisenbahnwagen, welche die Bataillone vor die Mauern der französischen Hauptstadt führten, konnte man häufig die mit Kreide bewirkte Inschrift lesen: „Paris muß unser sein!"

Sind wir in Vorstehendem dem Gange der Ereignisse bei Wegnahme der Grenzfestungen gefolgt, so möge es uns gestattet sein, um den Leser nicht durch Schilderung ziemlich gleichlaufender Vorgänge zu ermüden, in einem kurzen Rückblick auch die Thätigkeit der deutschen Truppen vor den französischen Festungen zweiter Linie zu verfolgen.

Nach den großen Schlachten um Metz hatte die an der oberen Mosel gelegene Festung Toul zwar den Vormarsch der dritten Armee nicht aufzuhalten vermocht, allein die Festung sperrte die nach Chalons führende Eisenbahn und erschwerte die Verbindungen mit der Heimat in so erheblichem Grade, daß Seine Königliche Hoheit der Kronprinz von Preußen die Zernierung des inzwischen von der 4ten Kavallerie-Division beobachteten Platzes durch die 7te bayerische Brigade, unter Befehl des Generals Thiereck, anordnete. Da indessen auch diese Truppen nicht zur vollständigen Einschließung genügten, so verstärkte man die Zernierungstruppen durch die Korps-Artillerie des IV. Armeekorps und das schlesische Füsilier-Regiment Nr. 38. Vom 23. August an wurden die Werke, nach abgelehnter Kapitulation, aus sämtlichen Feldbatterien unter Feuer genommen. Die Wirkung derselben erwies sich indessen, wie vor den meisten Festungen, als ungenügend. Die von den französischen Militärgesetzen für die Übergabe einer Festung als allein gültige Entschuldigung vorgeschriebene „Bresche" ließ sich beim besten Willen nicht konstruieren und so wurde jede erneute Aufforderung zur Übergabe abgelehnt.

Die Ereignisse im offenen Felde gestatteten der deutschen Heeresleitung aber nicht, einen Erfolg durch die vor Toul versammelten Streitkräfte lange abzuwarten. Die Truppen fanden anderweitige Verwendung im freien Felde und an ihre Stelle trat, zum Zweck der Beobachtung, das Landwehr-Besatzungs-Regiment Torgau.

Natürlich vermochten diese unzureichenden Kräfte den Fall der durch eine ausgedehnte Inundation geschützten Feste nicht zu beschleunigen. Am 13. September indessen löste die durch Feldartillerie verstärkte 17te Division die Landwehr ab und da der Kommandierende des XIII. Armeekorps, Seine Königliche Hoheit der Großherzog von Mecklenburg-Schwerin, persönlich zugegen war, so gewann das Bild vor den Mauern von Toul nun bald ein anderes Ansehen.

Unter dem Schutz der von überragenden Höhen wirkenden Feldartillerie wurden die feindlichen Vorposten hinter ihre Mauern zurückgedrängt, und als am 20. September das gesamte Material der Belagerungs-Artillerie eintraf, ging man, trotz einer inzwischen erfolgten Schwächung des Zernierungs-Korps, sofort an die Errichtung der Bombardements-Batterien.

Am 23. wurde das Feuer aus 10 gezogenen 24-Pfündern und 16 gezogenen 12-Pfündern gegen Bastion II eröffnet, und nun wiederholte sich das alte Schauspiel. Gleich sicheren Nadelstichen trafen die deutschen Granaten. Magazine und öffentliche Gebäude brannten nieder oder sanken in Trümmer und schon nachmittags 4 Uhr wehte von der Kathedrale die weiße Flagge. Noch an demselben Abende wurde die Kapitulation nach den Bedingungen von Sedan abgeschlossen. Am 25. vormittags 11 Uhr zog der Großherzog von Mecklenburg in die Stadt ein. Reiches Kriegsmaterial, 120 Geschütze und 2300 Gefangene mit 109 Offizieren waren der Lohn des Siegers.

Auf der Place de Dauphiné standen seine Bataillone in musterhafter Ordnung, die Blicke auf den fürstlichen Führer gerichtet, und jubelnd umbrauste es die Mauern der Kathedrale, als Seine Königliche Hoheit ein begeistertes Hoch auf den obersten Kriegsherrn ausbrachte.

Mit dem Fall von Toul war die Eisenbahn von Nancy nach Vitry frei; die große Straße von Metz nach Paris jedoch war noch immer durch Verdun, eine Festung erster Klasse, gesperrt.

Am 24. August von Truppen des königlich sächsischen Armeekorps mit höchster Energie überraschend berannt, hatte sich Verdun als völlig sturmfrei und hinreichend armiert erwiesen. Die Beschießung durch Feld-Artillerie hatte keinen bedeutenden Eindruck gemacht. Der Kommandant, General Marmier, hatte versichert, er werde sich unter den Trümmern der Festung begraben lassen. Unter diesen Umständen setzte das XII. (sächsische) Armeekorps seinen Vormarsch nach Sedan unentwegt fort und ließ zur Beobachtung nur die 47te Infanterie-Brigade zurück, welche dann am 7. September von den 65ern, dem schlesischen Reserve-Husaren-Regiment Nr. 4, den 9ten Ulanen und 8 Geschützen unter Generalleutnant von Bothmer abgelöst wurde, während zugleich Belagerungsartillerie aus Sedan herangezogen wurde. Die Garnison war jedoch sehr rührig und unsere Truppen hatten gegenüber mehreren Ausfällen einen schweren Stand, so daß am 23. September noch vier rheinische Landwehrbataillone und ein Reserve-Ulanen-Regiment nebst einer schweren Batterie des VIII. Korps zur Unterstützung eintrafen.

Infolge dieser Verstärkungen konnte zwar das Vorterrain vom Feinde gesäubert werden, allein ohne schweres Geschütz war trotz aller erzielten örtlichen Erfolge keine zwingende Erschütterung des Verteidigers zu erzielen. Dieses langte endlich, aus französischem Material bestehend, am 11. und 12. Oktober an, nachdem soeben durch die 65er auch die wichtigsten Vororte weggenommen worden waren.

In der Nacht zum 13. Oktober wurden im Norden und Westen von Verdun die Bombardementsbatterien erbaut, und am Morgen des genannten Tages wurde das Feuer auf Stadt und Werke eröffnet. Aber die französischen Geschütze wollten nicht recht beißen. Schuß und Wirkung der Geschoße war mangelhaft. Wären das unsere gezogenen 24-Pfünder und 12-Pfünder gewesen, dem Verteidiger wäre wohl bald die Lust zu jedem aktiven Auftreten vor den Thoren genommen worden. So aber war er unausgesetzt auf den Beinen und die Tage bis zum Beginn des Novembers bezeichnen fast eben so viele, zum Teil blutige Ausfallgefechte.

Mit dem Fall von Metz wurde das anders. Täglich trafen neue Verstärkungen ein und ein gewaltiges Ungewitter braute sich bereits in Gestalt von 140 bereitstehenden Geschützen über Verdun zusammen, als am 8. November von dem Kommandanten die Kapitulation beantragt ward, die denn auch zu besonders günstigen Bedingungen für die Festung zum Abschluß kam. Die Garnison war kriegsgefangen. Aber der Artikel III der Konvention besagte: „Die Waffen, wie alles Kriegsmaterial, bestehend in Kanonen, Pferden, Kriegskassen, Fuhrwerken, Munition ꝛc., werden in Verdun militärischen Kommissionen überlassen, die von dem General-Kommando ernannt sind und dieselben sofort preußischen Kommissionen übergeben, um im Augenblick des Friedens an Frankreich zurückzufallen."

Durch diese für die Festung außerordentlich günstigen Bedingungen hatte sich die deutsche Heeresleitung eine neue direkte Verbindung zwischen Paris und Metz frei gemacht.

Und die wichtige Eisenbahnlinie Laon-Paris befand sich inzwischen auch längst im gesicherten Besitz der Deutschen.

Laon. — wem klopft heute nicht das Herz vor innerer Empörung, wenn er diesen Namen aussprechen hört, an den sich fränkische Hinterlist und Heimtücke knüpft! Laon hatte bereits am 9. September vor der Avantgarde der 6ten Kavallerie-Division kapituliert und Stadt und Festung waren von den Truppen der Division besetzt worden. Als indessen die 4te Kompanie des IV. Jägerbataillons den Hof der Zitadelle besetzt hatte, um nach Abmarsch der entwaffneten etwa 2000 Mann starken Garnison das Werk zu besetzen, war das Unerhörte geschehen. Kaum hatten die letzten Rotten der nach der Stadt abgeführten Mobilgarden den Hof der Zitadelle verlassen und der daselbst anwesende Divisions-Kommandeur, Herzog Wilhelm von Mecklenburg, gedachte eben mit seinem Stabe ebenfalls davon zu reiten, — da ging unter einer fürchterlichen Explosion das Kriegspulvermagazin, auf welches sämtliche Geschosse und Patronen gebracht waren, in die Luft. Ein fanatischer Artillerie-Unterbeamter, dessen Name der Vergessenheit übergeben sei, hatte — sich selbst opfernd — die verhaßten Feinde durch einen kaum dagewesenen Treubruch vernichten wollen.

Alle im Hofe der Zitadelle anwesenden Personen hatte denn auch in der einen oder anderen Gestalt das Schicksal erreicht. Bombensplitter, Steine, Schutt und Balken hatten niederprasselnd viele begraben und zu Krüppeln gemacht, die der gewaltigen Explosion zunächst entgangen waren.

Herzog Wilhelm von Mecklenburg und die meisten Offiziere seines Stabes waren verwundet, Hauptmann Mann erschlagen. Vierzig Jäger wurden als Leichen, die meisten anderen verstümmelt unter dem Schutt hervorgezogen. Aber auch der französische Kommandant General Theremin d'Hame war schwer verwundet und zur Ehre des später seiner Verwundung Erlegenen sei es gesagt: „Der alte Soldat hatte keine Ahnung gehabt von dem beabsichtigten Massenmeuchelmord seines Untergebenen."

Nach dem Fall von Laon war die Festung Soissons, welche die Bahn Laon-Paris sperrte, ohne jedoch den Vormarsch des königlich preußischen IV. Korps hindern zu können, erst beobachtet, dann vom 29. September ab durch 9 Bataillone der 2ten Landwehr-Division zerniert worden. Eine vom 12. bis 15. Oktober ausgeführte Beschießung durch unsere vorzüglichen gezogenen Belagerungsgeschütze hatte auch den Fall jenes Platzes herbeigeführt. Und als die kleine Festung La Fère nach der Übergabe von Metz durch die 4te Infanterie-Brigade, unter Befehl des Generals von Zylinitzky, in einer vom 25. bis 27. November währenden Beschießung durch Belagerungsgeschütz zur Kapitulation gezwungen war, befanden sich sämtliche französische Festungen auf den nach der Heimat führenden Verbindungsstraßen unserer Feldarmee in deutschen Händen.

Noch niemals seit der Erfindung des Pulvers hatte eine Festungsartillerie so schnelle und glänzende Erfolge gegenüber der Festungsbaukunst zu verzeichnen gehabt. Das ganze militärische Europa, die gesamte zivilisierte Welt stand verblüfft vor dem unwiderleglichen Beweise, daß der heutigen Geschoßwirkung unserer Belagerungsgeschütze gegenüber an neue Verteidigungsmittel gedacht werden müsse. Und dieses „wie" ist seither die Frage unserer Zeit.

Zweite Abteilung.

Der Krieg in Nordfrankreich.

I

Hurra — Vorwärts!

Das dritte napoleonische Kaiserreich war von den gewaltigen Kriegswettern hinweggeweht, welche die deutschen Truppen in einem ununterbrochenen Siegeszug von Weißenburg über Wörth und Sedan vor Paris geführt hatten! An Stelle des gefallenen Imperators hatte der Volkstribun Leon Gambetta die Schicksale Frankreichs in seine Hand genommen, und die Geschichte kennt sicherlich nur wenige Staatsmänner, die von größerer Energie und heißerer Vaterlandsliebe beseelt gewesen wären, als dieser mit der Organisation der Nationalverteidigung betraute Delegierte der Pariser Regierung.

Ohne militärische Vorkenntnisse ging Gambetta, nachdem er Paris in einer Ballonpost glücklich verlassen, an sein Amt. Eine Armee war gefangen, eine andere in Paris eingeschlossen; wohl, so mußten neue Armeen aus der Erde gestampft werden!

Hunderte von Fehlern machend, aber stets das unverrückbare Ziel der Befreiung des Vaterlandes vor Augen, wurde der Advokat zum militärischen Diktator. Ungezählte Millionen flossen aus allen Staatskassen für Armee-Bedürfnisse. Das neutrale England lieferte Kanonen, Gewehre und Munition, ja der alte Parteigänger Garibaldi sogar sandte der gefährdeten Republik eine schnell formierte Legion zu Hilfe.

Gambettas Wille hatte das ganze, von deutschen Truppen

bisher nicht besetzte Frankreich in ein gewaltiges Kriegslager verwandelt. Das belagerte Paris mußte entsetzt werden! Das war der Gedanke, der alle Maßnahmen leitete.

Der Versuch dazu sollte von zwei Seiten gemacht werden. Noch während Metz von uns umschlossen gehalten wurde, versammelte der Wille des Diktators im Süden an der Loire mächtige Heeressäulen, welche jeden Widerstand niederschlagend gegen Paris marschieren sollten. Eine zweite Feldarmee aber wurde innerhalb des in der Nähe der belgischen Grenze gelegenen, von den festen Plätzen Arras, Cambrai, Amiens und Peronne gebildeten Festungsviereckes gesammelt. Mit ihr sollte der für den Oberbefehl in Aussicht genommene General Bourbaki der Hauptstadt von Norden her Hilfe bringen.

Immer ernster wurden die Nachrichten aus Norden und Süden. Bereits erwog man im großen Hauptquartier zu Versailles die Möglichkeit, die Belagerung aufheben zu müssen, — da hieß es plötzlich am 28. Oktober: „Hurra, endlich! Metz ist unser! Die eingeschlossene Armee von 173,000 Mann, drei Marschällen und 4000 Offizieren vermochte sich von der eisernen Umarmung Deutschlands nicht zu befreien; sie streckte in der Kapitulation vom 27. Oktober die Waffen!"

Diese Kunde wirkte im Hauptquartier zu Versailles wie vor Metz selbst als eine Befreiung von immer fühlbarer gewordenem Druck. Für unsere Truppen vor Metz hatte nun das amphibienartige Herumliegen in trostlosen Biwaks endlich ein Ende. Jeder atmete auf; denn es ging nun wieder vorwärts, und zwar gegen den Feind, der im Süden und Norden von Paris mit neugebildeten Armeen ins Feld trat und die Zernierung der Hauptstadt zu sprengen drohte. Kaum hatte die bisherige Umschließungsarmee nach der Übergabe den Triumph genossen, die stolzen Garden des napoleonischen Kaiserreichs als Gefangene bei sich vorüberziehen zu sehen, da kam aus dem großen Hauptquartier der freudig begrüßte Befehl: „Vorwärts!"

Die zweite Armee unter dem Prinzen Friedrich Karl von Preußen marschierte in südwestlicher Richtung, um die Einschließung von Paris nach jener Richtung zu sichern. General von Manteuffel erhielt den Befehl, mit der ersten Armee die Deckung gegen Norden zu übernehmen.

Freilich mußte das zu derselben gehörende VII. Armeekorps unter General von Zastrow an der Mosel zurückgelassen werden, um Metz zu besetzen und Diedenhofen (s. oben S. 84) zu belagern. Ferner mußte das I. Armeekorps die 1. Infanterie-Division abgeben, um die Festung Mézières (s. oben S. 96) zu beobachteu, bis die 3. Reserve-Division sie ablösen konnte, und zu allem Überfluß sah man sich endlich auch noch genötigt, die 4. Infanteriebrigade vor dem kleinen La Fère (s. oben S. 104) zurückzulassen. Nur das VIII. (rheinische) Armeekorps unter dem General von Göben war intakt. Es galt, den künftigen Kriegsschauplatz, die ehemaligen Provinzen Normandie, Picardie, Artois und Flandern so schnell als möglich zu erreichen, darum wurde nach dem bekannten Grundsatz des Generals von Moltke gehandelt: „Getrennt marschieren, — vereint schlagen!" Der Vormarsch erfolgte in der Weise, daß das VIII. Armeekorps, den linken Flügel bildend, die Richtung auf Rheims, Soissons, Compiègne einhielt, das I. Armeekorps, dessen Oberbefehl an Manteuffels Stelle General von Bentheim führte, nördlich davon über Rethel und Laon, Lafère südlich umgehend, Chauny und Noyon als Marschziel im Auge hatte, während die rechte Flügeldeckung der in breiter Front marschierenden Gesamtarmee die 3te Kavallerie-Division unter Graf Gröben besorgte.

Bei den guten Quartieren, der reichlichen Verpflegung, welche überall in diesen vom Krieg noch verschont gebliebenen gesegneten Provinzen des nördlichen Frankreich für Mensch und Tier gefunden wurden, nannten die Ostpreußen diesen Marsch „eine angenehme Reise auf Staatskosten". Dank dem herrlich klaren Frostwetter, welches nach starkem Schneefall im November eingetreten war, schwanden thatsächlich die unheimlichen Ruhr- und Typhusanfälle, und da der Mantel auch wirklich auf dem Leibe getragen wurde, selbst ein darunter getragener Shawl um den Hals nicht verpönt war, wäre der allgemeine Zustand der Truppen ein vorzüglicher gewesen, wenn nicht Kavallerie und Artillerie gerade bei der Kälte an den Nachwehen des Dienstes vor Metz gelitten hätten. Die Mauke nämlich, welche seit jener Periode unter den Pferden massenhaft auftrat, wollte jetzt — bei der Kälte — nicht recht heilen.

Und doch gab es selbst auf diesem zuvörderst in verhältnismäßiger Sicherheit ausgeführten Vormarsch für die Kavallerie wichtige Aufgaben zu lösen, welche die höchste Anspannung von Roß und Reiter erforderten. Unsere Generäle marschieren eben nicht ins Blaue hinein, ohne sich darum zu kümmern, was bei einer Nebenkolonne oder vor einem belagerten Platz in unserer Flanke vorgeht. Gemäß der goldenen Regel, so wenig als möglich dem Zufall zu überlassen, sind unsere Herren vom Generalstab überaus neugierig. Alles wollen sie zeitig genug wissen, um danach ihre Pläne zu machen. So hielt man auch im Hauptquartiere der ersten Armee, welches mit dem VIII. Korps über Reims auf Compiègne marschierte, sehr darauf, stets genau orientiert zu sein.

Die 2te Infanterie-Division hatte Befehl, unausgesetzt mit dem VIII. Korps und der 1ten Infanterie-Division vor Mézières, sowie mit der ihren rechten Flügel sichernden Kavallerie-Division Gröben Fühlung zu halten.

Die Ausführung dieser Aufgabe war aber nicht so leicht, als sich das hier niederschreibt. Dem ostpreußischen Dragoner-Regiment Nr. 10, welches mit seinen drei Eskadrons (die 4te lag mit der 4ten Infanterie-Brigade noch vor La Fère) als Divisionskavallerie den Sicherheitsdienst zu versehen hatte, — fielen damit ganz außerordentliche kavalleristische Leistungen zu.

Am 8. November sehen wir von Dun aus den Premier-Leutnant von Tevenar mit seinem Zuge 12 deutsche Meilen zurücklegen, um die Verbindung mit dem VIII. Korps herzustellen und finden diese Leistung noch durch einen Ritt übertroffen, welchen Leutnant von Besser desselben Regiments am 17. November mit seinem Zuge von Rethel aus nach Mézières unternahm, um einen Brief an den Kommandierenden vor Mézières zu überbringen.

Vor Tagesgrauen marschierte dieser junge, energische Offizier mit 20 maukefreien Pferden aus. Vorwärts ging es auf der Straße nach Mézières. Ein garstiger Nordost fegte den Dragonern bei bitterer Kälte feinen Schnee und kleine Eiskrystalle in die Augen. In Saulnes fand die voranreitende Spitze die Straßen spiegelblank mit Eis überzogen. Die Dragoner lachten, ihre Pferde waren scharf beschlagen. Aber die Säbel flogen aus den Scheiden, als jetzt einige Kanaillen die Frechheit hatten, vor den Augen der Dragoner die Straße aus Eimern mit Wasser zu begießen. Das half!

Wie scheue Nachtvögel huschten die Franzosen in ihre Häuser und die blauweißen Reiter trabten weiter in das mit dem beginnenden Tagesgrauen zunehmende Schneegestöber hinein.

Die Pflicht rief; denn der Brief war wichtig. Die ersten Anzeichen von der Nähe der französischen Nordarmee hatten sich geltend gemacht und das mußten die Unseren vor der Festung wissen.

Also vorwärts! — Dort taucht Launois auf. Vielleicht kann man den Pferden irgendwo ein Stück Brot reichen.

Aber halt, jetzt sprengt ein Mann von der Spitze zurück, — was hat das zu bedeuten?

Den Karabiner auf der Lende, gleichsam verwachsen mit seinem Tier, pariert der Lithauer seinen Braunen auf der Hinterhand und meldet: „Herr Leutnant, die ganze Straße steht voll Kerls in Blusen.“

„So? — Reiten Sie nur voraus, die wollen wir schon auseinander bekommen! — Eskadron, — Gewehr — auf! — S'kadron, Galopp — marsch! —“

Freilich, darauf hatten die Herren parlez-vous français nicht gerechnet. Diesen daherstürmenden Centauren gegenüber mochte der Teufel allen Patriotismus holen.

Da standen sie in den Thüren, an den Mauern ihrer Häuser, sperrten die Mäuler auf und starrten dem Zuge nach.

Wahrhaftig, keiner dieser Braven fiel auf dem auch hier begossenen Pflaster. Nein! — Kurz die Zügel, den Schenkel am Gurt, jagte die kleine Schar durch den Ort und gelangte ins Freie.

„Trompeter blasen sie „Schritt". — Das hätten wir geschafft!" —

Während hinter ihnen die Fäuste geballt und wilde Verwünschungen laut wurden, zogen die Dragoner vorwärts und erfüllten nach mühsamen Ritt ihren Auftrag. Nachts 11 Uhr stieß Leutnant von Besser nach einem Ritt von 13 Meilen in St. Quentin le petit wieder zu seiner Eskadron. Kein Pferd hatte versagt. — Kannst ruhig sein, lieb Vaterland! —

Inzwischen waren Nachrichten eingelaufen, welche annehmen ließen, daß der Feind eine Konzentration seiner Truppen um Amiens ins Auge fasse; gegen diese Stadt ward demgemäß der Marsch gerichtet.

Während die 2te Infanterie-Division Noyon am 21. November erreichte, ohne eine Rothose zu Gesicht zu bekommen, gewann die 3te Kavallerie-Division unter Graf Gröben am 20. unweit Hamm bereits Fühlung mit dem Feinde. Da es indessen in dem Plan des Generals von Manteuffel lag, in der Linie Guiscard-Noyon-Compiègne die Kolonnen des I. und VIII. Korps näher aufschließen zu lassen, und womöglich das Herankommen der — vor Mézières durch die 3te Reserve-Division abzulösenden — 1ten Division abzuwarten, so wurde ein ernsterer Zusammenstoß zunächst noch vermieden. Ein Mobilgarden-Bataillon, das diesen Plan zu verhindern suchte, war durch einige gutsitzende Granatschüsse zur eiligen Umkehr bewogen worden. Mochte es auch unsere braven Reiter prickeln, genauere Bekanntschaft mit dieser hier zum erstenmal auftretenden, schnell zusammengerafften Truppe zu machen, es durfte nicht sein. Unsere deutschen Führer verfolgen eben nicht ehrgeizige Sonderinteressen; sie behalten stets das Ganze im Auge und jede Weisung bedeutet für sie ein unverbrüchliches Gesetz.

So begnügte sich Graf Gröben damit, seine Patrouillen und Abteilungen in den nächsten Tagen recht wißbegierig gegen

Westen und Norden streifen zu lassen. Und während sich vom 21. bis 23. November der Aufmarsch beider Korps an der Oise vollzog, liefen im Hauptquartier sehr bald eingehende Meldungen ein, nach denen die Ortschaften östlich von Amiens und jene Stadt selbst von starken feindlichen Kräften besetzt waren. Da zugleich von dem Oberkommando der Maas-Armee die Nachricht einging, daß von Rouen und Lille aus unausgesetzt feindliche Truppen nach Amiens befördert würden, so entschloß sich General von Manteuffel, mit den vorhandenen Truppen gegen Amiens vorwärts zu gehen, ohne erst an der Oise das völlige Herankommen der 1ten Division abzuwarten. Es erschien dieses um so mehr geboten, als sich dem Heranziehen der genannten Truppen mittelst der Eisenbahn aus Materialmangel technische Schwierigkeiten entgegenstellten.

Die Kavallerie-Division Gröben empfing daher den Befehl, unter Zurücklassung einer Abteilung in Hamm als rechte Flügeldeckung gegen Moreuil vorzugehen. General von Bentheim, der, wie schon bemerkt, das Kommando des I. Armeekorps führte, sollte mit allen vorhandenen Kräften über Noyon hinaus bis Roye folgen und das VIII. Korps Montdidier erreichen.

Bei Ausführung dieser Bewegungen war es der Kavallerie-Division Gröben vorbehalten, zunächst ernstlicher an den Feind zu kommen. Nachdem bereits am 23. November bei Le Quesnel ein Zusammenstoß erfolgt war, meldeten am Morgen des 24. die zahlreich vorgeschobenen Patrouillen des 2ten hannoverschen Ulanen-Regiments Nr. 14, daß Demuin, Villers aux Erables und der Wald von Moreuil vom Feinde besetzt seien. Bald darauf sahen sich die Ulanen der Vorhut von überlegenen feindlichen Streitkräften nach Mézières* zurückgedrängt.

Die Herren Mobilgardisten verknallten eine Unmenge von Pulver und machten gewaltig lange Beine, um die Lanzenreiter in dem durschnittenen Gelände vor sich herzutreiben. Den

* Dieser Ort ist nicht zu verwechseln mit der oben S. 96 genannten Westfestung gleichen Namens.

meisten von ihnen mochte bei diesem steten Vorwärtsgehen solch ein Gefecht ganz vergnüglich erscheinen. Ihre Seelen lechzten nach der völlig in die Brüche gegangenen „Gloire" der großen Nation, also: „en avant!"

Aber, was war das?

Dort nordöstlich von Mézières, wo neben der großen Straße die Kapelle St. Christophe steht, blitzte es auf. Eine scharf begrenzte Rauchwolke zog langsam gen Westen und nun heulte der eiserne Gruß den armen Moblots entgegen.

Und da? — Bumm! — Mitten in der Kompanie, welche es so eilig hatte, vom maison blanche aus die Lisiere von Mézières zu erreichen, saß die Granate und zog bei ihrem Krepieren eine breite Furche in die eben noch so beweglichen Leiber. — Und da kam es schon wieder daher. Diese diables de prussiens hatten Artillerie auf dem Kapellenberge; ja, — und dort in dem Straßengraben, vor der schroff aufsteigenden Höhe, lief es jetzt wie eine weiße Schlange entlang.

Recht so, duckt euch! — Es wird euch nur nicht viel nutzen; die preußischen Jäger haben in diesem Feldzuge schon oft bewiesen, daß sie sich auf einen Kopfschuß verstehen. Ah, dieses Kämmen eurer Glieder mit Langbleigeschossen wird euch ungemütlich, ihr folgt dem Grundsatz „Vorsicht ist die Mutter der Weisheit" und sucht das schützende Gehölz von Bellesfittes zu erreichen? So nehmt euch die Lehre: Macht die Augen auf!

Thut ihr es, so könnt ihr sehen, wie ein mit Jägern besetzter Wagen nach dem andern auf der Höhe anlangt. Einige Jäger stehen vorne im Wagen und prügeln mit Ästen und Stöcken auf die mammutartigen Percherons, um deren Tritt zu beschleunigen. Nun fliegen sie wie Bälle vom Wagen und gleich darauf knallen ihre Büchsen dem Feinde ein „wehr dich" entgegen.

Aber immer neue Bataillone rückten in Front und Flanke gegen die von zwei Geschützen unterstützte Kompanie der 8ten Jäger vor, welche das durch Oberst von Lüderitz herangeführte Ulanen-Regiment Nr. 14 vorläufig nicht zu unterstützen in der

Lage war. Wohl hüteten sich die Franzosen, nochmals vorwitzig anzurücken, allein von Beaucourt aus bedrohten sie unter Benutzung der kleinen Gehölze den Rückzug und nach Mézières gelangten sie von Westen, ohne daß es gehindert werden konnte.

Oberst von Lüderitz, der seine Hauptaufgabe erfüllt sah, einen genauen Blick in die Stärkeverhältnisse des entwickelten Feindes zu thun, ließ seine Geschütze und die Jäger auf Le Quesnel zurückgehen, während er den folgenden Feind mit seinen Schwadronen auf freiem Felde, südlich der großen Straße, im Schach hielt. Das gute Attackenfeld, die stets von neuem gewiesenen Lanzenspitzen der gefürchteten Reiter geboten im Verein mit einem wirkungsvollen Granatfeuer dem bis Le Quesnel folgenden Feinde Halt und schon gegen Abend erschien es den Franzosen sicherer, sich durch ein Zurückweichen auf ihre Hauptstellung vor unliebsamen Überraschungen zu schützen. —

Dem Oberkommando der ersten Armee hatte dieser Vorstoß der Kavallerie-Division Gröben, welcher zur Entwickelung von 10 feindlichen Bataillonen führte, gezeigt, daß die feindliche Armee an der Luce schlachtbereit gegenüberstand. Deshalb blieb die Kavallerie-Division Gröben am 25. November bei Le Quesnel stehen; die Spitzen der 2ten Infanterie-Division aber gelangten nach Roye, die 15te Division ging bis über Montdidier vor und warf die gegnerischen Vortruppen über Moreuil zurück.

Am frühen Morgen des 26. November hatte bei der 2ten Infanterie-Division wohl jeder Mann das Gefühl, der anbrechende Wintertag werde ein ernsteres Gefecht bringen. Die Infanteristen in ihren Quartieren verwandten besondere Sorgfalt auf ihre Fußbekleidung, jeder Korporalschaftsführer sah die Gewehre seiner Leute nach und die Feldflaschen wurden gefüllt. Bei der Kavallerie und Artillerie wurde besonders zeitig gefüttert und getränkt, sowie Geschirr und Sattelung nachgesehen. Als sich die Sonne blutrot am Horizont erhob und nun plötzlich in allen belegten Orten das mahnende, nervenerregende Alarmsignal durch die Straßen und Gassen tönte, da hieß es sofort in freudigem

Ernst: „An die Gewehre!" „An die Pferde!" Bei Bouchoir sammelte sich die Division in voraus bestimmter Weise.

Gleich einem guten Uhrwerk versagte kein Rädchen in der großen Kriegsmaschine. Mit mathematischer Genauigkeit trafen die Bataillone, Schwadronen und Batterien auf dem Rendez-vous-Platz ein.

General von Pritzelwitz, welcher die 2te Infanterie-Division befehligte, entsandte die 3te Eskadron des ostpreußischen Dragoner-Regiments Nr. 10 mit dem Auftrage, gegen Mézières zu rekognoscieren und Meldung von dort zu schicken. Bald darauf brachten nach der linken Flanke entsandte Patrouillen die Nachricht von einem sich bei den Vortruppen des VIII. Korps entspinnenden Feuergefechte nahe Moreuil.

Es war gegen 11 Uhr, als die 2te Infanterie-Division ihren Vormarsch auf Le Quesnel und Mézières antrat. Wacker schritten die Ostpreußen aus; sie wären gar zu gerne den Herren Rothosen an die Brust gekommen, um sie die Wucht ostpreußischer Kolben fühlen zu lassen. Die Gefechtsfelder von Le Quesnel und Mézières wurden passiert. Herumliegende tote Pferde bewiesen, daß die 14ten Ulanen unter ihrem schneidigen Führer den blauen Bohnen nicht aus dem Wege gegangen waren. In Mézières aber standen Hunderte von Arbeitern und Blusenmännern in feindlicher Haltung vor ihren Thüren an den Häusern, als warteten sie nur auf den Augenblick, wo sie nach der verborgenen Waffe greifen könnten, um über den von ihren Truppen zurückgedrängten Feind herzufallen.

Indessen General Farre, welcher an Stelle des zu anderweitiger Verwendung abberufenen Generals Bourbaki das Kommando der feindlichen Nordarmee übernommen hatte, dachte gar nicht daran, seine mühsam zusammengerafften Truppen außerhalb ihrer vorbereiteten Stellungen einem ernsten Angriff auszusetzen.

Alle Meldungen besagten gleichmäßig, daß der Luce-Abschnitt vom Feinde festgehalten würde, derselbe aber nirgends Neigung zu einem Vorstoß zeige.

Unter diesen Umständen wurde gegen 4 Uhr nachmittags seitens der 2ten Division das Beziehen von Alarmhäusern in Le Quesnel, Mézières, Beaucourt und Villers aux Erables angeordnet. Es sank schon die Dämmerung herein, als den letztgenannten Ort die Vorhut der Division, bestehend aus einem Bataillon des ostpreußischen Grenadier-Regiments Nr. 4 unter Hauptmann von Steinwehr und der 2ten Eskadron des ostpreußischen Dragoner-Regiments Nr. 10, besetzte. Derselbe lag in der äußersten Vorpostenlinie.

Wir thun am besten, wenn wir diesen Truppen folgen, um uns ein Bild davon zu machen, wie es hier vorne am Vorabend der Schlacht von Amiens aussah.

Eine Kompanie des Bataillons Steinwehr stellte, so geräuschlos als möglich, Vorposten aus, die übrigen 3 Kompanien belegten die einzelnen Häuser des Ortes; die Dragoner zogen ihre Pferde zugweise in die Gehöfte, wo sie Scheunen oder Ställe fanden. Während die Infanterie-Offiziere sich in das glänzende Schloß des Ortes verfügten, ließen die Dragoner-Offiziere ihre Züge umsatteln und den Pferden Freßbeutel vorhängen, um allen Anforderungen des kommenden Tages gewachsen zu sein. Immer heftiger und deutlicher drang ja von Westen und Nordwesten her Gewehrfeuer herüber; jeden Augenblick konnte es wieder vorwärts gehen.

Die drei Offiziere der Eskadron fanden sich, nachdem sie bei ihren Zügen nach dem Rechten gesehen, auf der Dorfstraße zusammen. Sie gedachten ebenfalls nach dem Schloß zu wandern, um, wenn das Glück gut wäre, etwas Warmes zu genießen. Da kam es durch die dunstige, feuchte Nacht gehuscht. Der Wachtmeister stand vor ihnen: „Herr Leutnant von W. möchten sofort mit 3 Pferden eine Patrouille auf das Gefecht zu reiten, sich aber vorher noch beim Herrn Rittmeister melden."

„Habe ich es nicht geahnt!" lachte der blutjunge Offizier mit einem Anklang von Mißvergnügen auf. „Ihr eßt euch satt und ich kann in diesem Dreck wieder losgondeln. Wenn ich nur bei dieser Düsternheit nicht ungeahnt dem Charon begegne. Aber was schadt's! — Herr Wachtmeister, wollen Sie meinem Burschen und den Leuten sagen, daß sie mich vor dem Schloßthor erwarten? Vielleicht kann ich rasch noch einen Happen genießen!"

Fortuna war dem jungen Dragoner günstig. Das Schloß zu Villers aux Erables gehörte einer Verwandten des Herzogs von Württemberg, die selbst zugegen war. Ein alter Haushofmeister sorgte für eine geradezu glänzende Verpflegung. Und auch Leutnant von W. war es noch möglich, sich zu sättigen und zu kräftigen, bevor er zu seinem wenig gemütlichen Patrouillenritt aufs Pferd stieg.

Die zurückgebliebenen Offiziere aber saßen in dem Speisezimmer noch lange bei der Flasche zusammen. Allerhand lustige Schnurren wurden erzählt und erst allmählich dachte dieser und jener daran, sich in den Kleidern aufs Lager zu werfen. Da trat eine Dragonerordonnanz herein und überreichte Herrn Hauptmann von Steinwehr einen verschlossenen Befehl. Der Kapitän nahm sofort von dem Inhalt Kenntnis und erhob sich alsdann mit den Worten: „Meine Herren, ich bitte, an die Gewehre. Wir rücken sofort nach Demuin. Domart ist im Besitz des VIII. Korps; vielleicht kommt es morgen zur Schlacht."

Eine Viertelstunde später rückte das Bataillon und die Eskadron, bei einer Dunkelheit, in der man den Nebenmann nicht zu sehen vermochte, aus Villers aux Erables ab. Wie es möglich geworden, auf welche Weise bei diesem Abmarsch jede Unordnung vermieden wurde, vermag Verfasser — der diesen nächtlichen Flankenmarsch mitgemacht — nicht zu sagen. Der soldatische Geist unserer Truppen, welcher unter Offizieren und Leuten das gleiche Pflichtgefühl wirkte, bewährte sich glänzend. Er konnte nur übertroffen werden von der unerschütterlichen Ruhe und Ordnung mit der bei den gleichen Schwierigkeiten gegen 4 Uhr des Morgens in Demuin Alarmquartiere bezogen wurden.

In dem Augenblick, wo nämlich von Villers aux Erables die Kolonne Steinwehr vor Demuin anlangte, trafen dort auch von Mézières aus die anderen Bataillone des 4 ten Regiments, Artillerie und die 3te Eskadron der ostpreußischen Dragoner ein. Alle diese Truppen mußten sich in ihre Quartiere „fühlen".

Den Revolver in der Hand tappten die Offiziere ihren Zügen voraus. Man klopfte, das Thor öffnete sich unter der Hand eines mit einer riesigen Zipfelmütze bekleideten „Pisangs"* und bald darauf erquickten sich die Leute an schnell bereitetem Kaffee.

Die Stunde der Entscheidung rückte heran. Grenadiere, Dragoner und Artilleristen wußten, daß man auf ihre militärischen Tugenden baue; sie waren unfähig, ein solches Vertrauen nicht zu rechtfertigen.

II.

Die Schlacht von Amiens (27. November).

Beim I. Korps.

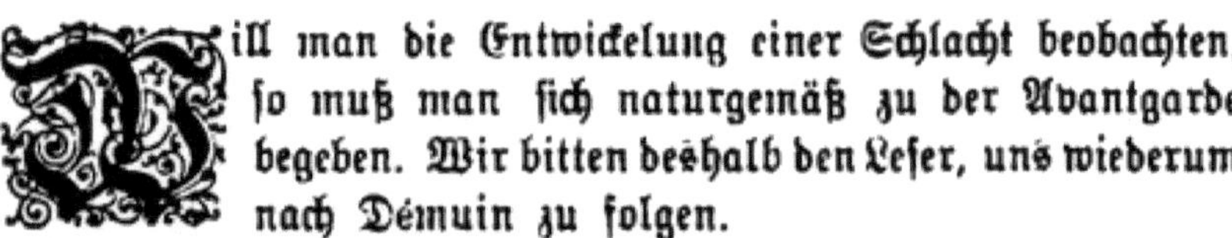

Will man die Entwickelung einer Schlacht beobachten, so muß man sich naturgemäß zu der Avantgarde begeben. Wir bitten deshalb den Leser, uns wiederum nach Démuin zu folgen.

Es ist der Morgen des 27. November 1870, und noch undurchdringliche Nacht liegt über dem Ort, als wir in eines der größeren Häuser zur Rechten der Dorfstraße treten, aus dessen Vorderzimmer ein trübes Licht auf die Straße fällt. An einem mächtigen alten Eichentisch sitzt vor räucherig brennender Petroleumlampe ein Premier-Leutnant des ostpreußischen Dra-

* Mit dieser Verstümmelung des Wortes paysan bezeichneten die deutschen Soldaten die französischen Bauern.

goner-Regiments und schreibt. Er schreibt heim an Frau und Kind, wie man am Morgen eines Schlachttages zu schreiben pflegt.

Aber er kommt mit seiner Arbeit nicht zu Ende; draußen vor dem Fenster werden Stimmen laut. Jemand fragt: „Liegt hier Premier-Leutnant von R.?"

Der Schreiber erhebt sich schnell und einen Augenblick später empfängt er durch den immerhin auch nicht beneidenswerten Regimentsadjutanten den Befehl, um 5½ Uhr mit seinem Zuge über Hangard gegen Gentelles vorzugehen, um genau festzustellen, wo die Stellung des Feindes sei und ob derselbe vorbereitete Positionen besetzt halte.

„Es ist 5 Uhr vorüber, Sie werden nicht viel Zeit zu verlieren haben", meinte die zuverlässige Stütze des Kommandeurs und setzte dann gleichsam kondolierend hinzu: „Der Nebel von gestern hat sich — wenn möglich — noch verdickt; nehmen Sie sich in Acht, daß Sie nicht in einen Hinterhalt tappen."

Ein zwischen den Kameraden gewechselter Händedruck und der Premier war allein.

Schnell warf er noch einige Worte unter seinen Brief und fuhr sich mit der Rechten über die Augenlider, als wolle er düstere Schatten verscheuchen. Dann wurden die Leute geweckt und nachdem der auffallend liebenswürdige Quartierwirt bereitwillig die Feldflaschen gefüllt, rückte der Zug auf die Straße.

Hätte der ehrliche Franzose nicht mit einer großen Laterne daneben gestanden, die einen rötlich strahlenden Lichtschein verbreitete, so würde der Premier überhaupt nichts von seinem Zuge gesehen haben. So aber fand er den linken Flügel, wo sein unübertrefflicher Flankeurunteroffizier Bath, ein geborener Litauer, wie der steinerne Gast auf einem kräftigen Braunen hielt.

„Zu Zweien links brecht ab — marsch!" — Schweigsam ging es hinein in das naßkalte Nebelwetter.

Unteroffizier Bath wurde mit den drei zuverlässigsten Leuten auf nur 20 Schritte als Spitze vorgeschoben. Das Auge vermochte nichts, man war allein auf das Gehör angewiesen.

Immer stärker ballte sich der Brust und Gemüt belastende

Nebel um die kleine Truppe zusammen. Selbst Dragoner Rogge, ein Berliner Schornsteinfegergeselle und sonst vereideter Spaßmacher der Eskadron, war verstummt.

Aber der Premier — ein waidgerechter Jäger — faßte neue Hoffnung. Sein befeuchteter und hoch in die Luft gehaltener Zeigefinger der Rechten sagte ihm, daß der Morgenwind eingesetzt.

Noch bevor Hangard erreicht wurde, kam Bewegung in den Nebel. Man vermochte wenigstens auf 20 Schritte, die Umrisse eines Hauses zu erkennen.

Das Dorf wurde in größester Stille abgesucht und unbesetzt gefunden.

Auf diese Nachricht hin ging es durch den Ort und der Premier unterhielt sich eben vorn bei der Spitze mit Unteroffizier Bath über die Möglichkeit, in dem wie ausgestorben daliegenden Orte einen Führer zu finden, da huschte eine graue, im Nebel riesengroß erscheinende Gestalt mit der Absicht über die Straße, in einem gegenüberliegenden Gehöft zu verschwinden.

Das wäre indessen nicht nach dem Geschmack des Dragoner-Offiziers gewesen. Ein Druck seiner Schenkel und wenige Sätze seiner Stute brachten ihn an die Seite eines Bauern, welchem er den Versuch, sich zu entreißen, durch den vor den Kopf gehaltenen Revolver verleidete.

Jedes Mittel der Beredsamkeit bot der Arme auf, allein die Pflicht gebot und so mußte der Franzose in seinen Holzpantinen neben dem Offizier schreitend als Führer dienen.

Der Mann ergab sich in sein Schicksal und machte zuerst auf ein schwach glimmendes Feuer zur Rechten aufmerksam. Dasselbe war verlassen.

Noch immer vermochte man nur auf Steinwurfsweite zu unterscheiden, aber der Bauer erklärte, eine jetzt — vorne rechts — bemerkbar werdende düstere Linie für den Rand des Bois de Hangard.

Dasselbe schien unbesetzt; eine Patrouille, welche den Rand abritt, erhielt kein Feuer.

Auf hundert Schritt in der rechten Flanke den unheimlichen, triefenden Wald ging es langsam vorwärts; jedes Auge, alle Ohren waren aufs äußerste angespannt.

Nun bog sich der Weg ein wenig links; der Führer blieb stehen.

In hierdurch verdoppelter Aufmerksamkeit glaubte unser Leutnant, der an der Spitze ritt, links, kurz vor sich, etwas Schwarzes zu sehen. Er befahl deshalb:

„Giro, reiten Sie einmal da hinüber, mir war, als bewegte sich dort etwas.“

Kaum stellte der Mann sein Pferd halblinks, um über den schmalen Straßengraben zu springen, — da blitzte es unfern sprühend auf und jetzt folgte Schuß auf Schuß.

„Eskadron — kehrt marsch! — Eskadron — Galopp marsch!“

Rückwärts brauste der Zug. Aber nun fegte vom Walde her eine Salve, dann Schnellfeuer daher, welches für die Dragoner zum tollen Spießrutenlaufen wurde. Heulend begleitete der Bleihagel aus den Tabatièregewehren der Mobilgarden die Zurückgehenden. Glücklicherweise schossen sie — wie immer — zu hoch. Noch als der Zug in einer rückwärts gelegenen Bodensenkung längst wieder Front gemacht, verknallten die Franzosen ihr Pulver.

Ein dunkles Schicksal hatte es gewollt, daß als einziges Opfer der bedauernswerte Führer aus Hangard gefallen war. Wie sich später herausstellte, hatten ihn zwei Kugeln in Kopf und Brust getroffen. Die preußischen Reiter waren wunderbar in Schutz genommen worden. Nur ein Pferd war verwundet.

Wo der Feind stand, das wußte man nun wohl, aber die anderen wichtigen Fragen blieben zunächst ungelöst. Premier-Leutnant von R. sandte deshalb zwar sofort Meldung an den Avantgarden-Kommandeur, Oberst Tietzen von Henning in Demuin, allein er beschloß zu bleiben, um bei zunehmendem Tageslicht mehr zu sehen.

Gegen 8 Uhr begann sich der Nebel ein wenig zu heben.

Die Möglichkeit, Umschau zu halten, wurde sofort benutzt. Der Offizier übergab die Führung des Zuges an den Sergeanten Scheffler; er selbst ritt mit seinem Flankenunteroffizier auf Umwegen von neuem gegen die französische Stellung vor. Durch Büsche gelangten beide — durchnäßt wie die Wasserratten — zwischen französischen Posten hindurch, an einen Punkt des Bois de Hangard, wo sie die aufgeworfenen Schützengräben der Franzosen deutlich zu übersehen vermochten. Sorglos standen die Mobilgarden auf den Wällen und schlugen sich die Arme warm. In der Entfernung sah man stärkere Kolonnen im Marsch auf das Bois de Cachy und vor Villers Bretonneux.

Der erhaltene Auftrag war erfüllt. Nun galt es an Avantgarde und Divisionsstab so schnell als möglich genaue Meldung zu senden.

Fast hatten die beiden Späher den südlichen Waldesrand glücklich wieder erreicht, als sie sich auf einer kleinen Blöße, zu beiderseitiger Überraschung, feindlicher Infanterie gegenüber sahen, deren Offizier beim Erblicken der deutschen Reiter geradezu mit offenem Munde thatlos stehen blieb.

Schneller entschlossen — fast vorschnell — war Unteroffizier Bath.* Sein Pistol in der Hand senkte sich, der Schuß fiel und der feindliche Offizier warf zusammenbrechend die Arme in die Luft. — Leutnant von R. aber gelangte mit seinem Begleiter glücklich zu den Seinen, von wo aus er eingehende schriftliche Meldungen rückwärts sandte.

So war festgestellt, daß die Linie Gentelles, Cachy, Villers-Bretonneux unter Festhaltung der vorliegenden Feldhölzer künstlich für die Verteidigung hergestellt war. Die gleiche Wahrnehmung machte Premier-Leutnant von T. desselben Regiments, welcher mit seinem Zuge das Bois de Hangard nördlich umgangen hatte. Auf diese und Meldungen der Kavallerie-Division Gröben hin traf General von Pritzelwitz seine Entschließungen.

* Man vergleiche die Geschichte der ostpreuß. Dragoner von Rittmeister von Buttlar.

Gegen 9 Uhr traf Oberst von Tietzen mit seinen 4ten Grenadieren in Hangard ein. Nachdem er vom Premier-Leutnant von R. genau über die Stellung des Feindes informiert war, gewann das Bild westlich des Dorfes sofort kriegerisches Leben. Kurz und bestimmt klangen die Befehle dieses ausgezeichneten Kommandeurs, welcher stets da zu finden war, wo die Gefahr am größesten.

„Die 12te Kompanie dort auf die Höhe; die 10te in die kleine Waldparzelle, ohne sich vorläufig zu engagieren, wenn sie nicht angegriffen wird!"

„Befehlen, Herr Oberst!"

Da war es eine Lust, die 4er zu sehen. Als ginge es zu einem fröhlichen Friedensmanöver, so munter schwärmten ihre Schützen aus.

Der Nebel stieg immer mehr. Selbst der Himmel war mit uns; auf Kernschußweite des Zündnadelgewehres vermochte man zu sehen, der Feind dagegen konnte vorläufig sein weittragendes Gewehr nicht ausnutzen.

Also vorwärts, wo stecken die Herren Franzosen? —

Soweit war es aber noch nicht. Auf der Höhe hieß es Halt und stopp! Die Vorhut mußte sich vor Hangard erst völlig sammeln. Außerdem galt es auch, nach Möglichkeit Zeit zu gewinnen, denn das mit der ersten Staffel von Mézières kommende Grenadier-Regiment Kronprinz, dessen Eingreifen während des Tages erwartet werden konnte, befand sich noch weit zurück.

Es war schon 10 Uhr — man konnte auch auf Kanonenschußweite sehen —, als General von Pritzelwitz den Angriff in drei Kolonnen befahl.

Die mittlere Kolonne bestand aus der 5ten, 6ten, 10ten und 12ten Kompanie des 4ten Regiments, der 2ten Eskadron des ostpreußischen Dragoner-Regiments Nr. 10 und der 5ten leichten Batterie. Wir haben gesehen, daß bereits eine Stunde früher von der 10ten und 12ten Kompanie vorsorglich die Höhen besetzt worden waren; im ersten fröhlichen Draufgehen gelangte nun die 10te Kompanie bis in die vorspringende Nordwestecke des Gehölzes, welches diese Höhen krönte. Hier aber setzte ein heftiges Gewehrfeuer aus Front und Flanke dem weiteren Vordringen Schranken und wurde die Kompanie auf die Verteidigung am Waldesrand gewiesen.

Wer es weiß, was es heißt, bei heftigem Gewehrfeuer an einem Holzrande auszuharren, wird die 10te Kompanie des 4ten Regiments um diese ihr zugefallene Aufgabe nicht beneiden. Jede Kugel, die nicht trifft, hört man zweimal.

„Klatsch!" sagt es hier hart und scharf, wo das Geschoß voll den Stamm trifft. „Ratsch", — reißt es dort Borke und Spähne von einer Espe; dazwischen pfeift, summt und heult es, als sei ein Heer gieriger Hornissen losgelassen.

Und dort hat eine dieser scharfstechenden Bienen ihr Opfer gefunden. Ein Unteroffizier, der seine Leute zu sorglos wies, wie sie am besten Deckung zu nehmen, stürzt gleich einem gefällten Baum aufs Gesicht, und — da wankt ein Grenadier rückwärts; auch er hat sein Teil. Immer dichter wird der Bleihagel und unsere Leute, die das feindliche Feuer eifrig erwiderten, wurden vom losgeschlagenen Laub der Eichen förmlich überschüttet. Doch diese vom Feinde unfreiwillig gespendeten Ruhmeskränze beirren die braven Schützen der 10ten Kompanie nicht. Ruhig nehmen sie Ziel und Korn und dann erst machen sie den Finger krumm.

Etwa hinter der Mitte der Schützenlinie stehen unfern von einander zwei Offiziere an stärkere Bäume gelehnt und beobachten durch ihre Feldstecher das vorliegende Gelände und die Wirkung des diesseitigen Feuers. Jetzt setzt der ältere von ihnen das Glas ab und schreitet mit den Worten auf seinen Kompanieoffizier zu: „Sie haben wahrhaftig recht; nun erst bringen sie Geschütze in die Schanze von Villers-Bretonneux. Wir haben sie also wieder überrascht Darum bekamen wir die Brummer bisher noch nicht zu kosten. Jetzt wird es bald losgehen; verlassen Sie sich darauf. Behalten Sie nur hübsch unsern rechten Flügel im Auge, ich will doch Meldung an Excellenz schicken."

Während so die 10te Kompanie den Feind im Walde von Hangard anfaßte, wurde die 12te Kompanie mit der 5ten leichten Batterie in der Richtung auf Gentelles zur Unterstützung vorgesandt, weil dort seit kurzem heftiges Gewehrfeuer vernehmlich war. Diese Absicht, der linken Flügelkolonne Hilfe zu bringen, die recht kameradschaftlich und ganz im Geist unserer Armee gedacht war, vermochte jedoch nicht zur Ausführung zu gelangen. In der Nähe des Bois de Fleye sah sich die Abteilung vielmehr selbst durch Schützenschwärme angegriffen, welche gegen ihre Flanke vorgingen.

Da blieb nun freilich nichts anderes übrig, als sich selbst seiner Haut zu wehren. Und das war nicht leicht. Immer neue Rothosen sah man aus Cachy hervordringen, und das rückwärts liegende Bois l'Abbé spie immer frische Kolonnen aus.

Freilich pfefferte die 5te leichte Batterie, welche etwas vorwärts westlich des Gehölzes von Hangard aufgefahren war, mit einer Treffsicherheit in die aufgelöst vorgehenden Kompanien des Feindes, daß diese bald hier, bald dort vor dem Eisenhagel einer krepierenden Granate gleich einer erschreckten Vogelschar zurückprallten, allein es waren der Feinde zu viele. Man vermochte den gegnerischen Vorstößen nicht Halt zu gebieten.

Die 6te Kompanie mußte zur Unterstützung herangezogen werden, mit deren Hilfe es in der Linie Bois du Fleye-Bois du Hangard vorderhand denn auch gelang, alle Angriffe des Gegners abzuweisen.

Das Terrain nördlich und nordöstlich der genannten beiden Gehölze war eine fast völlige Ebene; sie hätte die Vorteile des rasanten Chassepotfeuers aufs äußerste auszunutzen gestattet, allein unsere Gegner gaben sich glücklicherweise nicht erst die Mühe, ihr gutes Gewehr an den Kopf zu nehmen. Wenn es nur knallte! Dank dieses halben in die Luft-Schießens von der Hüfte aus vermochte sich die Handvoll deutscher Soldaten, welche ihr Gewehr zu führen verstand, zu halten, bis ihnen durch die mehr nördlich vorgegangenen Brigadegenossen Luft gemacht wurde.

Doch davon nachher. Jetzt bitten wir den Leser, uns nach dem linken Flügel begleiten zu wollen.

Wie wir wissen, waren Moreuil und Domart am Abend zuvor vom VIII. Korps genommen worden. Auf Befehl des Generals von Manteuffel hatte jedoch der Kommandeur des VIII. Korps, General von Göben, seinen rechten Flügel auf das linke Ufer der Noye zurückgezogen.

Diese Lücke in der Angriffsfront einigermaßen zu verdecken, wurden am Morgen des 27. November von General von Pritzelwitz die 9te und 11te Kompanie des 4ten Regiments beordert, welche auch ohne auf den Feind zu stoßen, über Domart hinausgelangten. Und später stießen in Ausführung der befohlenen Angriffsbewegungen zu diesen beiden Füsilier-Kompanien noch die 1te Eskadron des ostpreußischen Dragoner-Regiments Nr. 10 und die 5te schwere Batterie.

Wir sehen, die linke Flügelkolonne war mit Rücksicht auf ihre Aufgabe, das ausgedehnte Bois de Domart festzuhalten, winzig klein. Aber es gab eben vorderhand keine anderen Truppen mehr, die man hier hätte verwenden können, und dann kannte General von Pritzelwitz den Geist seiner Füsiliere.

Dieselben gingen in der That mit höchster Schneid bis an den Nordrand des Bois de Domart vor, und es gelang ihnen sogar, nach einem längeren Feuergefecht, unterstützt durch das Granatfeuer der 5ten schweren Batterie und eine gegen die feindliche Flanke ausgeführte Bewegung des I. Bataillons der 4er, ihren Hauptgegner, ein in vorzüglicher Deckung liegendes französisches Jägerbataillon, aus Gentelles zu werfen. In dem Nordostrand dieses Dorfes nisteten sich die Füsiliere ein und verteidigten sich mit Hilfe des Feuers der ihnen zugeteilten Batterie in einem bald stärker, bald schwächer wogenden Gefecht gegen den Cachy stark besetzt haltenden Feind.

Der 1ten Eskadron ostpreußischen Dragoner-Regiments Nr. 10 fiel während dessen die in dem durchschnittenen Gelände keineswegs leichte Aufgabe zu, die beiden mit dem überlegenen Gegner verbissenen Kompanien in der linken Flanke zu sichern. Wiederholt versuchte feindliche Infanterie von St. Nikolas aus durch das Bois de Gentelles vorzubrechen, allein jedesmal konzentrierten sich diese neugierigen Herren sehr eilig rückwärts in das deckende Gehölz, sobald Rittmeister von Esebeck mit seiner Schwadron zur Attacke anritt. Zwar kostete das den Dragonern eine hübsche Anzahl von Pferden, allein der Zweck war erreicht, die Füsiliere vermochten sich in Gentelles zu halten.

Im Zentrum und auf dem linken Flügel der 2ten Infanterie-Division trug im ganzen jedoch das von verhältnismäßig schwachen Kräften gegen den überlegenen Feind geführte Gefecht durchweg einen hinhaltenden Charakter.

Manches Auge wandte sich unter diesen Umständen hoffend nach Nordosten, wo die 7te und 8te Kompanie des 4ten Regiments mit der 3ten Eskadron der 10ten Dragoner gefolgt vom 44ten Regiment und der 6ten leichten Batterie parallel mit der großen Straße Demuin-Villers-Bretonneux vorgegangen war.

Aber diese rechte Flügelkolonne hatte eine noch härtere Arbeit gefunden als die gegen Cachy und Gentelles vorgegangenen Truppen!

Die Südfront von Villers-Bretonneur war durch Schützengräben und aufgeworfene Schanzen vom Feinde wesentlich verstärkt. Kaum versuchten es die an der Spitze marschierenden beiden Kompanien des 4ten Regiments, um die Nordostecke des Bois de Hangard herum vorzugehen, so empfing sie aus diesen Schützengräben und den von Marine-Artillerie bedienten Batterien hinter den Schanzen ein wohlgezieltes Feuer.

Sobald das 7te ostpreußische Infanterie-Regiment Nr. 44 östlich von den beiden letzterwähnten Kompanien das Bois de Morgemont durchschritten hatte, gewann der mit Führung des Regiments beauftragte Major Dallmer die Überzeugung, daß zur Wegnahme der wohlbesetzten, überaus starken feindlichen Stellung vor Villers-Bretonneux nur eine Umfassung des französischen linken Flügels führen könne. Zwar war nordwestlich Marcelcave bereits die Artillerie der in der rechten Flanke des I. Korps postierten Kavallerie-Division Gröben ins Gefecht getreten, allein hier galt es, wenn nötig, den wohlgedeckten Feind mit dem Bajonett aus seinen Stellungen zu werfen.

Infolge dieser Erkenntnis schob Major Dallmer 2 Kompanien seines Regiments bis gegen den Eisenbahnwall nordwestlich Marcelcave vor und ließ, während dieselben fast parallel mit der Bahn gegen den linken feindlichen Flügel vorgingen, seine übrigen Kompanien in der Front allmählich eine lange Feuerlinie bilden, welche sich vom Bois de Morgemont bis in die Nähe der Bahn erstreckte.

Schreckliche Ernte hielt der Tod, während sich das brave Regiment in sprungweisem Vorgehen gegen die Schanze von Villers-Bretonneux heranschob.

Verfasser dieses hatte noch, als die 2te Eskadron des ostpreußischen Dragoner-Regiments auf Befehl des Generals von Pritzelwitz in der Absicht nach 11 Uhr um das Gehölz von Morgemont herumtrabte, Verbindung mit der 3ten Kavallerie-Division zu suchen, den ebenso braven wie geistreichen Hauptmann May begrüßt, dem liebenswürdigen Leutnant Schultze II warm die Hand gedrückt, mit ihm gescherzt und gelacht; kaum war von der Eskadron Marcelcave erreicht, da hatten die beiden in treuer Hingebung für König und Vaterland schlagenden Herzen schon geendet.

Dabei gab es keine Überraschung, kein jemals verändertes Bild; stundenlang immer dasselbe Ringen um jede Fußbreite der ausgedehnten Fläche.

Dort lag der ausgeruhte Gegner in Gräben und hinter Wällen; nur die Gewehrmündungen und Käppis waren sichtbar. Hier boten nach schlafloser Nacht und tüchtigem Marsch die Ostpreußen beim Vorwärtsspringen immer von neuem die Brust den Geschossen, und war dann das „Nieder“ der Führer ertönt, so gab es kein Verschnaufen; dann galt es, in Ruhe zü feuern, den Gegner mit einem wirkungsvollen Bleiregen zu überschütten. — Wahrlich eine harte Aufgabe!

Und doch wurde das grausige Schlachtenkonzert noch immer wilder, je mehr sich die Preußen der feindlichen Stellung näherten.

Jede Flinte von Cachy bis Villers-Bretonneux spie Feuer. Mehrere Protzen und Munitionswagen flogen in die Luft und ganze Artilleriesalven — herüber und hinüber — bezeichneten die Augenblicke, wo die Schützen der 44er wieder vordrangen.

Die Granaten und ihre harmloseren Geschwister, die Shrapnells, lehrten manchen kühn Vorstürmenden die Erde zu küssen; seine Kameraden wankten nicht. Laß fallen was will! — mochte der Freund oder Nebenmann brechenden Auges im Tode ringen, — sie wollten die Schanze haben. Es prickelte sie, die Wucht der Kolben an den Köpfen der hinter ihrem Erdaufwurf festsitzenden Gegner zu erproben.

Offiziere und Unteroffiziere fielen oder wurden verwundet weggeführt; — schad't nichts —, die Gegner müssen 'raus!"

Und nun endlich war es soweit.

Noch einmal Schnellfeuer — dann: „Auf! — Hurra — hurra!"

Von allen Seiten klommen die 44er in konzentrischem Angriff die Schanzenböschung hinan.

Die Franzosen wollten nicht weichen. —

„Wat Du wellst nich, Beskret? — Na, wacht!" — Niedersausten die Kolben; das Bajonett fand des Franzmannes Herz. —

„Dat flutscht beter!" sagten die Ostpreußen, wie ihre Vorväter bei Großbeeren.

So war wenigstens für den Augenblick die Arbeit gethan. Der zähe Gegner floh nach dem nahen Dorf und hinterher prasselte das Schnellfeuer unserer Infanterie. —

Doch leider entlastete dieser auf dem äußersten linken Flügel des Feindes von den 44ern endlich errungene Erfolg unsere im Bois de Hangard und Gentelles ringenden Bataillone durchaus nicht in der gehofften Weise. Und die um Villers-Bretonneux versammelten Streitkräfte des Feindes, unter denen sich überaus tüchtige Marine-Infanterie befand, schickten sich sehr bald an, die genommenen Verschanzungen in ihren Besitz zurückzubringen. Unsere siegreich in das Werk eingedrungenen Kompanien dagegen mußten im tollsten Feuer wie die Maulwürfe arbeiten, um die nach rückwärts offene Schanze durch einen schnell aufgeworfenen Erdwall gegen das Feuer von Villers-Bretonneux her nur einigermaßen zu sichern.

Während hier jeder Spaten, jede Flinte gebraucht wurde, um das Gewonnene nicht aufgeben zu müssen, sah es im Gehölz von Hangard und weiter westlich noch böser für uns aus.

Reserven waren nicht einzusetzen, der Feind dagegen gewann in stets erneuten Vorstößen immer mehr Boden und endlich brach er mit starken Kolonnen gegen den Wald von Hangard vor.

Obgleich sich die westlich des Waldes abgeprotzte 1 te schwere Batterie gegen den anstürmenden Feind geradezu selbst übertraf, vermochten doch die tapferen 4 er dem gegnerischen Anprall nicht länger zu begegnen. Die 7 te und 8 te Kompanie hatten sich in treuem Ausharren langsam verblutet; fast ihrer sämtlichen Offiziere beraubt, mußten sie den östlichen Teil des mehr erwähnten Waldes aufgeben und kämpfend auf Demuin zurückgehen. —

General von Bentheim hatte in dieser Minute auch nicht einen Mann, den er hätte in die entstandene Lücke schieben können. Immer wieder sprengten Adjutanten und Ordonnanzen rückwärts, um das an der Spitze des anrückenden Gros befindliche Regiment Kronprinz zur höchsten Eile zu mahnen.

Und endlich, endlich! Gerade als die Not am größesten war, donnerte es von Demuin aus daher.

Artillerie?

Nein! — Aber artilleristische Gefährte. Auf Protzen und Wagen kam es die Höhe in der Karriere heraufgerasselt.

Hurra, Infanterie! —

Ein Zug des Regiments Kronprinz springt von den Fahrzeugen und stürzt sich vom Fleck weg gegen die Flanke des Feindes, im östlichen Teil des Bois de Hangard.

9*

Glaubtet ihr schon die Schlacht gewonnen, meine Herren Franzosen?

Nein, so leicht geht das nicht! Nehmt erst einmal die Visitenkarten der Kronprinz-Grenadiere. Sie sind scherzhafte Leute, lieben es, den Gegner von der Seite zu kitzeln. Und wartet noch einen Augenblick! Gleich sollt ihr auch wieder einem Gegner ins Weiße des Auges schauen dürfen.

Schon nahen drei Kompanien desselben Regiments im Laufschritt. Sie wollen auch ihr Teil haben am Siegeslorbeer.

Nun sind sie da, die braven Grenadiere, welche den letzten Atem dran gesetzt haben. Hinein geht's in den Busch und mit dem Bajonett fegen sie diesen Wald vom Feinde rein, der so viel kostbares deutsches Blut getrunken. — — —

Als sich der Tag zu neigen begann, donnerte auch die angelangte Korpsartillerie dem Feinde sehr verständlich von Stellung zu Stellung ihr „Rückwärts“ zu. Die Kronprinz-Grenadiere aber rissen die nächstliegenden Abteilungen des 4ten Regiments mit fort und alles drängte gegen Villers-Bretonneux; denn jede Minute war nun kostbar, sollte die Nacht nicht als Retterin des Feindes dazwischentreten.

Das sagte sich auch das Halbbataillon von Brand, welches westlich von Marcelcave heranmarschierte, als es durch die Offiziere der 2ten Eskadron ostpreußischen Dragoner-Regiments erfuhr, daß sich die 44er in der Schanze bei Villers-Bretonneux fast völlig verschossen hätten, und jede Minute den Verlust dieser teuer erkauften Stellung bringen könne. Vorwärts eilte das Bataillon.

Da kam sie daher, die erste feindliche Granate und bei der Fahne saß sie, — wie angepaßt. Das waren die Marine-Artilleristen.

Ein Bravo dem Feinde!

Aber noch höher und stolzer wie zuvor flatterte unsere Fahne, und wie die 44er vorhin sagten: „Wir wollen die Schanze!“ so sagten die Kronprinz-Grenadiere jetzt: „Das Dorf muß unser sein!“

Vier östlich des Bois de Morgemont in Stellung gebrachte Batterien der Korps-Artillerie geigten dem gegen die Brücke von Villers-Bretonneux zurückgedrängten Feinde auf, daß ihm die lüsternen Blicke nach der Schanze allmählich vergingen. Dazu spieen 10 Geschütze der Kavallerie-Division Gröben von Osten her — flankierend — Tod und Verderben in die sich vor dem südlichen Ausgang des Dorfes stauenden Reihen des Gegners.

Jetzt waren die Kronprinz-Grenadiere und die vom Bois de Hangard vorgedrungenen gemischten Kompanien nahe der zäh verteidigten massiven Bahnbrücke. Ein wahrer Wettlauf begann.

Dabei mußte Hauptmann Preinitzer mit seinen Brummern auch sein. — „Kartätschen schmeiße ich den Hunden in die Fresse!" rief er laut, dann hieß es: „Zum Avancieren — protzt auf!" und im „Marsch — marsch" ging die Batterie bis auf 300 Schritt gegen die Brücke vor. Wie sie mit den Protzen herumflogen, die Preinitzerschen Jungen, wie prompt die ersten Schüsse ihren vernichtenden Eisenhagel über die Brücke sandten!

Aber halt und stopp! Schon geht es hinter und neben der Batterie: ram — tam, ram — tam.

Die Grenadiere wollen das Dorf haben.

Nein! die 44er müssen die ersten sein! Marsch — marsch! — Hurra — hurra!

Villers-Bretonneux war genommen. Die Franzosen verschwanden unter dem Schutz einer schnell gekommenen Nacht vor den Bajonetten des Siegers in fast rätselhafter Weise.

Als die 2te Eskadron der 10ten Dragoner, welche sich der Queue des stürmenden Halbbataillons von Brand angeschlossen hatte, gleich hinter der Eisenbahnbrücke rechts abbog und den Flecken östlich in der Hoffnung umging, dort noch zur Attacke zu kommen, nahm gerade das nahe Bois de Belley die letzten, sonst vielleicht noch erreichbaren Rothosen auf. Die Eskadron bezog deshalb nach Aussendung von Patrouillen bei völlig eingetretener Dunkelheit in einer Schäferei des genommenen Fleckens Quartier. Premierleutnant von R., den wir am Morgen die Schlacht gewissermaßen eröffnen sahen, legte sich, obgleich es dann und wann noch unsern knallte, schon zeitig in einem Riesen-Himmelbett zur Ruhe, und wenn schon er die Lagerstatt mit jemanden teilte, so träumte er doch süß von den Lieben daheim. Es war der Verfasser dieses Buches, welcher jenen schönen Schlaf an der Seite des liebenswürdigen Schwadronsarztes that, und er ließ sich darin auch nicht stören, als mitten in der Nacht ein versteckt gewesener Franzose mit Sack und Pack durchs Zimmer zu schleichen versuchte, aber bei dieser Gelegenheit von einem Sergeanten abgefaßt wurde. Man muß im Felde Vorrat zu schlafen wissen, wenn Zeit und Gelegenheit dazu vorhanden.

Auf dem äußersten rechten Flügel hielt man die Schlacht für glänzend gewonnen. Ob dieses den Thatsachen entsprach, werden wir im nächsten Kapitel sehen.

III.

Die Schlacht von Amiens (27. November).

Beim VIII. Korps.

Die vor Amiens vorausgesehene Schlacht war seitens des Oberkommandos der ersten Armee eigentlich erst für den 28., und zwar der Hauptsache nach vor der Front des VIII. Korps erwartet worden. Es schien unserem Generalstab wenig wahrscheinlich, daß General Farre, der damalige Führer der feindlichen Nordarmee, es wagen würde, seine wenig festgefügten Truppen — den Sommefluß im Rücken — einem ernsten Engagement auszusetzen.

Aus dieser Ansicht entsprang der am 26. November erlassene Armeebefehl: „Das VIII. Armeekorps schiebt sich morgen in das Terrain zwischen Noye und Celle-Abschnitt und zwar mit den Avantgarden auf die Linie Hébécourt—Sains—Fouencamps. Gegen Amiens sind Patrouillen vorzutreiben."

Dieser Befehl bedeutete für die 7te und 10te Kompanie des 68ten Regiments und das Füsilier-Bataillon der 28er, welche am Nachmittag des 26. Domart genommen und die dann alle Vorstöße des Gegners mutig zurückgewiesen hatten — das Darangeben eines schwer errungenen Erfolges. Doch ohne Murren fand man sich in den Gedanken, nächsten Tages anderen Waffenbrüdern den Platz räumen, in dem naßkalten nebeligen Hundewetter aber noch die Nacht über den Sicherheitsdienst leisten zu müssen.

Glücklicherweise hinderte der überaus dicht fallende Nebel die Franzosen mindestens ebenso sehr, während der Nacht etwas zu unternehmen, als unsere felddienstgewandten Leute. Es verstrichen den vorwärts Domart aufgestellten Vorposten der Infanterie die ohne Feuer und Wärmemittel fast unerträglich langen Stunden, und der neue Tag begann heraufzudämmern.

Damit war der Augenblick gekommen, wo es, dem Armee-Befehl des Herrn General von Manteuffel gemäß galt, in Gestalt von Patrouillen Fühler gegen den Feind vorzutreiben.

Seitens der 2ten Eskadron der Königs-Husaren, welche unter Rittmeister Graf Pourtalès für die Nacht in Domart Unterkunft gesucht hatte, waren den Feldwachen kleinere Husaren-Kommandos als Melde- und Patrouillenreiter zugeteilt.

Bei einer Feldwache der 28er nordwestlich Domart waren dem jugendlichen Fähnrich von Jagow eine Anzahl Pferde zu obigem Zweck anvertraut.

Nachdem derselbe mit Hingabe während der Nacht seines Dienstes gewaltet, erhielt er, halb erstarrt durch Nässe und Kälte, seitens des Feldwachkommandeurs den Befehl, mit zwei Husaren gegen Boves vorzugehen.

„Und lauerte in diesem grauen Nebelmeer der Tod", — jubelte Jagow auf — „der Ritt wird mein gerinnendes Blut mindestens vorher in Bewegung bringen!" —

Vorwärts ging es — Berteaucourt links liegen lassend — mit offenen Augen und Ohren der mißlichen Aufgabe entgegen.

Ohne auch nur ein verdächtiges Geräusch zu vernehmen,

gelangte der Fähnrich bis in die Höhe von Boves, wo er plötzlich eine dunkele Linie zu sehen vermeinte.

Vorsichtig ritt er für seine Person vor.

Schritt für Schritt kam er dem verdächtigen Wall näher, und eben hatte er denselben für einen sorgfältig aufgeworfenen Schützengraben erkannt, da blitzte es vor ihm und seitwärts auf.

Sein Pferd machte einige krampfhafte Sätze, dann brach es verendend zusammen. Aber ein guter Husar ist fix auf den Beinen, und Jagow hatte die Schule der Königshusaren.

Schon brüllten die aus dem Schützengraben springenden Rothosen Triumph, da war der wackere Sprosse der Mark auf seinen Beinen, und nun sahen die Franzosen, daß wir Deutschen, wenn es darauf ankommt, auch ordentlich laufen können. Wohl ward Jagows Mantel von mehreren Kugeln durchlöchert, aber noch war es nicht völlig Tag, da meldete schon der junge Patrouillenführer bei seiner Feldwache: „Boves ist vom Feinde besetzt und Schützengräben ziehen sich gegen Nordosten quer über die Straße von Moreuil—Amiens."

Diese weitergegebene Meldung sagte zwar der 15ten Division, daß die feindliche Stellung vom vergangenen Abend noch unverändert sei, allein es half nichts. Mochte auch für den Augenblick bei Domart eine mehrere Kilometer breite Lücke entstehen, es galt dem Befehl des Oberkommandos Folge zu leisten, d. h. über Avre und Noye links abzumarschieren.

Gegen 9 Uhr versammelte General von Strubberg die 30te Brigade am Westausgange von Hailles und befahl den Vormarsch.

Es wandten sich das 2te und das Füsilier-Bataillon des 28ten Regiments mit der 3ten Eskadron der Königs-Husaren gegen Fouencamps, um dort die Deckung zu übernehmen, während der Rest der Brigade unter ihrem Kommandeur nach Dommartin marschierte und dort eine abwartende Stellung einnahm.

Sie sollte daselbst nicht lange unthätig harren. Die über die Noye vorgesandte 2te Eskadron Königshusaren hatte Cottenchy unbesetzt gefunden, meldete jedoch, daß das Gehölz von Le Paraclet durch starke feindliche Infanterie-Abteilungen besetzt sei, welche die auf dem rechten Roye-Ufer unter Oberst von Rosenzweig über Fouencamps hinaus vorgegangene Kolonne durch ein lebhaftes Flankenfeuer gezwungen, teilweise gegen die Bahn Front zu machen.

Unter diesen Umständen und da das in der Gegend von Fouencamps immer gewaltiger rollende Gewehrfeuer eine noch verständlichere Sprache redete, befahl General von Strubberg dem 68ten Regiment, die Noye zu überschreiten und den Feind aus dem Gehölz bei Le Paraclet zu vertreiben.

Damit wurde das Gefechtsfeld der 30ten Brigade in einem gewiß nicht leichten Entschluß, auf die durch die unpassierbare sumpfige Noyeniederung getrennten Ufer dieses Flusses verlegt und eine höchst vorsichtige Verwendung der Reserven ward bei diesem getrennten Auftreten der Bataillone geboten.

Während deshalb das 68te Regiment gegen den Wald westlich der Noye vorging und die 2te Eskadron der Königshusaren mit der 29ten Brigade Verbindung hielt, begab sich General von Strubberg persönlich zu seinem ernstlich engagierten rechten Flügel bei Fouencamps.

Hier übersah er schnell die Gefechtslage. Die 28er waren in der Front gegen den südlich St. Nikolas in Schützengräben gedeckt liegenden Gegner verbissen, hatten nach der rechten Flanke gegen das stark besetzte Bois de Gentelles Front machen müssen und führten ein lebhaftes Feuergefecht gegen feindliche Kompanien, welche das Gehöft von Le Paraclet besetzt hielten.

Hier galt es zunächst Luft zu schaffen, und General von Strubberg irrte sich nicht in dem Mittel, welches er zu diesem Zweck ergriff:

„Geschütze vor!“

Ein schnell vorgezogener Zug der 1ten schweren Batterie protzte nordwestlich Thézy ab und einen Augenblick darauf machten unsere unfehlbaren, beim Durchschlagen der Mauern regelmäßig krepierenden Granaten den Herren Franzosen drüben den Aufenthalt im Gehöft zur Hölle. Bald huschten sie nach rückwärts hinaus und der Wald von Boves nahm sie auf.

Wohl war das Gefechtsfeld der 30ten Brigade durch den Fluß getrennt, nur wenige rückwärts gelegene Brücken vermittelten die Verbindung zwischen den beiden Angriffskolonnen, aber das that nichts. Ein Geist und ein Gedanke lebte in allen Führern — wie er die gesamte Armee durchweht: „Die Pflicht über alles!“ welche die Selbstverantwortung an jeder leitenden Stelle zeitigt.

Dieser Geist der deutschen Armee hatte die Schritte der gegen Le Paraclet vorgegangenen 68er beflügelt, und kaum war von unseren Granaten dem Franzmann in seinem Gehöft die Lust vergällt, hier weiter mitzuspielen, so waren auch unsere Rheinländer drüben zur Stelle. Und so schnell wie die Franzosen verdufteten, nisteten sich die 2te und 3te Kompanie der 68er in dem Gehöft ein. Bald knallte es aus schnell gebrochenen Scharten, von den Mauern und zwischen den Dachsparren hervor nach rückwärts gegen den Wald. Zugleich besetzte die 11te Kompanie den wichtigen Übergang bei Cottenchy.

General von Strubberg, welcher die Überzeugung gewonnen hatte, daß die Entscheidung auf dem linken Noyeufer lag, war eben im Begriff, sich hinüber nach der Hauptangriffsfront zu begeben, als ihn die Meldung erreichte, das I. Korps ringe in einem erschöpfenden Gefecht gegen den in der Linie Villers-Bretonneux—Cachy übermächtig stehenden Feind und das VIII. Korps sei seitens des Armee-Ober-Kommandos aufgefordert, in den Kampf jenseits der Avre nach Möglichkeit einzugreifen.

Gegenüber dieser Sachlage hieß es für den Kommandeur der 30ten Brigade einen Entschluß unter eigener Verantwortung zu fassen. Befehle seitens des Generals von Göben, wie des mit der 29ten Brigade marschierenden Divisionskommandeurs Generals von Kummer fehlten, aber mahnend und fordernd klangen von Osten her die Artilleriesalven herüber.

Und der Geschützdonner bewies seine in der deutschen Armee herkömmliche, unwiderstehlich magnetische Kraft. General von

Strubberg entschloß sich, mit allen seinen Kräften gegen Boves und St. Nikolas vorzugehen, um damit zugleich die Rückzugslinie des vor Cachy kämpfenden Feindes zu gefährden.

Dahin sprengten die Adjutanten und Ordonnanzen.

Die 2te schwere Batterie fuhr östlich Fouencamps auf und nahm St. Nikolas unter Feuer. Oberst von Rosenzweig überschritt mit seinen 28ern die Avre, wo sich die beiden Bataillone neben dem Eisenbahnwall gegen das massiv gebaute Dorf entwickelten. Allein ein Vordringen war fürs erste unmöglich. Das Bois de Gentelles und die nach Südwesten schroff abfallende Höhe vor demselben lag gleich einer feuerspeienden Redoute in der rechten Flanke.

Indessen dem Auge des Generals war dieser Umstand nicht entgangen. Schon nahte das schnell herangezogene Füsilier-Bataillon des 68sten Regiments und setzte sich — gegen die feindlichen Schützen vor dem Bois de Gentelles einschwenkend — auf den rechten Flügel der 28er.

Als Oberst von Rosenzweig in solcher Weise seine rechte Flanke gesichert sah, auch zu gleicher Zeit auf dem linken Noye-ufer ein umfassender Angriff auf Boves eingeleitet wurde, führte er seine Bataillone gegen St. Nikolas vor.

Da das Gelingen dieser Bewegung in erster Linie von dem Erfolg der 68er drüben abhing, so dürfte es notwendig sein, sich umzusehen, wie sich jenseits der Noye die Verhältnisse entwickelt hatten.

Es ist uns nicht entgangen, wie geschickt die 2te und 3te Kompanie des 68sten Regiments unter Ausnutzung des Augenblicks das Gehöft von Le Paraclet besetzte. Die Schwester-Kompanien dieses Regiments erwiesen sich nicht weniger gewandt. In frischem Draufgehen drangen sie in den östlichen Teil des Waldes von Boves und trieben die hier klebenden Rothosen mit dem Bajonette vor sich her. „Im Walde von Baum zu Baum hat das viele und zeitraubende Knallen ja doch keinen Zweck", sagten sich die 68er und gingen mit dem Elan darauf los, den vor dem Feldzuge französische Schriftsteller als beinahe ausschließliches Attribut ihrer Infanterie gerühmt hatten.

Jetzt reckten Verhaue den Vordringenden ein Chaos von Ästen und Zweigen entgegen, hinter dem es überall hervorblitzte und krachte.

Einen Augenblick stutzten die aufgelösten Schützen, da warfen sich die Offiziere voraus, wiesen mit der Degenspitze nach vorwärts und — „Hurra! — Hurra!“ —

Was wäre diesen Braven unmöglich gewesen!

Zwanzig Hände griffen zu; ein Ruck gemeinsamen Wollens, bei dem die Erregung die Kräfte verdreifachte, und — zahlten auch einige Musketiere das kühne Beginnen mit dem Leben — die Kameraden vermochten durch die geschaffene Lücke hindurchzuquellen.

Der Feind wich.

Nein, er raffte sich auf — begann sich, unter dem glänzenden Beispiel eines alten graubärtigen Kapitäns, der fluchend auf einen Baumstumpf sprang und aus seinem Revolver gegen den schmalen Strom des vorbrechenden Gegners feuerte, zu schämen.

Die Chassepots flogen an die Hüfte, und — der Bleihagel fegte über die Köpfe der Deutschen hinweg.

„Unteroffizier Seelemacher, dort den Offizier!“

„Befehlen, Herr Hauptmann!“

Das Zündnadelgewehr that seine Schuldigkeit. — Schade um den Braven. Erst entsank ihm der Revolver, dann drehte er sich halb rückwärts und das im Niederstürzen brechende Auge ruhte vorwurfsvoll auf seinen fliehenden Leuten. —

„Vorwärts! — Laßt sie nicht zur Besinnung kommen!“

Weiter ging das Treibjagen. Nichts hielt die Musketiere auf; weder Gestelle noch Blößen, auf denen der Sensenmann jedesmal zur sicheren Ernte bereit stand.

Sie hatten auch alle Eile, denn deutlich drang aus ihrer linken und rechten Flanke deutsches Hurra herüber. Die beiden Kompanien, welche vorher das Gehöft von Le Paraclet besetzt und die jetzt gegen Boves vorgingen, versuchten, ihnen zuvorzukommen. —

Wahrlich, kühn waren die Bataillone der 30ten Brigade vorgegangen, allein schwerlich hätten sie in dem zur Verteidigung wohl eingerichteten, stark besetzten Boves und am Ruinenberg den Siegeslorbeer gepflückt, wenn nicht das Auge des viel bewährten Generals von Kummer darüber gewacht hätte, daß die 29te Brigade zur rechten Zeit am richtigen Ort die Entscheidung zu bringen vermochte.

Der Divisionskommandeur hatte, wie wir wissen, bereits vom Rendezvous-Platz bei La Neuville die beiden Musketier-Bataillone des 65sten Regiments mit der 1ten Eskadron Königshusaren auf St. Fuscien vorgesandt und war dann mit dem Gros gegen Sains gefolgt. Als der General kurz nach Mittag in diesem Orte eintraf und sich durch Augenschein und eingegangene Meldungen über den Verlauf des Gefechtes auf seinem rechten Flügel genaue Kenntnis verschafft hatte, ließ er aus dem Gros das Füsilier-Bataillon des 65sten Regiments nebst der 3ten und 4ten Kompanie der 33er zur Unterstützung gegen Fouencamps vorgehen. Zugleich sandte er das 2te Bataillon des 33sten Regiments mit der 1ten leichten Batterie nach le Cambos Ferme, um dort auftauchenden feindlichen Kolonnen entgegenzutreten.

Sehr bald nach Erteilung dieser Befehle, ward indessen der erwähnten, gegen Fouencamps dirigierten Kolonne ebenfalls die Richtung auf Boves gegeben. Man sah, die 68er wurden im Walde von le Paraclet allein fertig; es galt also jede Flinte vor der feindlichen Hauptstellung in Thätigkeit zu bringen.

Nachdem General von Kummer sodann persönlich gegen Boves, diesen Schlüssel der feindlichen Stellung, rekognosciert hatte, erteilte er auch dem 3ten Bataillon des 33sten Regiments und der 2ten leichten Batterie Befehl, sich dem geplanten allgemeinen Angriff anzuschließen.

Gegen 3 Uhr umklammerte dieser waffenstarrende Halbkreis deutscher Truppen die feindliche Stellung St. Nikolas—Boves—Ruinenberg immer enger.

Die unter dem Schutz der 7ten Kompanie der 33er südwestlich Boves abgeprotzte 1te leichte Batterie verleidete dem Feinde nicht nur durch ihre unausstehliche Treffsicherheit jede Lust, irgendwo offensiv vorzugehen, sondern einige Granaten, die kurz hintereinander mitten in einem auf dem Dorfanger haltenden Mobilgarden-Bataillon krepierten, schufen eine solche Panik bei dieser Gesellschaft, daß sich dort, in dem Augenblick der höchsten Gefahr für die Verteidigung, Scenen abspielten, welche in der deutschen Armee glücklicherweise unmöglich sind. Die „Gewehr bei Fuß" stehenden Helden vom großen Maul stoben einfach nach allen Richtungen auseinander, als der zweite Eisenhagel mehrere Rotten niederriß. Der Führer des Bataillons wollte die Feiglinge mit der blanken Klinge zu ihrer Pflicht zurückbringen; da fielen Schüsse aus den Reihen der Ehrlosen und der Kommandeur hauchte sein Leben unter französischen Kugeln aus!

Unter solchen Umständen ist es nicht wunderbar, daß der unwiderstehlichen Energie, mit welcher 33er, 65er und 68er gegen den fast uneinnehmbar scheinenden Ort umfassend anstürmten, auch der Siegeslorbeer zum Preise ward.

Der Ruinenberg wurde genommen und von allen Seiten drangen die Kompanien in Boves ein. Der entmutigte Feind floh, über 400 Gefangene in den Händen des Siegers lassend, unter dem Schutz seiner Artillerie auf Amiens zurück. —

Nicht lange, bevor auf dem linken Noyeufer durch die 29te Brigade in Gemeinschaft mit den 68ern der entscheidende Stoß gegen Boves geführt wurde, hatte auf dem anderen Ufer des Flusses Oberst von Rosenzweig seine 68er, deren rechte Flanke das Füsilier-Bataillon desselben Regiments gegen das Bois de Gentelles schützte, zum Sturm auf St. Nikolas und dessen Bahnhof geführt. Mit der die Franzosen auszeichnenden Gewandtheit im Dorfgefecht war jede Mauer der Angriffsfront für die Verteidigung eingerichtet. Aus unzähligen Scharten, von förmlichen Galerien in den massiven Dachungen pochte es hervor. Bald lief eine grauweiße Dampfwolke gleich einer Riesenschlange den Dorfrand entlang, bald schienen nur in einzelnen Gebäuden des Ortes alle Dämonen der Hölle entfesselt.

Glücklicherweise war ein gütiges Geschick wiederum mit den Unseren. Das trübe, dunstige Wetter drückte den Pulverdampf nieder. Den Verteidigern wurden unsere Kompanien zeitweise völlig entzogen und nur, wo der hin und her wallende Dampf vor einem Lufthauch emporwirbelte, erblickte der Feind unsere die Höhe stetig herauf avancierenden Sturmkolonnen. Das in Fleisch und Blut unserer Armee übergegangene „Vorwärts" des alten Blücher, der offensive Geist, welcher unser Vaterland damals aus tiefer Schmach errettete, führte auch heute zum Siege.

Während noch die Granaten der 3ten schweren Batterie den Feind hinter seinen Deckungen mit einem Hagel von Eisen, Steinen, Balken und Splittern überschütteten, gellte den Franzosen schon das „Hurra" der Deutschen in die Ohren.

Nicht überall glückte der Sturm sofort. Östlich des Bahnhofes flutete sogar eine kleine führerlos gewordene Abteilung nach der abfallenden Höhe zurück. Aber die Augen des Obersten von Rosenzweig waren überall. Nichts ist ansteckender als solch teilweises Rückwärtsgehen während der Entscheidung. Das durfte nicht sein! — Wen damit betrauen, die Leute von neuem zu ordnen und vorzuführen?

Ah, da hielt ja unfern in einer Senkung ein Zug der Königshusaren.

„Herr Leutnant, bitte, holen Sie mir die Kerle zurück!"

Was könnte ein tüchtiger Husar nicht! — Dahin stob Leutnant Bürgers zu dem kopflosen Häuflein.

„Halt! — Front!" donnerte er ihnen zu und einen Augenblick später führte er die schnell Geordneten mit gezogenem Säbel in das Dorf, dessen Besatzung vor den Unseren langsam von Gehöft zu Gehöft zurückwich. —

St. Nikolas war in unserem Besitz. Leider mußten sich die 28er damit begnügen, das Errungene festzuhalten, indem sie sich im Nordrande des Ortes zur Verteidigung einnisteten.

Nach Wegnahme von Boves wurde das freilich anders.

Das 3te Bataillon der 33er kam über die Avre und folgte dem fluchtartig auf Longueau abziehenden Gegner. —

Die 15te Division hatte somit den Feind aus seinen vorbereiteten Stellungen geworfen, aber eine zahlreiche feindliche Artillerie, welche östlich und westlich von Longeau zur Aufnahme der geschlagenen Truppen etabliert war, trat den 33ern so energisch entgegen, daß man bei sinkender Sonne den Eindruck gewann, der kommende Morgen werde vor Amiens noch härtere Arbeit bringen.

Und da diese Überzeugung noch dadurch gestärkt wurde, daß bei Einbruch der Nacht aus dem Bois de Gentelles dichte Kolonnen in der Richtung auf Domart hervorbrachen, so zog General von Kummer seine Truppen unter dem Schutz von Vorposten nach Fouencamps und Boves zurück.

Empfingen die Herren Rothosen nicht genug der Schläge, die eiserne Rute sollte für den kommenden Morgen bereit stehen!

Wir haben gesehen, wie es der 15ten Division unter General Kummer geglückt war, der vom Oberkommando erhaltenen Direktive gemäß, durch die Wegnahme von Fouencamps mindestens indirekt auch das I. Korps, beziehungsweise die 2te Infanterie-Division zu unterstützen. Dagegen sah sich die 16te Division, unter General von Barnekow, auf dem äußersten linken Flügel in ein völlig gesondertes Gefecht verwickelt.

Auf und östlich der großen Straße gegen Hébécourt in zwei Kolonnen vorgehend, hatte die 32te Brigade dieses Dorf besetzt gefunden. Die rechte Flügelkolonne entsandte deshalb von Rumigny aus 5 Kompanien des 40ten Regiments zur Wegnahme des Ortes. Dieser Angriff ward durch das 1te Bataillon der 70er unterstützt, welches als Vorhut der linken Kolonne, auf der großen Straße vorgehend, feindliche Abteilungen aus St. Sauflieu vertrieb und denselben in stetem Vorwärtseilen auf Hébécourt folgte.

Vor diesem glücklich zusammentreffenden Angriff der 40er und 70er wichen die Franzosen eilig aus dem Dorf nach dem Bois de Dury zurück.

Bei dieser Gelegenheit war es, wo sie in dem Eifer das schützende Gehölz zu erreichen, Bekanntschaft mit preußischen Husarensäbeln machten. Die 1te und 4te Eskadron des 9ten Husaren-Regiments hatten den Grund zwischen Hébecourt und Buyon in der Hoffnung abpatrouilliert die Infanterie werde ihnen einen guten Bissen zutreiben. Und, sieh da! Gerade als die Husaren unbemerkt nordwestlich des Ortes angelangt waren, verließen die beiden letzten Kompanien der Rothosen auf eiligen Sohlen Hébecourt. Das war so etwas nach dem Geschmack unserer Kavalleristen! — Wahrt euch Franzosen! Der alte Husarengeist Joachims von Ziethen bereitet euch jetzt eine böse Viertelstunde. — Herauf dröhnt es aus dem Grunde und nun — sind sie da.

„Raillez — raillez!“

Du mühst dich umsonst, armer Capitain; das ist nur Pack! — „Drauf auf die Hunde!“ donnert bei den Husaren eine gewaltige Stimme; dann heißt's: „Marsch — marsch! — Hurra! —“

Das ist eine frische fröhliche Jagd: — Hier spaltet ein Hieb mit dem Käppi den Schädel, dort schlägt die Klinge gewandt das Bajonett hernieder und entfesselt, schnell von neuem gezückt, den warm rinnenden Lebensquell in des Gegners Brust. Mit dem ist er fertig; wo ist ein anderer Gegner?

Halt, — so haben wir nicht gewettet! Ihr Kanaillen wollt meinem Leutnant ans Leben? Da soll euch das heilige Wetter einschlagen!

Drei Sätze des Braunen, — ein Franzose rollt überritten am Boden, den zweiten trifft ein Stich zwischen die Schulterblätter; da sinkt der brave Retterarm. Eine Kugel in den Kopf, — ein schneller, schöner Reitertod. Was will der Husar noch mehr?

So wogt es wild durcheinander, bis das feindliche Feuer vom nahen Walde ein schnelles Einheimsen der Früchte gebietet. Fast 200 Gefangene führten die Husaren als Siegesbeute rückwärts. —

Kaum war diese Arbeit gethan, so gingen die in Hébecourt eingedrungenen Bataillone gegen den Wald von Dury vor und Dank einer Flankenbewegung, welche die 10te und 11te Kompanie des 70ten Regiments von Westen her unternahmen, gaben die durch Schaden Kluggewordenen auch hier bald Fersengeld.

Immer am Feinde folgte die 32te Brigade bis an den Nordrand des Waldes von Dury. Hier aber erhielt das an die Spitze vorgezogene 40te Regiment ein so lebhaftes Feuer aus dem nördlich des Ortes gelegenen Kirchhof und mehreren dahinter aufgeworfenen Schanzen, daß der zur Stelle befindliche General von Göben den Eindruck empfing, der Gegner beabsichtige erst in dieser Linie eine nachhaltige Verteidigung.

Vier nach und nach auf die Höhe des Dorfes vorgezogene Batterien, zu denen später noch die reitenden Batterien der anlangenden Korps-Artillerie traten, vermochten die Sachlage in andauerndem Geschützkampf nicht günstiger zu gestalten.

Die Marine-Infanterie und -Artillerie, welche die Erdaufwürfe verteidigte, waren eben vollwertige Truppen. Sie saßen fest, und mehr noch wie vor der 15ten Division schien es, als müßte erst der kommende Tag hier endgültige Entscheidung bringen.

Unter Festhaltung der eroberten Abschnitte bezog die 32te Brigade südlich Dury Biwaks, bereit, jeden Augenblick von neuem das Gewehr zur Hand zu nehmen. Hinter diesen im Gefecht gewesenen Truppen rückte die 31te Brigade in und um Hébecourt in Alarmquartiere.

Am kommenden Tage mußte es auch für sie Arbeit geben!

Nun, sie wollten schon dafür sorgen, daß sie die nächste Nacht zu Amiens in guten Betten lägen.

IV.

Bis ans Meer!

Wie im Hauptquartier des Generals von Manteuffel nach Rückkehr vom Gefechtsfelde bei Gentelles die Lage der ersten Armee am Abend des 27. November angesehen wurde, beweist am besten der Armeebefehl, welcher von Moreuil aus erging, und der also lautete:

„In der heutigen siegreichen Schlacht vor Amiens ist die zwischen Somme, Avre und Celle im Vorrücken begriffene feindliche Armee auf beiden Flügeln in der Richtung auf Amiens mit Verlust von mehreren tausend Verwundeten und Gefangenen zurückgeworfen. Ich spreche der Armee meinen Dank aus und werde Seiner Majestät dem Könige Meldung von der wiederum an den Tag gelegten Tapferkeit erstatten.

„Es hat sich ergeben, daß vor Amiens Verschanzungen liegen, deren Rekognoszierungen notwendig sind. Demnächst bestimme ich: Das VIII. Armeekörps befestigt seine dem Feinde abgenommene Stellung, Front gegen Amiens, und hält sich außerdem bereit, mit einer Division nach rechts hin einzugreifen, falls das I. Armeekorps gegen den zwischen Avre und Somme stehenden Feind engagiert wird.“ —

Glücklicherweise hatten die den Franzosen besonders vor Villers-Bretonneur erteilten Schläge so eindringlich gewirkt, daß General Farre es nicht für ratsam hielt, es mit dem Sommefluß im Rücken noch auf eine weitere Probe ankommen zu lassen. Viele seiner Mobilgarden-Bataillone waren vollständig demoralisiert, warfen die Waffen weg und verliefen sich.

Schon während der ersten Nachtstunden gegen Corbie abgesandte kleine Patrouillen des ostpreußischen Dragoner-Regiments Nr. 10 brachten eine ganze Anzahl völlig entmutigter Gefangener nach Villers-Bretonneux. Und auf dem linken Flügel, wo General von Göben mit seinem klaren Auge wachte, hatte man es schon vor Tagesanbruch heraus, daß der Feind die alte Hauptstadt der Picardie in aller Stille aufgegeben. Der mit seiner Eskadron gegen Amiens vorgesandte Rittmeister von Niesewand der Königs-Husaren hatte die Stadt geräumt, die Zitadelle dagegen besetzt gefunden!

Infolge dieser höchst willkommenen Nachricht rückte General von Göben gegen Mittag des 28. November mit der 16. Division in Amiens ein und die übrigen Truppen der ersten Armee durften sich in ihren bisherigen Stellungen ausdehnen und bequemer einrichten.

Ein schöner Erfolg war errungen. Gegen 2000 Verwundete und unverwundete Gefangene nebst 40 Geschützen fielen uns in und mit der Schlacht von Amiens als Beute zu. Noch wichtiger aber war der moralische Erfolg, welcher durch die Besetzung von Amiens auf Land und Leute ausgeübt wurde und die Gewinnung dieses höchst wichtigen Eisenbahnknotenpunktes zur Sicherung unserer durch die Wegnahme von La Fère frei gewordenen Eisenbahnverbindungen nach dem Osten.

Deshalb mußte auch mit der Zitadelle kurzer Prozeß gemacht werden. Dieselbe verweigerte unter ihrem energischen Kommandanten am 28. und 29. noch jede Kapitulation. So versuchte man es denn mit einem Überschütten der Wälle durch Infanteriefeuer, allein erst eine am 30. angedrohte artilleristische Beschießung führte zur Übergabe nachdem der Kommandant, die Seele der Verteidigung, am Tage zuvor während des Infanteriegefechts gefallen war.

Eine eigentliche Verfolgung der geschlagenen Armee ward nicht eingeleitet, da, wie sich sehr bald ergab, die französischen Truppen mit Hilfe der Eisenbahn hauptsächlich Schutz hinter den Wällen von Arras gefunden hatten. Es konnte bei dem Oberkommando auch nicht daran gedacht werden, dem Gegner mit der ersten Armee vor die Nordfestungen zu folgen, denn alle Meldungen besagten, daß in der Normandie in und um Rouen, eine mindestens ebenso starke Armee versammelt sei, welche bei einem energischen Vormarsch gegen Paris sehr wohl die dortige Zernierung zu gefährden vermocht hätte.

Für die erste Armee gab es mithin eine neue Aufgabe, die ihr auch vom großen Hauptquartier schon vorgezeichnet war: „Abmarsch nach der Normandie!"

Die Tage nach der Schlacht vom 27. November hatten der Armee im allgemeinen eine wohlverdiente und höchst notwendige Ruhe gebracht. Leute wie Pferde waren stark mitgenommen. Es galt das Schuhwerk in Ordnung zu bringen und bei den Schwadronen den Hufbeschlag zu ergänzen. Da hatten Offiziere, Feldwebel und Wachtmeister alle Hände voll zu thun. Aber das gehört eben zum Vorrecht dieser Stände. Auch mancher Brief mit Siegesberichten ging in diesen Tagen nach der Heimat.

Als nun der Befehl kam, die erste Armee solle sich gegen Westen in Bewegung setzen, war die große Kriegsmaschine wieder bis ins kleinste Gefüge für weitere Aufgaben bereit.

Am 1. Dezember wurde der Vormarsch angetreten. Das VIII. Armeekorps nahm die Richtung auf Poix, das I. Armeekorps marschierte über Breteuil gegen Gournay. Die Kavallerie-Division des General von Gröben blieb, nachdem sie an jedes der beiden Armeekorps ein Kavallerie-Regiment abgegeben, nebst der durch zwei Batterien verstärkten 3ten Infanterie-Brigade in Amiens. General von Gröben sollte mit diesen ihm unterstellten Truppen den Abmarsch der Armee decken, die Ansammlung neuer feindlicher Streitkräfte verhüten und die Bahnlinie Amiens-Laon sichern.

Am 3. Dezember erreichten die Spitzen der in breiter Front marschierenden Divisionen beider Korps den Epte-Abschnitt und erlangten vielseitig Fühlung mit dem Feinde.

Am 4. sollte, auf Befehl des Oberkommandos, das VIII. Korps bis Buchy gehen, während dem I. Korps die Aufgabe wurde, La Haye und Lyons la Forêt zu gewinnen.

Allein die an diesem Morgen auf dem äußersten rechten Flügel des VIII. Korps von Neufchâtel aus in Marsch gesetzte 31. Infanterie-Brigade stieß bereits südlich St. Martin Osmonville auf den Feind, welcher Miene machte, einem weiteren westlichen Vordringen der Deutschen entgegenzutreten. Es mußte die 6te schwere Batterie vorgezogen werden. Die Granaten derselben brachten auch bald Bewegung in den Gegner und als einige Kompanien des 29. Regiments zum Angriff schritten, ging der Feind auf Roquemont zurück, wo ihn unsere 29er jedoch nicht festen Fuß fassen ließen. Ebenso wurden die Franzosen durch eine Seitenkolonne der 31ten Brigade nach leichtem Gefecht aus Bosk le Hard verdrängt.

Aber auch die auf dem linken Flügel des VIII. Korps marschierende 29te Brigade stieß bei ihrem Vormarsch bei Forges und Lissremont (etwas westlich von Forges) auf den Feind, welcher den bewaldeten Höhenzug zwischen den beiden Orten mit stärkeren Kräften besetzt hielt.

Oberst von Los, Kommandeur der Königs-Husaren, welcher die Vorhut führte, ließ, als ein Zug der 3ten Eskadron seines Regiments vor Forgettes aus den Waldparzellen zu beiden Seiten der Straße Feuer erhielt, seine Infanterie und Artillerie zunächst kurze Zeit halten und befahl seinen flinken Husaren schleunige weitere Aufklärung. Wie Bienen schwärmten dieselben aus, der Höhe zu, aber aus allen Büschen und Gehöften blitzte es ihnen entgegen.

Während die Kavallerie-Patrouillen Sicherheit über Umfang und Ausdehnung der feindlichen Stellung suchten, hielten das II. und das Füs.-Bataillon des 65ten Regiments und die 2te leichte Batterie an der Straße, und eine Gruppe von Infanterie-Offizieren erörterte eben an der Tete die Frage, ob man den Gegner hier endlich zum Stehen bringen werde, da kam von einer der rückwärtigen Kompanien noch ein anderer Kamerad mit gemessenen Schritten daher.

Kaum bemerkten die plaudernden Offiziere die schlanke, sehnige Gestalt, so reckten sich ihr mehrere Arme mit Feldflaschen entgegen und in lustigem Übermut klang es fast gleichzeitig:

„Pröstchen, dem neuen Simson!"

„Wahrhaftig, ich habe Ihnen auch noch nicht zu Ihrem Kraftstück gratuliert," warf ein heranreitender Hauptmann ein und fügte dann hinzu: „Erzählen Sie doch schnell, wie war die Geschichte: es wird gleich wieder los gehen, immer 'raus also mit der wilden Katze!"

„Es war nichts besonderes, Herr Hauptmann. Nur Überraschung sonst nichts."

„Geistesgegenwart ist mehr wert, als vieles anderes. Schießen Sie los!"

„Ich lag heute nacht einfach in meinen Kleidern in der ausgebauten Ferme auf Streu und schlief, da wachte ich von einem Geräusch an den Fenstern auf. Die Augen öffnend erblickte ich bei dem Mondschein gerade vor meinem Fenster drei Franzosen mit Sack und Pack. In der alleinigen Empfindung, daß mir jedes Zaudern verderblich sein müsse, sprang ich mit einem Riesensatz von meinem Lager und war — ich weiß jetzt noch nicht wie — auf Strümpfen ohne Degen oder Revolver zur Thüre und zum Hause hinaus, zwischen den Rothosen. Mit jedem Arm hatte ich einen am Kragen und stieß sie mit den Köpfen zusammen; dem dritten gab ich einen Tritt, der ihn zu Boden warf. Meine aus dem Hause stürzenden Leute halfen den Verdutzten wieder auf die Beine und nahmen ihnen die Waffen ab. Damit war das ganze Abenteuer zu Ende."

„Nun ich glaube, wenige machen Ihnen das nach! — Aber bitte, meine Herren, zu Ihren Zügen! — hier kommt der Oberst."

„Bataillon — marsch!"

„Hauptmann Leo, bitte gehen Sie mit Ihrer Batterie vor und nehmen Sie das Dorf unter Feuer; die Bataillone bitte ich rechts zum Angriff auf den Höhenzug herauszuziehen. — Mir scheint, daß es wieder nicht viel werden wird!" —

Und so war es. Kaum hatte die Batterie Leo zwei ihr Feuer erwidernde Geschütze durch einige Granaten zum Abfahren gebracht und dem Angriff unserer Infanterie ein wenig vorgearbeitet, so sah man auch den Gegner vor unseren unaufhaltsam vordringenden 65ern auf Bose-Bordel rückwärts weichen.

Während es dem Avantgardenzuge der Königs-Husaren

unter Leutnant Schrader möglich wurde, östlich Bose-Bordel eine kleine feindliche Infanterie-Abteilung zu überraschen und zu zersprengen, bedrohte westlich des Dorfes ein gar seltener und eigenartiger Angriff die feuernd zurückgehenden Schützenschwärme des Feindes. In dem Augenblick nämlich, als die Franzosen den Ostrand des Dorfes zu räumen begannen, stürmte — Gott weiß wie und auf welche Weise befreit — ein gewaltiger Stier mit hoch gehobenem Schwanz und krummem Rücken daher. Den Kopf tief, warf er dann und wann in kurzem Ruck mächtige Erdschollen mit den kurzen Hörnern in die Luft. Etwa 400 Schritt vor den feindlichen Schützen blieb er stehen. Wahrscheinlich witterte er in dem Knallen eine menschliche Niedertracht gegen seine in der Freiheit empfundene Kraft und sah sich — ganze Schmutzwolken mit Hufen und Hörnern zum Himmel werfend — die Sache näher an.

Die roten Hosen mußten ihn reizen. Er begann unter dumpf grollendem Brüllen zu avancieren. Kann man es den Franzosen verdenken, wenn sie einen Augenblick die Preußen Preußen sein ließen und ihr Feuer dem zunächst drängenden Gegner zuwandten?

Unter einem bis zu den Unsern herüber tönenden Jubelgeheul begann ein wahres Wettschießen auf den Bullen.

Vielleicht nahm während einiger Minuten auch manches Langbleigeschoß denselben Weg.

Endlich mußte der wackere Kämpe sein Teil erhalten haben; er wandte sich halb um seine Achse und trottete, öfters nach seiner Flanke blickend, Bose-Bordel zu, in dessen Straßen er verschwand.

Die Franzosen aber gingen, nachdem sie diesen Angriff abgeschlagen, eilig auf Buchy zurück, wo sie es für kurze Zeit nochmals versuchten, unseren hervorbrechenden Kolonnen entgegen zu treten. Es lag indessen auch hier kein rechter Ernst in ihrer Verteidigung. Das Feuer der jenseits Bose-Bordel abprotzenden Batterie Leo veranlaßte den Gegner sehr bald, das Feld zu räumen und auf Rouen abzuziehen.

Eine Schwadron Königs-Husaren unter Rittmeister von Niesewand beschleunigte diese Rückwärtskonzentration noch durch ein überraschendes Vorbrechen aus der Flanke, durch welches eine feindliche Infanterie-Abteilung genötigt wurde, die Gewehre zu strecken.

Mit diesem Husarenstreich bei Buchy war eigentlich der letzte Schwertstreich zur Wegnahme von Rouen, der Hauptstadt der Normandie, gethan. —

Am 5. Dezember früh meldeten Patrouillen der als Vorhut der 29ten Brigade vorgesandten beiden Schwadronen vom Königs-Husaren-Regiment unter Major Dinklage, daß die nur wenige Stunden von Rouen gelegenen Orte Blainville und St. Germain vom Feinde geräumt seien. Major von Dinklage erhielt infolge dessen Befehl, nach Rouen selbst vorzutraben. Seinen weit vorgetriebenen Zug unter Leutnant von Sonsfeld wollen wir begleiten und hoffen, daß der Leser dann mit uns sagen wird: „Hut ab vor unserer Kavallerie!"

Etwa dreißig Pferde stark ritten die Husaren auf der bei Puits de l'Aire erreichten großen Straße Breteuil-Rouen den Türmen der volkreichen Fabrikstadt entgegen. Je mehr man sich der Vorstadt Darnétal näherte, desto zweifelloser ward es, daß der Feind hier eine nachhaltige Verteidigung beabsichtigt hatte. Nur teilweise geöffnete Barrikaden, welche die Straße hatten sperren sollen, lange Linien tiefer Schützengräben mit vorbereiteten Geschützbettungen an besonders geeigneten Punkten, wurden gekreuzt; vom Feinde war aber nichts mehr zu sehen. Jedes Gehöft, von einem der in der ganzen Gegend üblichen baumbesetzten Wälle umschlossen, bildete eine kleine Redoute, die — verteidigt — schwer zu nehmen gewesen wäre; aber kein Käppi wurde sichtbar. Auch eine Schanze zur Linken war sichtlich Hals über Kopf geräumt. Spaten, Hacken und Karren lagen noch umher, als seien sie eben niedergeworfen.

Gleichgültig! Es galt zu wissen, ob Rouen geräumt sei — und wenn, davon so schnell als möglich Besitz zu nehmen, bevor noch der Feind seine reichen Kriegsvorräte in Sicherheit gebracht hatte. Also, vorwärts!

Hinein ging es in die hauptsächlich von Fabrikarbeitern bewohnte lange Vorstadt. In ganzen Gruppen füllten entschlossen aussehende Blusenmänner, die Pfeife zwischen den fest aufeinander gebissenen Zähnen, die Straße und manche Verwünschung wurde laut.

Doch was kümmerte das die Husaren und ihre Führer, sobald jene lediglich dabei blieben, die Fäuste in der Tasche zu ballen? Was ging es Leutnant von Sonsfeld an, daß da noch an allen Straßenecken eine Proklamation des Maires von demselben Morgen zu lesen war, in der die Bevölkerung auf die bevorstehende Schlacht uuter den Mauern der Stadt hingewiesen wurde? Keinen Pfifferling geben die Deutschen auf solche Phrasen, sie halten es mit den Thaten.

Wie es in der Stadt aussah, wollten die Husaren des Königs wissen. — Noblesse oblige!

Karabiner im Hang, Gewehr auf, Auge und Ohr offen, in der Brust aber ein treuschlagendes Soldatenherz, so rasselte die kleine Schar durch die stetig zunehmende Menge dahin und gelangte auf den Platz vor dem Rathause.

Hier ließ Leutnant von Sonsfeld seinen Zug, umgeben von einem nach Tausenden zählenden heulenden und pfeifenden Janhagel, bei der Reiterstatue Napoleons I. aufmarschieren.

Wie Steinbilder saßen unsere Reiter da. Ihr schneidiger Führer befahl, die herausfordernde Haltung des Pöbels zu übersehen und nur, wo sich einzelne besonders freche Personen herandrängten, winkte er, und ein flacher Säbelhieb wies der Bande die Wege.

Andererseits durfte es Leutnant von Sonsfeld nicht wagen, die Stadt durch Patrouillen beobachten zu lassen oder auch nur von der mißlichen Lage Meldung an die folgenden Eskadronen rückwärts zu senden.

Dicke Arbeitermassen strömten von allen Seiten in der feindseligsten Haltung herbei, man mußte erwarten, daß einzelne

Reiter von den Pferden gerissen würden und damit das Signal zu einem hier mitten in der Stadt fast aussichtslosen Kampf gegeben werde. — Also warten!

Greife in Deine Brust, verehrter Leser, und frage Dich, wie Du in gleicher Lage gefühlt haben würdest. Und wenn Du dann zur Überzeugung kommst, daß diese Aussicht, von einem aufgehetzten, teilweise trunkenen Pöbel zerrissen oder hingeschlachtet zu werden, keineswegs ein Vergnügen sein muß, dann wirst Du verstehen, mit welchem Gefühl der Erleichterung der für seine Leute mitverantwortliche Offizier endlich das Klappern von Rossehufen vernahm, wie mit tiefem Aufatmen der Zug die anlangenden Schwadronen unter Major Dinklage begrüßte.

Nun gewann das Bild einen andern Anstrich. Der Platz wurde gesäubert und als dann auch ein Bataillon des 70ten Infanterie-Regiments einrückte, wurden die Straßen allmählich leerer. Die Großmaulhelden, welche einem Häuflein kühner Husaren gestattet hatten, von ihrer Stadt Besitz zu nehmen trugen ihren Haß gegen die Barbaren heim oder in die Branntweinschänken.

Gegen ½4 Uhr rückte General von Göben an der Spitze der 32ten Brigade unter klingendem Spiel in die uns so energielos vom Gegner überlassene Stadt. Am späten Abend bezog auch die 29te Brigade Quartiere in Rouen. Vorposten wurden auf das linke Seine-Ufer vorgeschoben und Kavallerie-Patrouillen ritten, ohne Rast und Ruh, hinter dem Feinde her. Man mußte wissen, wo er blieb; denn im Dunkeln zu tappen, lieben unsere Führer nicht.

Auch sonst ward keine Zeit in süßem Nichtsthun vergeudet, sondern kaum hatte sich am folgenden Tage General von Manteuffel mit seinem Hauptquartier ebenfalls in Rouen eingerichtet, so begann in der Stadt eine vollständige Neuorganisation der Verwaltung. Denn mit General Briand, der zuerst den Mund so voll genommen hatte, dann aber überstürzt unserem schnellen Vorrücken auswich, war auch der Präfekt entflohen. Dafür gab es Ersatz. General von Manteuffel betraute den Korpsauditeur, Herr Cramer, mit dieser wichtigen Stellung und nun lernten die Herren Franzosen Zucht und Ordnung kennen.

Hunderte von Arbeitern mußten die Bahn Rouen-Amiens herstellen; Pflichten und Rechte der Bevölkerung unseren Truppen gegenüber wurden genau geregelt und wenn man in diesen Tagen an den prachtvollen Seine-Quais spazieren ging, auf denen es von Offizieren und Soldaten aller Grade und Waffen wimmelte, hätte man meinen können, in einer deutschen Garnison zu sein, — wenn nur nicht die Blusenträger überall mit verbissenen Gesichtern umher gestanden hätten.

Außerdem wurde man aber auch in den glänzenden Restaurants, aus denen man einen herrlichen Blick auf die von Schiffen und Boten belebte Seine genoß, recht unverschämt an den Kriegszustand erinnert. Es gab dort alles. Prachtvolle Seefische, köstliche Hummern und Austern, alle Genüsse, die einen verwöhnten Gaumen reizen konnten, aber — hatte man endlich einmal — nach langer, langer Zeit — dem Magen gestattet, vergnüglich zu schmunzeln, vielleicht gar eine Flasche köstlichen, alten Burgunder de Nuit mit Genuß geschlürft, so folgte der hinkende Bote in Gestalt einer mit doppelter Kreide geführten Rechnung sofort nach.

Aber, man hatte ja nicht viel Gelegenheit gehabt, Geld auszugeben, man zahlte willig. Im Kriege hängt man nicht am Golde, niemand weiß, wie bald auch ihm ein schwarzes Los zufällt. Deshalb genießen die meisten, was ihnen ein günstiges Geschick bietet.

So lebten viele alte Kopfhänger in diesen Tagen der Erholung zu Rouen auf und mancher kleine Luxusgegenstand wanderte in die Packtaschen und Tornister des Siegers.

Bei dem Durchwandern der glänzenden Läden begegnete man hier auch zum erstenmal der ganzen unzuverlässigen Erbärmlichkeit der Franzosen. Karrikaturen auf den Kaiser, die Kaiserin und die Armee, Hemdenknöpfe aus Frankstücken, auf denen das Bild des Kaisers den deutschen Helm trug und ähnliche das eigene Unglück verspottende Schmucksachen wurden überall den in Gold zahlenden Feinden des Vaterlandes angeboten. Natürlich kauften wir diese Sachen mit Vergnügen als willkommenes Geschenk für die Lieben daheim, aber verließen wir die Läden, so spieen wir vor dem ekelhaften Gebahren der Verkäufer aus.

Ja, es war ein ganz vergnügtes Leben in Rouen für alle die, welchen der eiserne Dienst dieses gestattete. Des Abends versammelte sich fast das gesamte jüngere Offizierkorps im Eldorado, auf dem südlichen Seine-Ufer. In diesem „Tingel-Tangel" — nach Berliner Begriffen — ließen unsere Jünger des Mars ihrem Übermut gern ein wenig die Zügel schießen. Die Endstrophen der von den Künstlern vorgetragenen Lieder pp. wurden fast regelmäßig aus hundert deutschen Kehlen mitgesungen; es galt die Minute auszukosten, denn der rollende Würfel des Krieges hat seine Launen.

Das sollte das VIII. Korps gar bald empfinden. Kaum war durch die gegen Honfleur vorgegangene 29te Brigade mit Sicherheit festgestellt, daß sich die große Mehrzahl des Feindes in diese an der südlichen Mündung der Seine gelegene Seestadt zurückgezogen habe, um von da auf bereit gehaltenen Schiffen nach Havre sich überführen zu lassen, so zwangen Befehle aus dem Hauptquartier zu Versailles und Nachrichten aus Amiens zu einer neuen allgemeinen Verschiebung unserer Truppen.

Am 9. Dezember befahl General von Manteuffel: „Das I. Korps und die ihm zugewiesene Garde-Dragoner-Brigade übernehmen die Sicherung von Rouen und der unteren Seine; das VIII. Korps wendet sich zunächst gegen Havre, und geht, falls diese Stadt nicht durch eine Überrumpelung zu nehmen, bis St. Valery vor, um dann nach Amiens zu marschieren und von dort aus — unter Ablösung der 3ten Infanterie-Brigade — den Somme-Abschnitt zu decken."

Gemäß dieser Weisung wandte sich General von Göben am 10. Dezember mit der 16ten Division gegen den genannten großen Hafenplatz. Von den Vortruppen wurde Yvetot und

Caudebeck erreicht. Die 30te Brigade, welche in zweiter Linie marschierte, gelangte bis Maromme. Am nächsten Tage sollte der weitere Vormarsch gegen Havre angetreten werden.

Patrouillen der gegen diese Stadt aufklärenden Garde-Dragoner-Brigade hatten indessen in steter Berührung mit dem zwischen Bolbec und le Havre stehenden Feinde zweifellos festgestellt, daß General Faidherbe, welcher am 6. das Kommando der gesamten Nordarmee übernommen, durch Anlage ausgedehnter Verschanzungen letztere Stadt auf eine ernste Verteidigung hatte einrichten lassen. Zugleich aber traf aus dem Hauptquartier zu Rouen in der Nacht zum 11. die Nachricht ein, daß die Franzosen von Arras aus einen neuen Vorstoß gegen die Somme vorzubereiten schienen.

Unter diesen Umständen verzichtete General von Göben auf den beabsichtigten Handstreich gegen Havre. Er erteilte vielmehr der 30ten Brigade, welche bei Maromme, und der 29ten Brigade, welche noch auf dem linken Somme-Ufer bei Pont-Audemer stand, Befehl, sofort über Rouen nach Amiens zurückzumarschieren. Er selbst schwenkte mit der 16ten Division rechts ab, um über Dieppe ebenfalls die Richtung auf Amiens zu gewinnen. Am 14. Dezember erblickte die 16te Division, von Tourville herabsteigend, zuerst das weite blaue Meer; davor lag das hügelumgrenzte Dieppe.

Am Meer! — welche weltgeschichtlichen Ereignisse lagen hinter uns!

Dieser Gedanke mochte wohl jede Brust bewegen. Die Helme flogen von den Köpfen und ein begeistertes „Hurra" auf unseren Heldenkönig, Wilhelm den Siegreichen, dröhnte durch die klare Winterluft. —

Die 32te Brigade mit dem sich anschließenden Detachement des Grafen zu Dohna besetzte die Stadt; die 31te Brigade bezog in St. Laurent en Caux Quartiere.

Auf den prachtvollen Molen aber standen am Nachmittage des 14. Dezember Offiziere und Leute und schauten hinein in das Spiel der sich an den Granitquadern brechenden Wogen.

Die Pflicht hatte sie an den Ozean geführt. Rief sie von neuem, — alle diese fast weihevoll erbauten Soldatenherzen waren sich darüber einig: Es konnte und durfte nur zu ferneren Siegen führen.

V.

An der Hallue.

23./24. Dezember.

An Stelle des Generals Farre, der sich nicht bewährt hatte, war am 6. Dezember, auf Befehl der Regierung der Nationalverteidigung, General Faidherbe, wie schon erwähnt, mit dem Kommando über die französische Nordarmee betraut worden.

Von diesem ebenso energischen wie rührigen Führer durfte sich unsere Heeresleitung im voraus eines baldigen Vorbrechens aus dem nördlichen Festungsviereck versehen. Und in der That, schon in den nächsten Tagen nach Übernahme seiner Stellung wurden die Franzosen vor der Front unserer 3ten Kavallerie-Division, welche östlich von Amiens gegen die Somme hin den Sicherungsdienst verrichtete, wieder lebendig.

Eine feindliche Kolonne aller Waffen zeigte sich vor la Fère und zog erst wieder nördlich, als sie sich überzeugt hatte, daß die deutsche Besatzung wohl auf der Hut sei, und in der Nacht vom 9. gelang es sogar den Franzosen, unter dem Schutze der Nacht ein Detachement der 3ten Feldeisenbahn-Abteilung und 50 Infanteristen in Ham zu überfallen und aufzuheben.

An eine solche Unternehmungsluft waren wir während der letzten Zeit bei unserem Gegner nicht gewöhnt gewesen; man merkte einen neuen Impuls und da ein feindliches Vorgehen über St. Quentin-Compiegne auf Paris zur Störung der dortigen Zernierung durchaus nicht unwahrscheinlich schien, so hieß es zunächst für unsere Kavallerie wieder einmal: „Augen auf!“

Im weiteren aber galt es, alle verfügbaren Truppen aus der Normandie so rasch als möglich zwischen Somme und Oise zu konzentrieren. Zu diesem Zweck erging seitens des Generals von Manteuffel an das VIII. Korps der Befehl, sich sofort um Montdidier zu konzentrieren.

In starken Märschen rückten die Brigaden der 15ten Division von Rouen heran, und die der 16ten führte General von Göben selbst, unter höchster Anspannung von Mann und Pferd, von Dieppe herbei; in der Normandie blieb nur die 1te Division zurück, welche sich zunächst darauf beschränken mußte, die zwischen Havre und Bolbec stehende feindliche Macht zu beobachten.

General von Kummer, der mit der 15ten Division zuerst in Montdidier eintraf, ordnete sofort das Vortreiben von Patrouillen an, um festzustellen, welchen Weg die anscheinend um Peronne versammelte feindliche Armee nehmen werde. Diese zunächst wichtigste Frage zu lösen, wurden auch seitens der in ihrem alten Bestande wieder zusammentretenden 3ten Kavallerie-Division, welche bei le Quesnel Stellung genommen hatte, Tag und Nacht Patrouillen vorgesandt, und in dem gleichen Sinne wirkten auch die Reiter der von Paris aus gegen die Somme detachierten sächsischen Kavallerie-Division des Grafen zur Lippe.

Unzählige Meldungen gingen in diesen Tagen wichtigster Entscheidung ein, und alle liefen darauf hinaus, daß der Feind augenscheinlich seinen begonnenen Vormarsch in südlicher Richtung aufgegeben habe. Es gewann den Anschein, als sei jene Bewegung nur auf Täuschung berechnet gewesen und als trage sich General Faidherbe vielmehr mit dem Gedanken, Amiens wieder zu nehmen.

General von Manteuffel ließ deshalb am 18. Dezember die 3te Infanterie-Brigade, welche vor Ankunft der 15ten Division durch General von Göben — unter Belassung einer kleinen Besatzung für die Zitadelle von Amiens — ebenfalls nach Montdidier dirigiert worden war, unter Verstärkung durch das 7te Ulanen-Regiment und zwei Bataillone Infanterie die Hauptstadt der Picardie wieder besetzen.

Da sich nun an diesem Tage der Wiederbesetzung von Amiens nördlich der Stadt feindliche Abteilungen sehen ließen und ferner Patrouillen der Königshusaren zweifellos feststellten, daß sich der Feind aus allen früher besetzt gehaltenen Orten, besonders auch am 18. von Chaulnes westlich gewandt habe, so verfügte General Manteuffel, welcher am 17. mit General von Göben fast gleichzeitig in Amiens eingetroffen war, daß sich das VIII. Korps näher an die Somme heranzuziehen, bzw. daselbst zu konzentrieren habe.

Daraufhin besetzte die 15te Division am 20. Dezember den Luce-Abschnitt südöstlich Amiens, und die 16te Division belegte Sains und Umgegend. Am 21. wurde den durch starke Märsche ermüdeten Truppen ein Ruhetag bewilligt. Natürlich konnte dies für die Kavallerie nur in beschränktem Maße der Fall sein, denn es galt mit mathematischer Genauigkeit zu wissen, wo der Feind stehe.

Nach allen Nachrichten hatte es General Faidherbe in der unglaublich kurzen Zeit verstanden, volle vier Divisionen ins Feld zu stellen; General Manteuffel konnte dieser Streitmacht nur das geschwächte VIII. Korps nebst der Kavallerie-Division und 3 Bataillone des I. Korps entgegenführen.

Es durfte also nirgends ein Kräfte vergeudender Lufthieb geführt werden; vielmehr galt es, jedes Gewehr, jeden Säbel an richtiger Stelle vor den Feind zu bringen.

Nun, unsere Kavallerie that auch hier ihre Schuldigkeit.

Patrouillen der in echtem Reitergeist allzeit mit dem Feinde Fühlung haltenden Königshusaren fanden das rechte Sommeufer vom Feinde besetzt, dagegen alle Übergänge zwischen Sailly und Lorette abgebrochen. Mithin mußten die Franzosen jede Absicht, nach Süden vorzugehen, aufgegeben haben.

Bald brachten auch andere Meldungen Gewißheit. Die feindlichen Vorposten standen in der Linie Daours-Bussy-Allonville. Auf den Höhen östlich der Hallue aber sah man den Feind beim Ausheben von Schützengräben beschäftigt, und wiederholt wurden hin- und herziehende tiefe Kolonnen beobachtet.

Nun war es sicher, der Feind hatte in dem Winkel zwischen Hallue und Somme, unter Benutzung der die ganze Gegend überragenden Höhe am linken Hallueufer Stellung genommen.

Damit sah sich das Oberkommando der erster Armee wiederum vor eine verantwortungsvolle Entscheidung gestellt.

Angreifen oder nicht? war die Frage.

In einigen Tagen konnte die von Mézières erwartete 3te Reserve-Division bei Amiens anlangen, sowie von Rouen noch einige Bataillone herangezogen werden; anderseits hatte der Feind dieselbe Möglichkeit, sich noch zu verstärken, und es war zweifellos, daß er jeden Aufschub ausnutzen werde, die gewählte, an sich starke Stellung fortifikatorisch zu verstärken. Da überdies jeden Augenblick ein gleichzeitiges Vorgehen des Feindes auf dem linken Seineufer gegen Rouen erwartet werden konnte, entschloß sich General von Manteuffel trotz der großen numerischen Überlegenheit des Gegners, im Vertrauen auf seine bewährten Truppen, zum sofortigen Angriff.

Die 15te Division erhielt Befehl, am Morgen des 23. Dezember bei la Neuville und Camon über die Somme zu gehen. Auf den Straßen Amiens-Corbie und Amiens-Albert vorrückend, sollte sie den Feind so lange in der Front festhalten, bis die in der Richtung auf Acheux vorgehende 16te Division den rechten feindlichen Flügel in der Gegend von Beaucour umfaßt hätte.

Blutrot stieg die Sonne am 23. Dezember hinter den Höhenzügen empor, welche die Franzosen jenseits der Hallue besetzt hielten. Das Thermometer zeigte 8° unter Null und unzählige kleine Eiskrystalle flimmerten im ersten Sonnenlicht über dem von Contay bis Daours fast senkrecht von Norden nach Süden laufenden Hallucthal.

Zeitig hatte sich das VIII. Korps aus seinen Quartieren in Bewegung gesetzt.

Um 9½ Uhr trat die 29te Brigade mit der 1ten und 4ten Eskadron Königshusaren voraus, auf Treffenabstand gefolgt von der 30ten Brigade den Vormarsch gegen das Wäldchen zwischen Allonville und Querrieux an.

Als Verbindung mit der 15ten Division die 3te Kavallerie-Division in der rechten Flanke, schlug die 16te Division — gemäß der für die Schlacht erteilten Dispositionen — die Straße auf Rainneville ein, während die am Abend zuvor aus Rouen eingetroffenen beiden Bataillone des 2ten Ostpreußischen Grenadier-Regiments Nr. 3 mit der 1ten Eskadron Westphälischen Ulanen-Regiments Nr. 5 und einer Batterie, unter Major von Petzold, vorläufig den wichtigen Somme-Übergang bei Lamotte-Brebière besetzten.

Der Feind — wahrscheinlich gut bedient von eingeborenen Spähern — hatte seine Vortruppen am Morgen aus Allonville und dem südlich davon gelegenen ausgedehnten Gehölz zurückgezogen. Deshalb vermochte die 29te Brigade ohne ernste Belästigung in die Front gegen Querrieux einzuschwenken und bis an den Ostrand des Gehölzes vordringen. Kaum aber zeigten sich die Spitzen unserer Infanterie an dem Waldrande, so erhielten sie von dem stark besetzten Querrieux her ein heftiges Gewehrfeuer, während zugleich die auf den überragenden Höhen des linken Hallueufers hinter sorgfältig vorbereiteten Deckungen aufgestellte zahlreiche feindliche Artillerie unsere sichtbar werdenden Kolonnen mit einem Eisenhagel bewillkommnete.

Diesem gutgeleiteten Geschützfeuer aus vorzüglicher Stellung traten zunächst gegen 11 Uhr die 1te leichte und 1te schwere Batterie südlich der Straße Amiens-Albert entgegen. Bald zeigte es sich indessen, daß diese 12 Geschütze einen zu ungleichen Kampf führten; es wurden deshab zu ihrer Unterstützung noch die 2te schwere und die 2te leichte Batterie der 30ten Brigade herangezogen. So tobte ein gewaltiger Geschützkampf von Ufer zu Ufer über das Flußthal hinweg und bald lenkten unsere sicher wirkenden Granaten das feindliche Artilleriefeuer von den zum Angriff auf Querrieux schreitenden beiden Bataillonen des 33ten und 65ten Regiments ein wenig ab.

Es war ein kühnes Beginnen gegen das in eine Festung

verwandelte, durch überlegene Kräfte verteidigte Dorf von der Höhe herabzustürmen, während die gegnerische Artillerie, welche jede Bewegung der Unseren einzusehen vermochte, aus in der Front und südlich gelegenen Batterien das Terrain westlich Querrieux unter Kreuzfeuer nahm, aber — das Glück ist dem Kühnen hold.

Die 33er achteten der Granaten und Shrapnells nicht. Sie stutzten keinen Augenblick, als ihnen aus dem Dorfrande ein Höllenfeuer entgegenschlug. Lichteten sich auch ihre vorwärts stürmenden Glieder, vor ihnen lag der Ruhm, hinter ihnen beim Zurückgehen noch sicherer der Tod. Den Schuß im Lauf, das Gewehr rechts stürzten sie sich, ohne zu schwanken, hinein in den tollen Hexensabbat des Nahgefechtes.

Brust an Brust, das wußten die Füsiliere, da waren sie denen drinnen über. — Hinein also, und die Welschen mit eisernem Besen herausgekehrt!

Das war das rechte Mittel, und als die schnell folgenden 65er in diesem Kehraus sofort mit zur Hand waren, saßen sie den Rothosen so auf den Hacken, daß diese unter Zurücklassung von mehreren hundert Gefangenen nicht früher zur Besinnung kamen, als bis Pont-Noyelles hinter ihnen lag und auf der Höhe postierte Bataillone der Division Bessol sie unter einem nunmehr gegen das Dorf gerichteten mörderischen Schnellfeuer aufnahmen.

General von Kummer, der diesen Angriff auf Querrieux, wie immer in erster Linie, überwacht hatte, war natürlich darauf bedacht, die durch das ungestüme Vordringen der beiden Bataillone genommene Orte auch gegen alle bevorstehenden Gegenstöße des Feindes festzuhalten. Das 2te Bataillon des 33ten Regiments und die Füsiliere der 65er mußten daher ebenfalls nach Pont-Noyelles hinein und sich darin gegen den auf den Höhen stehenden Feind einrichten. Unmittelbar hinter die Brigade Bock rückte die 30te Brigade unter General von Strubberg zur Unterstützung nach.

In unserem Zentrum hatte mithin der Kampf bald nach

Mittag eine für uns günstige Wendung genommen. Nicht so auf dem linken Flügel, wo sich das Eingreifen der 16ten Division infolge ihres schwierigen Umfassungsmarsches über Berg und Thal außerordentlich verzögerte, und ebensowenig auf unserem rechten Flügel, wo das 1te Bataillon des 65ten Regiments und das 1te Bataillon der 33er — schon früher einschwenkend — gegen Bussy le Daours vorgegangen waren.

Zwar glückte es einem Zug der Königshusaren unter Leutnant von Knesebeck, hier eine feindliche Schützenlinie völlig überraschend niederzureiten und größtenteils zusammenzuhauen, die beiden Bataillone aber, welche während dessen die starken Infanterielinien bei Bussy les Daours nach lebhaftem Gefecht durch das Dorf gegen Daours zurücktrieben, stießen an dem nordöstlichen Dorfrande auf ein von den Höhen jenseits der Hallue herabprasselndes gewaltiges Etagenfeuer, und das massiv gebaute Dorf Daours Wequemont hielt der Feind als Stützpunkt seines dort an die Somme gelehnten linken Flügels besonders stark besetzt. Dabei waren von der feindlichen Division Moulai auf den schroff östlich des Ortes aufsteigenden Höhen Verschanzungen und Schützengräben aufgeworfen, aus denen sich ein Bleiregen gegen die Unseren ergoß.

Gegen diese Stellung war mit den vorhandenen Kräften nichts zu beginnen und die 33er, welche in einer Terrainfalte dennoch ein Stück gegen Daours vorgedrungen waren, mußten sich hier längere Zeit begnügen, aus möglichst gedeckter Lage ein hinhaltendes Feuergefecht zu führen.

In dieser Zeit traf Oberst von Loë, Kommandeur der Königshusaren, mit der 2ten und 3ten Eskadron aus dem Zentrum bei Daours ein.

Da der vor Querrieux zur Stelle befindliche General von Göben eine Verwendung von Kavallerie dort für ausgeschlossen erachtete, so entsandte er den Obersten mit dem Auftrage, sein Regiment möglichst zu vereinigen und bei günstiger Gelegenheit gegen den feindlichen linken Flügel vorzubrechen. Außerdem betraute er ihn zugleich mit der Leitung des Angriffs auf dem äußersten rechten Flügel.

Von einem solchen konnte jedoch in Anbetracht der verfügbaren schwachen Kräfte zunächst gar keine Rede sein. Erst mußte den Franzosen in Daours und auf ihren darüber liegenden Höhen tüchtig eingeheizt werden. Allerdings war westlich von Bussy die Divisions-Artillerie schon längere Zeit bei diesem Geschäft, allein die durch Marine-Artillerie bedienten zahlreichen Geschütze des Feindes befanden sich hinter ihren Bettungen zu sehr im Vorteil. Es wurden daher noch drei reitende Batterien herangezogen.

Da merkte man denn freilich, daß es den Herren Rothosen in und über Daours trotz der 8 Grad Kälte warm zu werden begann. Am Dorfrande wurde es stiller und sie ließen mit sich reden, als die 33er nebst 2 Kompanien der 65er von Nordwesten aus ungestüm gegen das Dorf anliefen. Und nachdem sie die Nasen einmal zurückgezogen hatten, kam der Versuch, diesem Angriff zu begegnen, zu spät. Unsere Leute saßen jetzt hinter den festen Mauern und auf die kurzen Entfernungen von Haus zu Haus wirkte ein gut gezielter Schuß aus unserem Gewehr mehr, als die Pulververschwendung aus den Chassepots.

Aber was half es, wenn die 33er und 65er wie die Kletten festsaßen und von ihren genommenen Gehöften aus jeden Versuch, sie wieder hinauszuwerfen, blutig zurückwiesen? — Sie kamen nicht vorwärts. Gleichwohl war Oberst von Loës Ansicht, daß der Ort unter allen Umständen völlig in unseren Besitz gelangen müßte, bevor etwas gegen den feindlichen linken Flügel mit Erfolg unternommen werden könne, durchaus richtig. Wo jedoch eine Unterstützung hernehmen?

Da dröhnte plötzlich ein urkräftiges „Lehm op“ zu dem gespannt das Gefecht beobachtenden Kommendeur der Königshusaren herüber. Mit diesem Ruf pflegten seine Leute sowohl sich untereinander, als auch befreundete Truppenteile seit Jahren bei jeder Gelegenheit zu begrüßen; er konnte nur Gutes bedeuten. Und in der That, so war es. Die Couleurbrüder der Husaren das 8. Jägerbataillon, welches die Nacht in Villers-Bretonneux gelegen hatte, rückte von dem Somme-Übergange bei Lamotte-Brebière gerade zur rechten Zeit an, um in den stockenden Angriff auf Daours einzugreifen.

Rasch hatte sich Oberst von Loë mit dem Führer des Bataillons, Major von Bronikowski, verständigt. Und auch General von Kummer hatte, sowie er einen Einblick in die Lage bekam, gegen die Verwendung der Jäger bei Daours nicht das Geringste einzuwenden.

Die flinken „Dachsträger" schritten von Süden her fast jubelnd zum Sturm auf das Dorf, und vor ihrem siegesgewissen Anstürmen wich auch hier der Feind ins Innere des Ortes zurück. Dort aber entstand ein furchtbares Ringen Auge in Auge. Hin und her wogte das mörderische Nahgefecht. Bald drangen die Kompanien der 65er und 33er unter Hurra vor und wie elektrisch berührt sprangen nun auch die braven Grünröcke vorwärts; bald gellte das „en avant" frisch vorgeführter Feinde durch die bluttriefenden Gassen und dann galt es für die Unseren den gewonnenen Boden dem neuen Gegner streitig zu machen. In nächster Nähe des östlichen Dorfausganges standen zahlreiche Reserven desselben; wich eine feindliche Abteilung, so flutete sicher eine doppelt so starke Kolonne von der Höhe ins Dorf hinein.

Welch qualvolles Ringen! Aber gerade als die Not am höchsten gestiegen war, ließ General von Manteuffel, welcher mit seinem Stabe vor Querrieux hielt und durch Oberst von Loë genau über den Gang des Gefechtes bei Daours auf dem Laufenden erhalten worden war, durch Major von Lewinsky vom Generalstabe das Detachemert des Majors von Petzold aus Lamotte-Brebière im Geschwindschritt herbeiführen. Die 6te leichte Batterie eilte mit einer Eskadron des westphälischen Ulanen-Regiments Nr. 5 in schnellster Gangart voraus und protzte westlich Daours ab, von wo aus die gegen das Dorf abfallenden Berghänge und die dort haltenden Reserven der Division Moulai unter ein höchst wirkungsvolles Feuer genommen werden konnten.

Das 2. Bataillon des ostpreußischen Grenadier-Regiments Nr. 3 stürzte sich ohne Aufenthalt hinter den 33ern her in den noch immer hin- und herschwankenden Straßenkampf. Leutnant Dallmer stürmte im ersten frischen Anlauf mit dem Schützenzuge der 8ten Kompanie das Schloß, obgleich dasselbe fast in eine Festung umgeschaffen war. Leutnant Tröbner warf sich mit den beiden anderen Zügen derselben Kompanie gegen die Fabrik. Das Thor in der Umfassungsmauer war geschlossen und aus allen Fenstern, über Bank hinter der Mauer hervor, krachte und dröhnte es den Grenadieren entgegen.

Dieselben stutzten und drängten sich zur Seite. War es doch, als sollten sie geradewegs in die Hölle stürmen. Da sprang der Grenadier Obermeit mit den Worten vor: „Wenn keiner gehen will, werde ich gehen!"

Der brave Litauer versuchte das Thor aufzureißen, aber zwei Kugeln streckten ihn nieder. Über seinen Körper hinweg sprangen die Kameraden wutentbrannt gegen die Mauer. Zwanzig Schultern stemmten sich gegen das Thor, es krachte, dann — flogen die Flügel auf.

Die Fabrik war genommen. In dem Augenblick genommen, wo von der anderen Seite auch die 8ten Jäger eindrangen und nun in Gemeinschaft mit den Grenadieren erbarmungslos Abrechnung mit dem Feinde hielten. —

Mit der beginnenden Dämmerung wurde es stiller im Dorf. Die Unseren waren bis auf wenige Gehöfte am Nordostausgange Herren des Ortes, und sobald eine feindlich Kolonne sich auf den Hängen nördlich davon blicken ließ, gebot ihr unser wohlgezieltes Feuer auch regelmäßig halt! —

Während dieses stundenlangen Ringens um Daours hatten sich die Bataillone in Pont-Noyelles gegen alle Angriffe des Feindes behauptet. Einmal hatten sogar Kompanien des 33ten Regiments einen Vorstoß gegen die Höhe gewagt und waren selbst in den Besitz von zwei Geschützen gelangt, allein die nahe bei der Hand befindlichen Reserven des Feindes hatten den tapferen

Füsilieren diese Trophäen bald wieder entrissen und sie nach Pont-Noyelles zurückgeworfen.

Da nun der Angriff der 16. Division auch in den ersten Nachmittagstunden noch immer ausblieb, so erhielt die 30. Brigade Befehl, Fréchencourt zu nehmen und von dort aus gegen die Höhen östlich der Hallue zur Entlastung unserer Besatzung von Pont-Noyelles kräftig vorzustoßen.

Zwar glückte es dem 68ten Regiment in Ausführung dieses Befehles Fréchencourt zu nehmen und das Dorf gegen alle Versuche des Feindes zu halten, allein die 30te Brigade mußte sich damit begnügen, von der gewonnenen Stellung aus den überlegenen Feind in Schranken zu halten. —

Erst gegen 3 Uhr verkündete Geschützdonner von Norden her das Eingreifen der 16. Division. In der Spanne Zeit, welche derselben noch vom Tage blieb, vermochte sie zwar die Dörfer Beaucourt und Bavelincourt in unaufhaltsamem Vorwärtsdringen zu nehmen, allein anstatt den rechten feindlichen Flügel zu umfassen, drohte ihr selbst eine Umflügelung durch die Division Derrojà. Und während die eigentliche Stellung des Feindes auf den Höhen zäh gehalten war, vermochte sich die 16te Division lediglich auf eine nachdrückliche Verteidigung der genommenen Orte vorzubereiten. —

Vorbereitung für den sicher zu erwartenden neuen Kampf am nächsten Morgen, — dieser Gedanke kennzeichnete alle Maßnahmen auf unserer ganzen Linie von Beaucourt bis Daours, als erst die Geschütze, dann das übrige Schlachtengetöse verstummten, der funkelnde Sternenhimmel sich über all das Elend spannte, dessen Zeuge das Halluethal gewesen.

Adjutanten und Ordonnanzen sprengten durch die Nacht, um Truppenteile, nach neuen Dispositionen des Höchstkommandierenden, in genau bestimmte Stellungen zu führen, Munitionskolonnen und Sanitätsdetachements heran zu holen oder sonstige Befehle zu überbringen.

Es schien wirklich, als ob sich der Würgeengel mit der bisherigen Ernte des Tages begnügen lassen wolle.

So hoffte man auch in Pont-Noyelles, wo sich einige unserer Kompanien während des Tages verschossen hatten, dasselbe wünschte man auf der ganzen Linie der 15ten Division, denn man hatte mit Daransetzung der letzten Kräfte gerungen. Da — welch Rauschen auf den zur Hallue abfallenden Höhen?

Das war der Feind! — Freilich! — In langen, dunkelen Linien stieg er in die Niederung hinab, und nun ging ja auch überall der Teufelsspuk von neuem los.

Bei Pont-Noyelles drangen die Franzosen bis ins Dorf. Die Lage war kritisch. Ein großer Teil unserer Leute besaß keine Patrone mehr. Aber hatte man sich zuerst durch den wuchtigen Angriff etwas überraschen lassen, — die braven Truppen wollten nicht umsonst geblutet haben. Von selbst machten sie kehrt. Von selbst griffen sie zum Bajonett und stürmten vorwärts.

Und der Feind vermochte unter dem Schleier der Nacht nicht festzustellen, wie verhältnismäßig klein das Häuflein dieser wie toll draufgehenden Deutschen war. Die Vordersten fühlten das Bajonett in den Rippen; sterbend trugen sie das Entsetzen rückwärts und — unsere Bataillone vermochten Pont-Noyelles zu behaupten.

Ganz ähnlich ging es vor Bussy und Daours. Vor beiden Orten schwankte eine Zeit lang das heftig hin- und herwogende Nahgefecht, bis es endlich auch hier stiller und stiller wurde und endlich der letzte Schuß an diesem Tage fiel.

Welche Nacht für unsere Truppen, aber welche Nacht auch für den Feind!

Die Unserigen fanden wenigstens Unterkunft in den genommenen Hallue-Dörfern. Über die Höhe jedoch fegte der eisige Nordost ungebrochen daher und machte als furchtbarer Gegner das Blut der biwakierenden Franzosen gerinnen.

In Daours hatte ein gefangener französischer Offizier nach dem letzten feindlichen Vorstoß des vergangenen Abends triumphierend behauptet: „Und dennoch seid ihr verloren; die Division Robin steht in diesem Augenblick bereits in eurem Rücken.“

War ein nächtliches Umfassen und Aufrollen unseres linken Flügels wirklich beabsichtigt? — Jedenfalls wagte man kaum zu schlummern und Patrouillen waren nach allen Richtungen auf den Beinen, bis die Sonne des neuen Tages der größesten Spannung ein Ende machte.

Der Feind, welcher überall seine Stellungen vom vorigen Tage besetzt hielt, hatte auch nördlich Montigny die Hallue nicht überschritten.

Bald nach Tagesanbruch entspann sich auf der ganzen Linie von neuem das Feuergefecht. Von ihren Höhen überschütteten die Franzosen das Vorterrain mit einem Eisenhagel aus ihren Geschützen, und ein verschwenderisches Infanterie-Schnellfeuer rollte ihre Linien entlang, während bei uns jede Patrone mit Verstand verwendet wurde. „Laßt sie knallen!" dachte man, und hielt sich nur bereit, jeden Vorstoß energisch abzuweisen.

Ein solcher kam aber nicht mehr. Gegen Mittag wurden von Daours aus rückgängige Bewegungen bei der Division Moulai festgestellt und als darauf gegen Abend von Pont-Noyelles aus Husarenpatrouillen auf die Höhen hinaufritten, fanden sie dieselben geräumt.

Der Feind befand sich in vollem Abzuge auf Albert und unsere ruhmbedeckten Truppen, welche — mit einem Verlust von 37 Offizieren und 900 Mann — den General Faidherbe zur Aufgabe seiner fast uneinnehmbaren Stellung auf den Hallue-Höhen gezwungen hatten, konnten in den genommenen Dörfern beruhigt den Weihnachtsabend feiern.

Und kaum war denn auch die Dunkelheit völlig hereingebrochen, so klang es vom Schloß zu Daours andächtig durch die Christnacht hin: „Lobt Gott, ihr Christen! allzugleich in seinem höchsten Thron!" —

In treuer Pflichterfüllung waren sie bereit gewesen, ihren letzten Blutstropfen für König und Vaterland hinzugeben, nun demütigten sie sich kindlich vor dem Weihnachtswunder. Eine Armee, in der dieser Geist wohnte, mußte siegen!

VI.

Bapaume und Peronne.

Anfang Januar 1871.

Die Schlacht an der Hallue hatte den Franzosen über 1000 Tote und Verwundete und mindestens ebensoviele Gefangene gekostet. Während der schon am 25. Dezember früh auf Albert und Bapaume eingeleiteten Verfolgung durch die 15te Division hatten auch zahlreiche Versprengte, deren man habhaft geworden, weggeworfene Waffen und Ausrüstungsgegenstände zur Genüge dargethan, daß General Faidherbe trotz aller Energie bisher nicht in der Lage gewesen sei, den ihm unterstellten Truppen genügenden soldatischen Geist beizubringen; allein als General von Göben am 26. Dezember mit der genannten Division bei Bapaume eintraf, war die feindliche Nordarmee gerade wieder im Begriff, in ihr Festungsviereck zu entschlüpfen.

Nur Kavallerie-Patrouillen erreichten noch wiederholt Fühlung mit dem Feinde, dann entzogen sich die französischen Kolonnen hinter den Mauern von Douai und Arras jeder weiteren Verfolgung. Dort, im Besitz aller Hilfsmittel, war General Faidherbe ganz der Mann dazu, seine Divisionen schnell wieder kriegstüchtig zu machen und die von General von Manteuffel in Aussicht genommene Wegnahme von Peronne nicht geschehen zu lassen, ohne daß er noch einen entscheidenden Versuch zum Entsatz gemacht hätte.

Das sahen auch unsere Heerführer voraus, allein dadurch ließen sie sich in ihren Maßnahmen nicht stören. Der Tag von Querrieux hatte gezeigt, daß man sich auch in der schwierigsten Lage auf unsere Truppen verlassen durfte.

Am 27. Dezember verfügte das Oberkommando die Zernierung von Peronne durch die herangekommene 3te Reserve-Division unter General Schuler von Senden und durch die 3te Infanterie-Brigade.

Die drei übrigen Brigaden des VIII. Korps sollten in der Linie Bertincourt-Achiet le Grand die voraussichtlichen Anmarschstraßen des Feindes decken. Beide Flügel des Korps waren durch Kavallerie gesichert. Nördlich von St. Quentin nämlich beobachtete die von der Maasarmee detachierte sächsische Kavallerie-Division unter General Graf zur Lippe, während bei Fins die Garde-Kavallerie-Brigade, verstärkt durch ein Bataillon des 33ten Regiments und eine Batterie, unter dem Prinzen Albrecht Sohn stand, endlich westlich von Achiet le Grand die zur 3ten Kavallerie-Division gehörige 7te Kavallerie-Brigade vorgeschoben war.

In dieser Stellung hätte General von Göben seinen arg zusammengeschmolzenen Truppen gern eine ausgiebigere Ruhe gegönnt. Seinem klaren Blick war die Gefahr am wenigsten entgangen, welche er lief, sobald er mit den ihm in der Front zur Verfügung stehenden 16 Bataillonen, in Stärke von kaum noch 10,000 Mann, dem in der Wahl seiner Angriffsstraße unbeschränkten Gegner im offenen Felde entgegentrat. Aber die Belagerung von Peronne sollte und mußte durchgeführt werden; es galt also, mindestens ausgeruhte Truppen dem Gegner entgegenzustellen.

Allein schon während der letzten Tage des ablaufenden Jahres meldeten zahlreich vorgesandte Kavallerie-Patrouillen die Wiederbesetzung der südlich von Arras gelegenen Dörfer, und es mußten nun täglich gemischte Kolonnen gegen den Feind vorgetrieben werden, um besser hinter den leichten Schleier seiner Infanterieposten zu sehen.

Am 28. und 29. Dezember fanden solche fliegende Kolonnen, deren Infanterie auf requirierten Wagen befördert wurde, das östlich von Arras an der Bahn nach Douai liegende Dorf Fenihy vom Feinde besetzt, und es gelang den betreffenden Führern festzustellen, daß ein großer Teil der feindlichen Nordarmee um Arras versammelt sei, und daß ferner eine feindliche Division auch bei Cambrai dem Befehl zum Vormarsch entgegenharre.

Um Genaueres über die Absichten des Feindes zu erfahren,

war es von General von Göben für wünschenswert erachtet worden, daß Gefangene gemacht würden. Die Husarenpatrouillen, welche Tag und Nacht unausgesetzt am Feinde waren, wandten deshalb ihre ganze Schlauheit an, einige Rothosen zu erwischen.

In der Nacht zum 30. Dezember ging eine nur drei Pferde starke Patrouille über Mouchy gegen Fampoux vor. Der führende Gefreite, ein in allen Lagen munterer Rheinländer, sagte, als er mit seinen Begleitern Mouchy umritten hatte, ohne daß das leiseste Geräusch die Anwesenheit des Feindes im Dorf verriet: „Kinder, ich will in meinem ganzen Leben nichts als sauren Most trinken, wenn wir ohne einen von diesen Windhunden zurückreiten. — Haltet still und hakt die Scheiden ein, es darf nichts klappern. Mich sollte wundern, wenn sie die Bahnbrücke nicht besetzt hätten. Ich habe mir die Geschichte gestern auf meiner Patrouille angesehen; man kann von hinten in die Gärten kommen."

Langsam, spähend und von Zeit zu Zeit in die Nacht hinauslauschend, ritten sie vorwärts.

Von Tilloy her tönte Hundegebell herüber, links vor ihnen in der Richtung auf Feuchy bewegten sich Lichter hin und her. Der Gefreite ritt etwas voraus; er winkte mit dem Säbel und seine Begleiter kamen heran.

„Schaut, dort haben wir — mein' ich — gestern die Bahn passiert. Sie sind, wie es scheint, auf dem Posten. Desto besser für uns! — Still, die Pferde spitzen die Ohren. Weiß Gott, wir haben sie vor uns! Deutlich habe ich ihr „Qui vive?" gehört. Das wird ein Hauptspaß! — Krelinger, wird dein Brauner auch nicht wieder wiehern?"

„Weiß der Deurel; er wird doch nicht so undankbar sein. Ich hab' schon ein Viertelpfund Zucker an ihn verfuttert." —

„Wir müssen's riskieren. — Vorwärts!"

In einer tiefen Mulde ritten sie, etwas nach Osten ausbiegend, weiter. Und wieder hielten sie; denn deutlich hatten sie von neuem das Anrufen der französischen Posten vernommen.

Der Gefreite deutete mit dem Säbel nach links und sie

schlugen diese Richtung ein. Es mußte ein kleiner Hügelrücken überritten werden. Einer hinter dem anderen gelangten sie hinüber und gewannen einen Wiesengrund, dem sie folgten.

Vor ihnen tauchten Häuser und Baumgruppen aus dem Dunkel der Nacht auf. Unwillkürlich marschierten die Husaren nebeneinander auf und spähten über ihre Pferdehälse gebeugt, ob sie nicht bei den Bäumen vor sich feindliche Posten entdecken könnten.

Nichts rührte sich, aber der Gefreite hatte einen Entschluß gefaßt. Leicht stieg er aus dem Sattel und flüsterte dem Husaren an seiner Rechten zu: „Komm mit, Landsmann. Krelinger kann uns hier erwarten. Wir wollen sehen, ob wir unserem Alten keine Freude machen können."

Die Säbel eingesteckt, den Karabiner im Arm schlichen die beiden Husaren von des Königs Regiment wie Diebe in der Nacht dahin. Ein baumbesetzter Weg lag vor ihnen. Sie standen und horchten; dann huschten sie gleich Schatten über die Straße.

Vom Feinde war weder etwas zu sehen noch zu hören. — Sollten sie sich getäuscht haben?

Nein! deutlich klang es keine 300 Schritte rechts vorwärts am Dorf: „Qui vive!"

Aber wie näher herankommen? Eine sechsfüßige Mauer faßte den vorliegenden Garten ein.

Der Gefreite dachte, dieselbe zu umgehen. Sie schlichen daran entlang.

Nur wenige Schritte und sie standen vor einer Thüre. In diesem Augenblick riß der Gefreite seinen Landsmann zurück. Mit einem Satz sprangen beide in den Straßengraben und lauschten.

Innerhalb der Mauer waren Stimmen laut geworden. Schritte nahten sich der Thür, man parlierte französisch. Aber die Husaren vermochten jeden einzelnen Schritt zu unterscheiden.

Es konnten nur wenige sein!

Die Rheinländer sahen sich an, dann zogen sie in gleichem

Impuls die Karabiner an sich und drückten sich fester auf den Boden.

„Fichtre, je me moque de ces brigands là!"

Nun waren sie da; die Pforte knarrte und drei Infanteristen traten heraus. — Wollten heraustreten!

Als der erste nämlich den an der Mauer entlang führenden Fußpfad betrat, richteten sich zwei Gespalten gespenstig vor ihm auf und vier Arme zogen ihn nach dem Graben hinab.

Als die beiden anderen dies sahen, ward die Thüre mit einem „sainte vierge" von ihnen zugeschlagen und erst als die Husaren mit ihrem Gefangenen bei den zurückgelassenen Pferden waren, donnerte ein Alarmschuß durch die Nacht.

Mit einem höhnenden „Lehm op" zog die Patrouille von dannen und der Gefangene wurde prompt in Bapaume abgeliefert. Heute schmückt das Kreuz von Eisen die Brust zweier Braven.

Wo solche Pflichttreue wacht, da hilft auch der Lenker der Schlachten!

Am 31. Dezember abends wußte General von Göben infolge der von allen Seiten eingegangenen zahlreichen Meldungen ganz genau, daß General Faidherbe seine Armee südlich Arras zusammengezogen habe, um in den nächsten Tagen mit vollen zwei Armeekorps zum Entsatz von Peronne vorzubrechen. Die höchste Wachsamkeit wurde für die in und um Bapaume untergebrachten Truppen angeordnet. Ein stetes Gehen und Kommen von Patrouillen, das Abreiten der Vorposten selbst durch die höchsten Vorgesetzten während Tag und Nacht verbürgte für den Fall des Angriffs eine rechtzeitige Gefechtsbereitschaft.

Leider hatte gerade in diesen Entscheidungstagen das Auftauchen von feindlichen Abteilungen bei Vervins zur Folge daß die sächsische Kavallerie-Division abberufen wurde, während General von Manteuffel infolge von Vorgängen an der unteren Seine am 29. Dezember nach Rouen zurückkehren mußte. General von Göben übernahm nunmehr das Kommando über alle Streitkräfte an der Somme. Da er nach dem Abmarsch der Sachsen seine rechte Flanke von Cambrai her gefährdet sah, verfügte er eine Verstärkung des Detachements Seiner Königlichen Hoheit des Prinzen Albrecht Sohn durch das 1te und 3te Bataillon des 40ten Regiments, eine Eskadron 9ter Husaren und zwei Batterien. Ein Bataillon desselben Regiments mit den 3 anderen Eskadrons der 9ten Husaren endlich erhielt für den 2. Januar Befehl, noch weiter östlich bei Epéhy Stellung zu nehmen. Durch diese notwendigen Maßnahmen wurden die in der Front stehenden Truppen des VIII. Korps noch mehr geschwächt und viele sahen dem kommenden Tage mit banger Sorge entgegen.

Ging der Feind gleichzeitig und energisch von Arras und Cambrai aus vor, so konnte nur Gott und unser Göben helfen. Nun daß der Erstere mit uns Deutschen war, hatten wir oft erfahren und Göben? — Wenigen Truppenführern ist wohl ein so unbegrenztes Vertrauen von ihren Untergebenen und — daß wir dies hier aussprechen — auch von ihrem Allerhöchsten Kriegsherrn entgegengebracht worden, wie diesem Ritter ohne Furcht und Tadel an der Spitze des VIII. Korps. Noch seltener vielleicht hat ein Feldherr zu aller Zeit so glänzend das in ihn gesetzte Vertrauen gerechtfertigt. Den Leuten ein vorsorglicher Vater, den Offizieren bis zum jüngsten Fähnrich herab, ein liebenswürdiger Kamerad, dem Becherklang und Jugendlust niemals unsympathisch gewesen, konnte er jeder Gemeinheit gegenüber zum strengsten Richter werden. Dann zeigte er sich heftig, sprach knarrend in abgebrochenen Sätzen und mochte für hart gelten. Aber nur dann; überall sonst war er ruhig und jeder seiner klaren Befehle trug den Stempel eines reiflich erwogenen Entschlusses an der Stirn.

Vielleicht niemals in seinem Leben ist General von Göben seinen Untergebenen so zuversichtlich ruhig erschienen, als an den kritischen Tagen von Sapignies und Bapaume. Mit der Gefahr wuchs er. Dann erkannte sein inneres Auge mit fast prophetischer Sehergabe jeden Schachzug des Gegners im voraus. Selbst eine unglückliche Schlacht hätte unter seiner Leitung niemals zu Ehrverlust führen können.

Darum sah die 15te Division den kommenden Dingen mit Zuversicht entgegen. Genug der Ihren waren, treu dem geleisteten Eide, gestorben für König und Vaterland; wohlan, die Helden von der Hallue waren bereit, den letzten Blutstropfen auf dem gleichen Altar zu opfern.

Am Morgen des 2. Januar hielt das 28te Regiment vorwärts Bapaume die Orte Achiet le Grand, Sapignies und Favreuil besetzt; das 68te lag in Bapaume, Beaulencourt und Fremicourt. Die Besatzung von Achiet le Grand (ein Bataillon, ein Zug Königshusaren und zwei Geschütze) rückte dort erst als Ersatz für die wegbeorderten Teile der 32ten Brigade am frühen Morgen ein.

Nachdem Vorposten ausgestellt und Patrouillen vorgesandt waren, warf sich noch mancher aufs Lager. Wir wissen, im Felde gilt es Vorrat zu schlafen, sobald man nicht weiß, was der Tag, die nächste Nacht bringen können.

In einem Hause nahe dem nördlichen Ausgang lagen etwa 20 Musketiere auf einer Streu und schliefen.

Warum sollten sie nicht? Ihre Gewehre waren in Ordnung, das Gepäck lag bereit; in wenigen Minuten konnten sie marschieren.

Sie schliefen; in dem kleinen einfenstrigen Zimmer daneben saß dagegen ihr Zugführer, ein blutjunger Offizier, auf einem Sessel und starrte düster vor sich hin. Und dabei dehnte — als unerklärliches Rätsel deutscher Disziplin — in dem prachtvollen Himmelbett ein Soldat unter breitem Grinsen seine Glieder. Er lachte, und sein Leutnant, der jubelnd in die Schlacht zu gehen pflegte, saß da mit einer Miene, als sei ihm Furchtbares passiert? —

Jetzt fuhr der Offizier auf; ihm war das gutmütige Grinsen seines Burschen nicht entgangen.

„Lieske!" —

„Herr Leutnant!"

„Du bist doch ein heimtückischer Kerl. Wenn ich nun die Pocken bekomme, bist du daran Schuld. Konntest du mir nicht früher sagen, daß der Pisang da in dem Bett an den Pocken gestorben?"

„Na, Herr Leutnant, es ist doch frisch bezogen und man liegt hier ganz gut."

„So liege, bis du die schwarzen Blattern bekommst! — Mir prickelt es am ganzen Leibe. — Aber nein, steh auf; aus dem Scherz könnte Ernst werden. Sieh dich lieber um, ob es etwas zu frühstücken gibt, mit dem Schlaf für mich ist es doch vorbei."

Klappernde Rosseshufe, die sich von draußen hören ließen, veranlaßten den jungen Offizier, der seinen Burschen in scherzender Rache statt seiner für kurze Zeit ins Pockenbett gesteckt, ans Fenster zu springen. Eine Husaren-Patrouille kam im Galopp daher.

„Was Neues, Unteroffizier?"

„Befehlen Herr Leutuant! — Die Franzosen rücken in dicken Kolonnen über Ervillers vor!"

„Hurra! — Kerls auf! — Rasch etwas essen und dann fertig machen; der Tanz geht los!"

In Sapignies war zu derselben Zeit der Divisionskommandeur General von Kummer anwesend. Im Gefecht stets in erster Linie, liebte es dieser General von echtem deutschen Schrot und Korn in jeder schwierigen Lage unter seinen Truppen zu sein und überall nach dem Rechten zu sehen. Seit dem frühen Morgen beritt er die Quartiere und Vorposten seiner Division. Gegen 11 Uhr bei einer Feldwache des 28ten Regiments angelangt, hatte der General von der Aufmerksamkeit, die er gefunden, befriedigt den Leuten zugenickt und war eben im Begriff, an der Seite des Majors Zacha, welcher augenblicklich die 28er führte, nach dem Dorf zurückzureiten, als ein daherjagender Husar die schriftliche Meldung vom Anrücken des Feindes brachte. Nur einen Blick auf das Papier, dann eilte der General mit seinen Begleitern rückwärts und bald gellte und wirbelte das Alarmsignal durch alle von unseren Truppen besetzten Dörfer.

Zwei Bataillone vom 28ten Regiment waren zuerst zur

Stelle und während die Vorposten unter leichtem Gefecht Behagnies räumten, besetzten jene Sapignies nebst dem daran stoßenden Höhenzug.

Unaufhaltsam drang der Feind — die ganze Division Payen — in doppelten, dicht aufgeschlossenen Kolonnen zu beiden Seiten der großen Straße vor; Behagnies wurde in anzuerkennender Schnelligkeit besetzt, zugleich entwickelten sich — diesmal ohne viel zu knallen — mehrere Bataillone gegen Sapignies zum Angriff.

Heute ging drüben bei den Rothosen überhaupt alles wie nach einem lange und wohl überlegten Programm.

Kaum erschienen ihre Angriffskolonnen südlich Behagnies, so tauchten auch zwei Bataillone in einem sich östlich bis Sapignies hinziehenden Grunde unter, der sie ziemlich unbelästigt durch unser eröffnetes Infanteriefeuer gegen die rechte Flanke der 28er führen mußte.

Dabei war auch eine zahlreiche Artillerie zur Hand. Zwischen Ervillers und Behagnies fuhr dieselbe auf und unterstützte durch ein gut gezieltes Geschützfeuer den Angriff ihrer die Unseren rückwärts drängenden Infanterie.

Glücklicherweise eilten jetzt die beiden Batterien der 30ten Brigade herbei und fuhren unter Bedeckung einer Halbeskadron der Königs-Husaren, unter Leutnant Graf Pourtalès, — welche Oberst Graf von Loë aus zur Stelle befindlichen Vorpostenzügen seines Regiments formiert hatte, — auf der Höhe östlich von Sapignies auf.

Zwar richtete sich jetzt das Feuer der an Zahl weit überlegenen feindlichen Artillerie auf jene Geschütze, allein unsere Batteriechefs überblickten die Größe der Gefahr, in welcher sich die von Überflügelung und Erdrückung bedrohten Kompanien der 28er befanden. Sie ließen den feindlichen Eisenhagel über sich ergehen und pfefferten zwischen die dicken Massen der siegestrunken vorstürmenden feindlichen Infanterie.

Aber der schnelle Erfolg, wahrscheinlich auch der Geist ihres energischen Führers, ließ die Franzosen heute vor Sapignies etwas von dem einst gerühmten „Elan" der Sieger von Magenta und Solferino zeigen. Ihre großen Verluste hielten sie nicht auf. Deutlich vernahm man das „En Avant" der Offiziere. Riß hier eine Granate breite Furchen in die dicken Reihen der Schützen, schnell schlossen die Glieder zusammen und drangen vor.

Eine rechts vorwärts unserer Artillerie ausgeschwärmte Kompanie des 28ten Regiments mußte vor den beiden Bataillonen weichen, welche von Behagnies aus in dem erwähnten Grunde vorgegangen waren.

Hinter den 28ern erstiegen die feindlichen Schützen die Höhe und wandten sich ungehindert von der Flanke gegen unsere Artillerie.

Kartätschenfeuer vermochte dem anlaufenden Feinde nicht Halt zu gebieten. Die Geschütze protzten auf und gingen zurück. Nur Leutnant von Senden mit seinem Zuge rührte sich nicht von der Stelle. Eines seiner Geschütze feuerte halbrechts, das andere gerade aus mit Kartätschen und einzelne dieser Lagen waren von einer so glücklichen Wirkung, daß ein augenblickliches Stutzen in der gegnerischen Vorwärtsbewegung eintrat. Diesen Augenblick benutzte der zur Stelle befindliche Abteilungskommandeur Major Mertens, die zurückgegangene Artillerie in ihre frühere Stellung zu senden. Kaum aber hatten die Batterien dieselbe wieder eingenommen und eine Lage Kartätschen gegen den Feind gesandt, so stürmten die Franzosen — einen glänzenden Siegespreis vor sich — heran.

Die Husaren des Grafen Pourtalès, 50 Mann von des Königs Regiment, hielten während dieser furchtbar bangen Minuten, ihre Zugführer, die Leutnants von Erffa und Kiekebusch, vor der Front, dem Feinde unsichtbar, in einer kleinen Senkung unmittelbar rechts rückwärts der Artillerie. Dreißig Schritte voraus beobachtete Leutnant Graf Pourtalès — den Trompeter neben sich — wie bei einem Friedensmanöver das Gefecht.

Des Krimstechers bedurfte er längst nicht mehr, er konnte dem Gegner ins Weiße des Auges sehen.

Als die Artillerie vorhin abfuhr, hatte er sich einmal kurz rückwärts gewandt, als wolle er schon da das lösende Wort sprechen. Er hatte sich indessen mit einem gegen den Trompeter gemurmelten: „Nein, noch nicht!“ bezwungen. Aber nun, wo Major Mertens winkend dahergesprengt kam, war der richtige Augenblick, um zu zeigen, was ein Kavallerieangriff zu rechter Zeit am passenden Platz vermag. Sich hoch in den Bügeln hebend, griff die Linke kürzer in die Zügel, die Spitze des Säbels senkte sich vorwärts und im Marsch-marsch von der Stelle weg, die Offiziere weit voraus, ging es mit wildem Hurra in den Feind. Die von jähem Entsetzen gelähmten, fünffach gegliederten Schützenschwärme wurden in einem Augenblick niedergeritten.

In wilder Hast floh alles rückwärts auf die Soutiens. Aber auch hier gab es keine Rettung. Schon stürmten sie mit neuem Hurra daher, diese gleich den alten Teutonen mit den Pferden verwachsenen Deutschen. Die bluttriefenden, sausenden Klingen schwingend, den Zügel kurz, die Schenkel am Gurt, so spornten sie ihre Rosse gegen die Kompanien. Noch ein jubelndes Hurra, dann wirres Durcheinander zappelnder Leiber, um sich schlagender, sterbender Rosse, Ruf um Pardon, wilde Schreie und Todesächzen. Selbst die den Kompanien folgenden Bataillone waren durch dieses plötzliche Vorbrechen der Husaren so überrascht, daß Graf Pourtalès vor der Front von festgeschlossenen Kolonnen mit verhältnismäßig geringem Verlust seine Züge zu sammeln und im Schritt in die innegehabte Stellung zurückzuführen vermochte.

Kaum war durch die Husaren die Front frei gemacht, so sagte unsere Artillerie dem kühnen Häuflein mit dröhnendem Munde ihren Dank. Ein unausgesetzter Kartätschenhagel ergoß sich auf die stehenden Bataillone des Gegners. Furchtbar wütete der Tod in ihren Reihen — sie schwankten.

General von Kummer war dies unten in Sapignies, wo er die Verteidigung persönlich leitete nicht entgangen. „Das Ganze avancieren!“ drang das Signal herauf.

Die vorher geworfene Kompanie des 28ten Regiments war auf diesen Appell an die Pflicht natürlich sofort mit zur Hand.

„Zur Attacke fällt's Gewehr — Hurra!"

„Hurra, hurra!" dröhnte es auch aus dem Grunde herauf, und nun ging es mit dem Bajonett hinter der fliehenden Division Payen her, daß diese — Hals über Kopf auch Behagnies räumte, wo sich unsere Kompanien nunmehr zur Verteidigung einrichteten. —

Während im Zentrum unserer Stellung das Gefecht in der geschilderten Weise zu unseren Gunsten umgeschlagen war, bedrohte die 2te Division des französischen XXIII. Korps, unter General Robin, von Mory aus die rechte Flanke unserer Aufstellung. Jedoch Oberst von Los, der mit der 3ten Eskadron der Königs-Husaren und dem Füs.-Bataillon der 68er zwischen Favreuil und Beugnâtre Stellung genommen hatte, verstand es durch ein echtes Husarenstückchen den Feind über die Stärke des dortigen Detachements so gründlich zu täuschen, daß der übermächtige Gegner einfach Gewehr bei Fuß stehen blieb. Die Infanterie wurde in weiten Abständen auseinandergezogen, vier Züge Husaren mußten — in einem Glied rangiert — ein Regiment darstellen, ja die Husaren machten sich sogar den Spaß, eine Batterie aus Baumstämmen herzustellen! So seltsam es klingt, die Sache glückte. General Robin ließ einige Kanonenschüsse abgeben, seine Kolonnen zogen hin und her, blieben aber endlich bei Mory beobachtend stehen.

Gegen unseren linken Flügel war die Division Bessol vorgegangen. Die beiden Kompanien des 28ten Regiments, welche Achiet le Grand besetzt hielten, mußten nach einigem Widerstande auf Avesnes zurückgehen. Ihnen gegenüber stellten die Franzosen Vorposten in Bihucourt aus. Die 4te feindliche Division unter General Derroja hatte, noch weiter nach Westen ausholend, abends Achiet le Petit erreicht.

Der Feind trachtete mithin zweifellos danach, die 15te Division von drei Seiten zu umklammern.

Ein engeres Zusammenziehen unserer Truppen war geboten. Deshalb wurde für die Nacht das 68te Regiment zur Sicherung der rechten Flanke nach Favreuil gelegt, Grévillers, Biefvillers, Avesnes, Beugnâtre und Fremicourt mit je einem Bataillon der 29ten Brigade besetzt, alle übrigen Truppen aber in und um Bapaume eng vereinigt.

Unter dem Schutz von Husaren-Patrouillen, welche unausgesetzt den Feind beobachteten, ohne ihn zu provozieren, ruhten unsere geschmolzenen Bataillone das Gewehr gewissermaßen im Arm.

Die Nacht verging ruhig.

Beim ersten Morgengrauen versammelte General von Kummer die 30te Brigade und das vereinigte Königs-Husaren-Regiment am nördlichen Ausgang von Bapaume. Die 29te Brigade nahm südlich der Stadt Stellung, entsandte jedoch das 2te Bataillon des 65ten Regiments nach Fremicourt, das 1te Bataillon desselben Regiments nach Beugnâtre und endlich das 2te Bataillon des 33ten Regiments nach Avesnes, Biefvillers und Grévillers. Das Detachement des Prinzen Albrecht sicherte nördlich Berimcourt in der rechten Flanke, und als Reserve des kommandierenden Generals waren zwei reitende Batterien und das 8te Jäger-Bataillon nach Le Transloy beordert.

Kaum waren diese Bewegungen ausgeführt, so wurde auch von allen Seiten der Anmarsch des Feindes gemeldet, und als die Sonne bei strenger Kälte hinter düsteren Wolken emporstieg, entbrannte in der Linie Bihucourt-Sapignies der Kampf.

Um die anmarschierenden feindlichen Kolonnen wirksamer unter Feuer nehmen zu können, befahl General von Kummer der 2ten schweren und 2ten leichten Batterie unter dem Schutz des 1ten Bataillons der 28er auf die Höhe westlich von Favreuil vorzugehen.

Vor Ankunft in dieser Stellung hielten die Batteriechefs ihren Leuten eine kurze Ansprache: „Ihr wißt" — sagten sie — „daß wir kaum noch die Hälfte der Munition haben. Jede Granate muß also sitzen, wenn es nicht heißen soll: ‚Bei Bapaume starb Seiner Majestät 15te Division.' Mit Gottes Hilfe soll es dahin nicht kommen. Wir zählen auf eure schon oft bewährte Ruhe!"

Und die Hauptleute hatten sich nicht verrechnet. Die Batterien protzten bei Favreuil — Front halblinks — ab, die Leute standen wie Statuen neben ihren Geschützen.

Da erschien am Ausgang von Sapignies feindliche Artillerie.

„Auf die feindlichen Geschütze — 900 Meter! Vom rechten Flügel feuern!"

„Erstes Geschütz — Feuer!"

Dahin heulte die Granate und sieh da, sie fand ihr Ziel. Das erste feindliche Geschütz ward zerschmettert, die gegnerische Artillerie aber verschwand, woher sie gekommen.

Leider sah es indessen für uns nach Nordwesten um so trüber aus. Die Division Bessol hatte unaufhaltsam vorrückend die 5te Kompanie des 33ten Regiments nach schwerem Verluste rückwärts getragen und bedrohte in der Richtung auf Grévillers die Stellung bei Bapaume. Dem mußte, so weit als möglich. entgegengetreten worden. Das 1. Bataillon der 33er erhielt Befehl, Biefvillers wiederzunehmen. Mit fliegender Fahne warfen sich diese Helden nach antikem Muster, unterstützt durch das Feuer der nahe westlich von Bapaume aufgefahrenen 1ten leichten Batterie auf die heranflutenden Massen der Franzosen und trieben dieselben in Gemeinschaft mit der wieder Kehrt machenden 5ten Kompanie nach Biefvillers zurück.

Auch die Infanteriemunition hatte über Nacht nicht ergänzt werden können. Nun, die 33er hatten ja in Pont-Noyelles bewiesen, daß sie das Bajonett zu gebrauchen verstanden.

„Zur Attacke fällt's Gewehr! — Marsch — marsch! — Hurra!"

Aber heute war es Tag. Heute vermochte der Gegner das Häuflein der Deutschen zu zählen. Wo bei ihm zehne fielen, traten zwanzig in die Lücken; die 33er aber verbluteten sich langsam. Die Hauptleute von Buttler, von Wedell und Wolff sanken kurz hintereinander tödlich getroffen. Immer lichter wurden die Reihen in diesem entsetzlichen Würgen und Morden von Mann zu Mann.

Und nun drangen auch um das Dorf herum feindliche Kolonnen vor; es galt der Gefangenschaft zu entgehen. Die 33er mußten zurück und auch aus Grévillers wurde die dort kämpfende Kompanie dieses Regiments durch umfassenden Angriff verdrängt. Noch 3 Offiziere und 300 Mann stark, fand das 1. Bataillon mit der letzterwähnten Kompanie bei Avesnes Aufnahme durch die dort stehenden Reste des Regiments und das Füs.-Bataillon der 28er.

Die Franzosen entwickelten neben einem unausgesetzt tobenden Schnellfeuer ihrer Infanterie eine starke Artillerie bei Biefvillers. Ihre Granaten kämmten die Glieder unserer in der Esplanade aufgestellten Reserven, die 1te schwere und 1te leichte Batterie westlich der Stadt erlitten furchtbare Verluste und die Schützen der über Grévillers vorrückenden Division Derroya drangen bereits bis zur großen Straße nach Albert vor. Zu dieser drohenden Erdrückung von Norden und Westen kam noch die Meldung, daß die Division Robin gegen Beugnâtre vorgehe.

Glücklicherweise war dies die Division Robin, welche in diesem Feldzuge wenig Energie entfaltete. Als General von Kummer das Füs.-Bataillon der 65er und die ihm von General von Göben zur Verfügung gestellten beiden Batterien der Reserve dorthin zur Unterstützung sandte, kam der Angriff zum Stehen, und als unsere Artillerie eine vorzügliche Wirkung zu verzeichnen hatte, führte der feindliche General mit der Vorsicht des Weisen seine Division genau so wie am vorhergehenden Tage auf Mory zurück.

Aber was nutzte dieser vorübergehende Erfolg?

Die Division Payen drang neben der Straße nach Arras immer weiter vor. St. Aubin ging verloren, feindliche Artillerie fuhr westlich davon auf und bestrich auch von dieser Seite die Ausgänge der Stadt. Dabei hatten sich die Verluste der 1ten leichten und 1ten schweren Batterie derartig gesteigert, daß sie hinter Bapaume zurückgehen mußten. Die Geschütze der letzteren wurden nach einem Verlust von 2 Offizieren, 17 Mann und 36 Pferden durch Infanterie zurückgeschafft.

Unter diesen Umständen benutzte General von Kummer eine unerwartet eintretende längere Gefechtspause, um unter Festhaltung der durch eine alte Umfassungsmauer recht verteidigungsfähigen Stadt seine Brigaden enger zu vereinigen. Die vorgeschobenen Truppen wurden herangezogen, von der 29ten Brigade Bapaume besetzt und mit Hilfe der 2ten Feld-Pionier-Kompanie zur hartnäckigen Verteidigung eingerichtet, während die 30te Brigade südlich von Bapaume Stellung nahm.

So vorbereitet erwartete man den Verzweiflungskampf von Norden, allein derselbe blieb aus.

Was war die Ursache?

Zwar entwickelte sich in der Richtung auf St. Aubin ein heftiges Gefecht, in dem das 1te Bataillon des Füsilier-Regiments Nr. 40 vom Detachement des Prinzen Albrecht auch nach schwerem Kampf das erwähnte Dorf nahm, aber das konnte nicht der Grund sein, warum die Divisionen Payen und Bessol fast unthätig blieben.

Nein, das war es auch nicht. General Faidherbe wollte die Stadt nicht einer dem Sturm vorausgehenden Beschießung aussetzen; er gedachte die Deutschen durch eine Umfassung von Südwesten aus ihrer Stellung herauszumanövrieren.

Darin hatte er sich nun freilich verrechnet. General von Göben erkannte seine Gründe und traf danach die ferneren Dispositionen.

Das Detachement des Prinzen Albrecht wurde zur Sicherung des rechten Flügels durch ein Bataillon und die 2te leichte Batterie bei St. Aubin verstärkt, alsdann aber der letzte Mann, die letzte Kanone daran gesetzt, den Feind wieder aus Tilloy zu vertreiben, welches inzwischen Bataillone der Division Derroya den dorthin beorderten 8ten Jägern genommen hatten.

Vierundzwanzig preußische Geschütze eröffneten von den Höhen östlich Tilloy ihr Feuer gegen den Feind. Von der Kavallerie-Division Gröben führte General von Mirus, der mit einer gemischten Kolonne bei Miraumont beobachtet hatte, — auf das Gefecht zumarschierend — drei Kompanien und 4 Geschütze heran, und General von Strubberg ging von der Stadt aus mit 2½ Bataillonen unter Trommelschlag gegen Tilloy vor. Diesem Angriff wichen die durch das deutsche Artilleriefeuer erschütterten Franzosen aus. Sie räumten das Dorf und zogen sich mit Verlust zahlreicher Gefangener auf Grévillers zurück.

Damit hatte das Ringen dieses Tages ein Ende. Wohl war uns vom Feinde eine Anzahl Dörfer abgenommen und seine Divisionen standen in weitem Bogen auf Gewehrschußweite von unseren Vorposten entfernt, allein Bapaume war gehalten, — gegen die erdrückende Mehrzahl des Feindes behauptet.

Die 15te Division und das Detachement von Mirus blieben für die Nacht in Bapaume, Tilloy und Ligny.

52 Offiziere und 698 Mann hatten vom VIII. Korps wiederum für König und Vaterland geblutet. Vier feindliche Divisionen hatten 53 Offiziere und 2066 Mann geopfert, um Peronne zu entsetzen. Es war ihnen nicht geglückt. Noch immer hielt Hingabe und Treue an der Straße Bapaume-Peronne die Wacht.

VII.

Die Entscheidung bei St. Quentin.

19. Januar 1871.

Der Versuch des Feindes, in der Schlacht um Bapaume die Festung Peronne zu entsetzen, war gescheitert. Starke Verluste, Anstrengungen und ungewohnte Kälte hatten das lockere Gefüge der feindlichen Armee aufs neue so erschüttert, daß deren genialer Führer es vorzog, am 4. Januar früh den Rückmarsch nach Norden anzutreten und dort seine Korps für eine günstigere Gelegenheit bereitzuhalten.

Aber auch General von Göben war wegen Erschöpfung

der Truppen und aus Munitionsmangel am 4. bei Feuillères über die Somme zurückgegangen, nachdem der Abmarsch des Feindes vorher zweifellos festgestellt war. Die Kavallerie-Division Gröben hatte die Verschleierung und Deckung des Rückmarsches bewirkt, während das Detachement des Prinzen Albrecht, vorwärts Peronne, Nurlu besetzt hielt, die 15te Division aber in Kantonnements hinter der Somme einige Tage wohlverdienter Ruhe fand.

Indessen kaum war die Munition wieder überall ergänzt, kaum hatten die Rheinländer am warmen Ofen ihre unverwüstliche Spannkraft wieder gefunden, so begann sich auch der Feind in seinen Quartieren südlich von Arras wieder zu regen.

Während unsere Truppen an der Somme zum Empfange des Gegners bereit standen, blieb es indessen vorläufig beim Hin- und Hermarschieren der Franzosen und als nach der am 10. Januar erfolgten Übergabe von Peronne die Festung durch deutsche Truppen besetzt wurde, machte der Feind nördlich von Bapaume mit sauren Gesichtern Halt.

Inzwischen war General von Manteuffel durch Allerhöchste Kabinetsordre zum Oberbefehlshaber der in Bildung begriffenen Südostarmee ernannt worden, und an seiner Stelle hatte Seine Majestät der König General von Göben mit dem Oberbefehl über die erste Armee betraut. In einem Armeebefehl vom 8. Januar verabschiedete sich General von Manteuffel mit warmen Worten von den ihm bisher unterstellten Truppen und sprach die Hoffnung aus, daß Gott auch ferner mit ihren Fahnen sein möge. Jeder Mann der ersten Armee, von General bis zum letzten Trainknecht hatte wohl das Gefühl, daß schon in nächster Zeit diese Fahnen wieder kühn dem Feinde entgegenflattern würden und daß unter den durch die Wegnahme von Peronne glücklich veränderten Verhältnisse auch neue Ruhmeskränze gepflückt werden müßten.

In der That schienen die Tage banger Sorge vorüber, wo den Bataillonen und Regimentern des Gegners unsererseits nur Kompagnien entgegengestellt werden konnten.

Infolge der an der unteren Seine eingetretenen Ruhe war es möglich, von Rouen 6 Bataillone und 2 Batterien mit der Bahn heranzuziehen. Die vor Peronne frei gewordene 3te Reserve-Division stand westlich, die 16te Division nach Besetzung des Platzes durch 2 Bataillone des 69ten Regiments und der nötigen Artillerie, östlich dieser Festung. Die sächsische Kavallerie-Division unter dem General Grafen zur Lippe hatte sich, von ihrem Streifzug gegen Guise zurückgekehrt, wieder bei St. Quentin auf den rechten Flügel der ersten Armee gesetzt. General von Göben vermochte dem Feinde mithin ebenfalls nahezu vier Infanterie-Divisionen entgegenzustellen. Trotzdem entschied er sich, seine Truppen so lange in den verhältnismäßig guten Quartieren an und hinter der Somme zu belassen, bis die Absichten des Feindes erkannt wären.

Am 13. Januar schien es, als beabsichtige General Faidherbe einen neuen Vorstoß gegen Amiens.

Ein von der Hallue aus nach Albert vorgezogenes Detachement, bestehend aus 2 Bataillonen vom 4ten Regiment, dem Füsilier-Bataillon 44er, 1½ Eskadrons des 7ten Ulanen-Regiments und der 4ten schweren Batterie des I. Korps unter Oberst Tietzen und Hennig, stellte durch seine vorgetriebenen Kavalleriepatrouillen den Vormarsch der gesamten Nordarmee auf der Straße Bapaume-Albert fest.

Gemäß der empfangenen Weisung, einem Angriff auszuweichen, räumte Oberst von Tietzen und Hennig am nächsten Tage die Stadt und zog sich auf Querrieux zurück, der Feind aber besetzte Albert mit Truppen seiner Division Bessol, schob die Division Derroya nach Pozières, Payen bis Courcelette und die Division Robin nach Bapaume vor.

Da die Sommeübergänge bei Bray und Corbie wohl verwahrt in unserer Hand waren, so hielt General von Göben einen Angriff auf Amiens für unwahrscheinlich er sah vielmehr die Absicht des Generals Faidherbe voraus, sich plötzlich über St. Quentin gegen die rückwärtigen Verbindungen der ersten Armee zu wenden. Indem der Oberkommandierende auch während der nächsten Tage die Armee in dem Sommebogen bereit hielt, in westlicher oder östlicher Richtung den Bewegungen des Feindes zu folgen, fiel der Kavallerie wiederum die Pflicht zu, jede Bewegung desselben zu beobachten, um eine etwa veränderte Marschrichtung schnell zu erkennen.

Infolgedessen schwärmten auf allen Seiten zahlreiche Patrouillen vor, und am 15. brachte die Meldung, daß die neugebildete französische Brigade Isnard auf der Straße von Cambrai nach St. Quentin vorrücke, dem Oberkommando die erste Bestätigung seiner gehegten Annahme.

Wohin würde sich nun die feindliche Hauptarmee wenden?

Dank der Findigkeit der Kavallerie sollte man darüber bald volle Gewißheit gewinnen. Zwar schien es am 15. Januar, als beabsichtige der Feind über Bray die Somme zu forcieren, allein als er bei Cappy die 30te Brigade gefechtsbereit in Stellung sah, gingen seine Kolonnen, ohne einen Angriff zu unternehmen, zurück und am Morgen des 16. konnte Leutnant Prinz Bentheim von den Königshusaren melden: „Es bewegen sich feindliche Truppen auf der Straße von Albert nach Montauban; außerdem rückt eine Kolonne von Albert gegen Bapaume." Und schon am Mittag dieses Tages ward Albert von einer Offiziers-Patrouille des 7ten Ulanen-Regiments geräumt gefunden. Ganz in Uebereinstimmung mit diesen Wahrnehmungen meldete auch die Garde-Kavallerie-Brigade feindliche Truppenmärsche von Combles aus in östlicher Richtung, und General Graf zu Lippe, Kommandeur der sächsischen Kavallerie-Division, erstattete Bericht, daß er — gemäß empfangener Direktive — St. Quentin nach leichtem Gefecht vor der einrückenden Brigade Isnard geräumt habe und nach Ham zurückgegangen sei.

Nun gab es keinen Zweifel, General Faidherbe marschierte mit seiner ganzen Armee auf St. Quentin. Wir mußten folgen. General von Göben befahl den Rechtsabmarsch der ersten Armee, um seinem findigen Gegner auch hier den Weg nach Süden zu verlegen.

Die auf der ganzen Linie hart am Feinde befindlichen

Patrouillen hatten festgestellt, daß derselbe zwar auf allen Straßen nördlich der Somme in dichten Kolonnen gegen St. Quentin marschiere, aber nach Süden oder Osten über jene Stadt nirgends hinausgegangen sei.

Heute, wo die Erklärung eines ehemaligen Marschalls von Frankreich bekannt geworden ist, welche besagt, daß er während der gewaltigen Kämpfe um Metz, trotz einer zahlreichen Kavallerie, niemals über die Bewegungen unserer Truppen unterrichtet gewesen sei, ist es besonders erfreulich, feststellen zu können, daß sich die deutschen Führer, Dank ihrer Kavallerie, in entscheidender Stunde über die Absichten des Gegners stets im Klaren befanden. Am 18. Januar früh übersah General von Göben die Verhältnisse so genau, als habe er die feindlichen Divisionen selbst dislociert. Poeuilly war vom Feinde besetzt gefunden; Vortruppen der 15ten Division hatten feindliche Kolonnen im Vormarsch auf den Straßen Roisel-St. Quentin, Hancourt-Vermand und Tertry-St. Quentin gesehen.

Auf diese übereinstimmenden Meldungen hin befahl General von Göben für den 18. Januar den Vormarsch der 15ten Division unter General Kummer über Tertry-Etreillers und beauftragte die kombinierte Division unter Graf Gröben, sich dieser Bewegung auf dem linken Flügel in der Richtung auf Vermand anzuschließen. Die 12te sächsische Kavallerie-Division unter Graf Lippe wurde im Süden bis Vendeuil vorgeschoben, während die 16te Infanterie-Division unter General Barnekow und die 5te Reserve-Division, — die seit dem Fall von Peronne dem Prinzen Albrecht Sohn unterstellt war, — bis Jussy resp. Ham zu gelangen hatten und den rechten Flügel bildeten.

Auf diesem Vormarsch stieß die 29te Brigade (von der 15ten Division Kummer) zwischen Tertry und Beauvois auf die feindliche Nachhut, welche nur langsam vorwärts kam, da der eingetretene Regen Straßen und Felder bis in die Tiefen aufgeweicht hatte. Lange, durch Infanterie gedeckte Munitionskolonnen stauten die Straße und verhinderten einen flotten Abmarsch.

General von Strubberg befahl der 1ten leichten Batterie

bei Tertry aufzufahren und den abziehenden Gegner durch ihr Feuer möglichst in Verwirrung zu bringen. Außerdem wies er Rittmeister Rudolphi von den Königshusaren auf die Gelegenheit hin, mit den ihnen unterstellten beiden Eskadrons einen guten Fang an der Kolonne zu machen. Zwar bestanden die genannten Schwadronen, nach Abgabe verschiedener Detachements nur noch aus 5 Zügen, der schwere Boden war unter dem Einfluß des andauernden Regens in einen Sumpf verwandelt und die Bedeckungskompanien marschierten auf der Straße hinter Gräben, allein wann wäre seit den Tagen eines Zieten und Seydlitz einer solchen Aufforderung nicht die allein mögliche Antwort geworden?

„Gewehr auf!“ So klang es nach schneller Umschau im Gelände aus des Rittmeisters Munde.

Dann hieß es: „Faustriemen ums Handgelenk! — Mit Zügen rechts brecht ab — Terrab! Leute, wir werden die Bedeckung der Kolonne niederreiten, vergeßt nicht, was ich euch so oft gesagt: Stechen! Der leiseste Stich setzt den Gegner außer Gefecht. — Eskadron — Galopp! — Marsch!“

In einer Mulde ging es auf die Straße Tertry-Beauvois zu und dann hinter einem leichten Hügelrücken fast parallel mit der marschierenden Kolonne bis in Höhe zweier feindlicher Kompanien.

„Trompeter — Signal: Front! — Signal: Galopp!“

Jetzt gab es nichts mehr zu verbergen; nun hieß es die 400 Schritt bis zur Straße im Angesicht der jenseits der Chaussee Stellung nehmenden Kompanien schnell zu durchmessen.

Im langen Jagdgalopp brauste die Front der Husaren heran. Die Pferde schienen zu wissen, worauf es ankam. Trotzdem sie bis über die Fesselgelenke in den tiefen Boden traten, stürmten sie Kopf an Kopf vorwärts, und als jetzt drüben eine dichte Rauchwolke aufstieg, der Rittmeister aber im selben Augenblick die Säbelspitze vorwärts warf, ergoß sich ungebrochen der deutsche Reiterstrom über die entsetzten Mobilgarden. Die Gräben, von denen die Franzosen Schutz gehofft, wurden ohne Stutzen mit Hurra überflogen, jeder Sporn senkte sich tief in die Flanken des treuen Rosses, ein letztes Hurra noch, und über die Bajonette hinweg fielen die Pferde in die Massen.

„Stechen!" riefen die Offiziere und die Königshusaren hielten sich daran. Kurz war die Blutarbeit, dann ergaben sich die zitternden, zagenden Reste.

Rittmeister Rudolphi war eben daran, die Früchte seiner schönen Attacke einzuheimsen, d. h. die zahlreichen Gefangenen zu sammeln und die Bespannung der Fahrzeuge töten zu lassen, da prasselte das Schnellfeuer vorgeeilter feindlicher Kompanien in das wirre Durcheinander von Feind und Freund. Überall blitzte und krachte es, auch unter und neben den Fahrzeugen hervor. Ein längeres Verweilen wäre Thorheit gewesen, die Husaren mußten sich der Vernichtung durch schleuniges Zurückgehen entziehen.

Wären im entscheidenden Augenblick nur noch einige Schwadronen zur Stelle gewesen, so hätte der Feind wahrscheinlich seine ganzen Munitionskolonnen verloren.

Das Vorgehen der Husaren im Verein mit dem Artilleriefeuer gegen die feindliche Nachhut hatte die zu dieser Zeit bei Poeuilly und Beauvois eingetroffenen Divisionen des XXIII. französischen Korps veranlaßt, gegen die Division Kummer Front zu machen. Es entwickelte sich sowohl vor der 39ten Brigade um Poeuilly wie seitens der Brigade Bock gegen Beauvois ein hartnäckiges Gefecht, in welches kurz nach Mittag auch die zur Linken auf Vraignes vorrückenden, zur kombinierten Division Gröben gehörenden Bataillone des Generals von Memerty energisch mit eingriffen. Erst als gegen Abend seitens des Ostpreußischen Grenadier-Regiments Nr. 4 Poeuilly und von den 8ten Jägern Caulaincourt genommen war und der Feind auf die in der Linie Vendelles-Vermand entwickelten Divisionen Robin und Payen zurückging, konnte das Gefecht allmählich abgebrochen werden. Leider war kurz zuvor noch General von Memerty unmittelbar hinter seinen Schützen schwer verwundet worden.

Nach Abbruch des Gefechtes bezogen die Truppen des

Generals Grafen Gröben in Poeuilly, Hancourt und weiter rückwärts Quartiere. Die 15te Division rückte in das vom Feinde geräumte Beauvois ein, die Truppen des rechten deutschen Flügels aber erreichten, ohne auf den Feind zu stoßen, die ihnen gesteckten Marschziele. Meldungen der 12ten (sächsischen) Kavallerie-Division bestätigten, daß der Feind auch im Süden oder Osten während des Tages über St. Quentin nirgends hinausgegangen sei.

Wieder stand also die erste Armee am Vorabend einer großen Schlacht. Jeder fühlte, daß der kommende Tag die endgültige Entscheidung auf diesem Kriegstheater bringen müsse und niemand bezweifelte den Sieg. Der Gegner hatte unsere Heeresleitung zu täuschen gehofft, es war ihm nicht gelungen. General von Göben hatte ihm mit zwei Divisionen nach Süden hin einen Riegel vorgeschoben, während die Divisionen Kummer und Gröben ihn unter Bedrohung seiner Rückzugslinie in der Front festhielten.

Das Wild war eingekreist, deshalb erließ das Oberkommando am 18. abends die nachstehenden Anordnungen, welche am 19. zum glücklichen „Halali" führen mußten:

„Die 15te Infanterie-Division und das Detachement des Generals Graf Gröben haben in einem glücklichen Gefechte die ihnen entgegengetretenen feindlichen Streitkräfte geworfen, ohne indessen den Feind genügend verfolgen oder die ihnen vorgeschriebenen Stellungen erreichen zu können. Der Sieg muß morgen vollendet werden.

„General-Leutnant von Kummer geht mit sämtlichen ihm untergebenen Truppen, mit Einschluß der gesamten Korps-Artillerie morgen früh 8 Uhr auf den Straßen von Vermand und Etreillers kräftig gegen St. Quentin vor. Unsere dort vorhandenen Streitkräfte genügen, um die ganze Nordarmee mit Erfolg anzugreifen. Ihre Aufgabe ist, alles, was sich vor St. Quentin entgegenstellt, über den Haufen zu werfen, St. Quentin umfassend anzugreifen und zu nehmen.

„General Graf Gröben wird sich zu diesem Zweck nach links hin bis auf die Straße nach Cambrai ausdehnen.

„General von Barnekow geht gleichfalls um 8 Uhr mit der 16ten Infanterie-Division und der Division Prinz Albrecht längs der Eisenbahn und der Straße über Essigny le Grand gegen St. Quentin vor.

„Die Division Graf Lippe mit der ihr zugeteilten 16ten Infanterie-Brigade, soweit solche bis morgen früh in Tergnier eingetroffen sein wird, unterstützt diese Bewegung durch gleichzeitiges kräftiges Vorgehen längs der Straße von la Fère nach St. Quentin durch möglichstes Umfassen nach rechts hin.

„Bei den jetzt hier vereinigten Streitkräften und unserer überlegenen Artillerie handelt es sich nur darum, energisch vorzugehen, um alles, was der Feind uns entgegenstellen kann, über den Haufen zu werfen.

„Ich werde mich an der Straße von Ham nach St. Quentin befinden.

„Sollte der Feind unsern Angriff nicht abwarten, so ist er mit Aufbietung der letzten Kräfte energisch zu verfolgen, da die Erfahrung lehrt, daß bei so schwach organisierten Streitkräften nicht sowohl der Kampf selbst, als die durchgreifende Ausbeutung desselben die größesten Erfolge gibt."

gez.: von Göben.

Dieser erteilten Disposition gemäß sammelten sich bei Tagesanbruch am 19. Januar die deutschen Streitkräfte in Stärke von 32,600 Mann einschließlich 5580 Reitern und 160 Geschützen auf den Sammelplätzen ihrer Divisionen.

Die Sonne schien zu zögern, den Dunstvorhang über dem wellenförmigen Hügelgelände zu lichten, auf welchem sich in den nächsten Stunden alle Schrecken einer großen Schlacht abspielen sollten. Ruhig und ernst standen die Bataillone vor den zusammengesetzten Gewehren. Die meisten waren sich des ganzen Ernstes der Stunde bewußt und viele mögen da wohl noch in ihre Brust gegriffen und sich gefragt haben, ob sie auch bereit seien, wenn es Gottes Wille wäre, noch heute vor seinem Throne Rechenschaft abzulegen. Andere dachten sicher der Ihren daheim. Was sollte das Weib mit der Kinderschar beginnen, wenn der in der Luft schwebende Todesengel ihn, den Ernährer, mit seinen düsteren Fittichen berührte? — Freilich ein Teil der leichtlebigen Rheinländer sah auch sichtlich unbekümmert dem Rollen der eisernen Kriegswürfel entgegen. Die einen hatten nichts zu verlieren, die anderen hörten in diesem Kriege schon manche Kugel pfeifen und dachten mit dem Fatalismus alter Soldaten: „Jede Kugel trifft ja nicht!"

Zu den letzteren gehörten zwei Offiziere der an der Spitze der 16ten Division vorwärts Jussy haltenden 31sten Brigade sicher nicht, die etwas abseits einer größeren Gruppe von Kameraden im ernsten Gespräch begriffen waren.

Der größere von ihnen, dessen Brust neben dem eisernen Kreuz bereits die Medaille von 1866 schmückte, sprach eindringlich auf seinen etwas jüngeren und kleineren Freund ein.

Derselbe ließ ihn längere Zeit reden, unterbrach ihn dann aber in leicht befangenem Tone:

„Unsinn, Felix! Wie kann ein vernünftiger Mensch wie du einem Traum solche Macht über sich einräumen? Du wirst noch oft lächelnd an diese Thorheit zurückdenken und meine Schwester glücklich machen."

Unter leichtem Kopfschütteln wurde dem Sprecher jedoch entgegnet: „Ich habe genau das Dorf gesehen, könnte es malen, vor dessen Ausgang mich im Traume das tötliche Blei traf. Mag dem aber sein, wie ihm wolle, ich zähle auf dein Versprechen. Wenn ich falle, bringst du Klara diesen Ring mit dem Vergißmeinnicht und die Zeilen aus meiner Brusttasche. Sage ihr dann auch, daß es mir im Besitz ihrer Liebe schwer geworden, zu sterben."

„An die Gewehre! — Gewehr in die — Hand!"

Ein warmer Druck der Rechten und die beiden Offiziere eilten zu ihren Kompanien.

In Jussy schlug es 8 Uhr, die 31te Brigade trat auf der großen Straße gegen St. Quentin an.

9te Husaren kamen dem an der Spitze marschierenden Divisionskommandeur, General von Barnekow, mit der Meldung entgegen, daß Grugies und die östlich davon gelegene Zuckerfabrik vom Feinde besetzt und weitere feindliche Kolonnen von St. Quentin aus im Anmarsch begriffen seien.

Infolge dieser Meldung gab General von Barnekow der an der Spitze marschierenden 31ten Brigade die Richtung auf Grugies und befahl der 5ten schweren und 5ten leichten Batterie, über den quer von Osten nach Westen laufenden Grund südlich Grugies vorzugehen und von den jenseitigen Höhen durch ihr Feuer diesen Angriff vorzubereiten.

Dem 2. Bataillon des 69. Regiments ward der Vorzug, das flatternde Panier der Ehre zuerst gegen den Feind zu tragen.

In Kompaniekolonnen schritt das wackere Bataillon wie auf dem Exerzierplatz zwischen Straße und Bahn zum Angriff. Aber diese Attacke im Parademarsch ließ sich hier doch nicht lange durchführen. Von der Mühlenhöhe de Tout Vent heulten Granaten daher, aus der Höhenstellung westlich und östlich der Zuckerfabrik ergoß sich schon auf weite Entfernung ein unausgesetzter Bleiregen über die vordringenden Kompanien. Prellschüsse gab es heute freilich nicht; wo eine Kugel einschlug, da war sie begraben. Dafür gestaltete sich das Vorwärtsgehen der 69er in dem völlig schutzlosen Gelände zu einem niederdrückenden Vorwärtskneten in dem völlig durchweichten Boden.

Während die Leute bei jedem Tritt bedacht sein mußten, ihre Stiefel nicht stecken zu lassen, hielt der Tod reiche Ernte in ihren Gliedern. Dennoch avancierte das Bataillon mit Todesverachtung und gelangte bis auf die Abhänge zu dem Grunde vor Grugies.

Aber hier schien sich die Hölle aufzuthun. Aus Front und Flanke kamen die Todesboten daher. Die ganze Brigade Förster stand zu beiden Seiten des Bahndammes entwickelt und von der Höhe westlich von Grugies spieen zwei Batterien Tod und Verderben. Die 69er mußten zurück.

Sie wollten aber nicht weichen. Noch mehrmals führten sie ihre Offiziere gegen den furchtbaren Grund. Hauptmann

Dörmer, die Leutnants von Bardeleben, von Löwenstein und von Lippe bluteten mit vielen Leuten bei diesen wiederholten Versuchen gegen die Unmöglichkeit. Der Angriff kam nicht weiter, man mußte sich darauf beschränken, die gewonnenen Hänge durch das eigene Feuer zu halten.

Glücklicherweise erkannte Oberst von Rosenzweig vom 28ten Regiment, der die 31te Brigade führte, die mißliche Lage des Bataillons und ließ daher 6 Kompanien des 29ten Regiments zur Aufnahme der 69er vorgehen.

Nach oft erprobtem Rezept hielten sich die Kompanien, als sie über die 69er hinausgelangt waren, nicht mit vielem Knallen auf. Mit Hurra ging es hinunter in den Grund. Bergab stampfte sich das auch leichter in dem tiefen Lehm.

Im Avancieren begriffene feindliche Kompanien wollten nicht weichen.

„Na, wartet, denen wollen wir Beine machen. — Legt an! — Feuer!"

Aha, das schmeckt euch nicht? — Ihr wollt nicht mehr mitspielen?

„Vorwärts Leute, wir müssen die Kerle durch den Grund in ihren Bau zurückjagen!" rief ein großer Offizier seinen Musketieren zu.

Aber wieder machte der Gegner Front. Die Division Pessol hatte schon bei Bapaume die Zähne zu zeigen verstanden.

„Hurra!" klang es jedoch von den Schwester-Kompanien weiter östlich. — „Marsch-Marsch — Hurra!" rief auch der schlanke Offizier, den Revolver in der Rechten, und stürzte sich mit den Seinen auf den Feind.

Hart klirrte Stahl an Stahl. Der Gegner war brav, aber unseren kräftigen, in der Waffe gründlich geschulten Rheinländern vermochte er nicht zu widerstehen. Er wich und enteilte vor unseren nachstürmenden Truppen unter den Schutz der mit französischem Geschick zu hartnäckiger Verteidigung eingerichteten Zuckerfabrik.

Dem von dorther fegenden Infanteriefeuer gegenüber galt

es die etwas durcheinander gekommenen Kompanien schnell zu ordnen und auf dem nördlichen Höhenrande zum Feuergefecht einzunisten.

Der große Offizier, welcher eben noch den Seinen so kühn vorausgestürmt, stand jetzt in befremdlicher Unthätigkeit auf seinen Degen gestützt aufrecht hinter den Schützen und blickte nach Grugies hinüber. — Er hatte sein nächtliches Traumbild erkannt.

Mit einem leichten Seufzer wandte er sich zur Seite und avertierte eben: „Auf die feindlichen Schützen bei dem Düngerhaufen — 300 Meter", da griff die Linke krampfhaft nach der Brust; er wankte zwei Schritte vorwärts und sank brechenden Auges in die Knie. —

Um das Gefecht auf der Höhe vor Grugies und der Zuckerfabrik nicht wieder völlig in Stillstand geraten zu lassen, verstärkte die im heftigen Granatfeuer bis in den Quergrund vorgerückte 32te Brigade unter Oberst von Herzberg beide Flügel der im Feuer stehenden 29er durch je zwei Kompanien des 70ten Regiments, und zwei schwere Batterien fuhren östlich der großen Straße auf dem Höhenrücken vor dem Grugies-Grunde zur Bekämpfung zweier feindlicher Batterien bei Tout Vent auf.

In weitem Bogen tobte gegen Mittag die Schlacht um St. Quentin. Aus der Gegend von Contescourt rollte und dröhnte es ununterbrochen herüber und von Osten vernahm General von Barnekow in der Höhe des sich bis gegen Itancourt hinziehenden Thales lebhaftes Gefecht.

Dort hatten sich inzwischen die Sachsen recht derbe mit der französischen Brigade Aynès verbissen, welche erst beim Anrücken der sächsischen Vorhut, unter Oberst von Karlowitz, die Höhe nördlich le Poutchu und la Neuville, Hals über Kopf besetzte. Die 1te und 3te Kompanie der 12ten Jäger waren jetzt — unterstützt durch das Feuer der beiden westlich Cornet d'Or aufgefahrenen Batterien der Division des Grafen zur Lippe — dabei, den Rothosen zu zeigen, daß die Sachsen auch ungemütlich werden können, wenn man sie reizt.

Freilich vermochten die Geschütze der Kavallerie-Division

das Feuer der von dem Mühlenberge bei Tout Vent aus dominierender Stellung feuernden schweren Geschütze des Gegners nicht von den flink vorwärts springenden Jägern abzuziehen; freilich fanden die Sachsen weder Baum noch Strauch, wo sie in dem Gelände hätten Deckung nehmen können, und der Park von le Poutchu war von mehreren Bataillonen besetzt, — allein die Jäger wußten ihre deutschen Brüder vor Grugies im schweren Ringen. Welch mächtiger Impuls ist doch die im Frieden genährte, im Felde bewährte Kameradschaft! — Um wieviel schwerer wiegt doch vor dem Feinde der zu jedem Opfer bereite soldatische Geist als die numerische Überlegenheit einer schwach organisierten Truppe!

Oberstleutnant Graf Holzendorf, Kommandeur des Jägerbataillons, hatte nur die seitens des Oberkommandos erteilte Weisung im Auge, energisch drauf zu gehen, und damit die 16te Division zu entlasten; wie vor St. Privat und Sedan, so sollten auch heute sächsische Landeskinder beweisen, daß sie sich als ein Glied des Ganzen fühlten und bereit wären, mit zu siegen oder mit zu sterben.

Die Jäger gelangten auch bis vor die Parkmauer von le Poutchu, aber hier empfing sie heftiges Flankenfeuer. Wut im Herzen mußten sie zurück — über das freie, schutzlose Feld, vor diesen schnell zusammengerafften Kerlen zurückweichen, die sie aus ihrer gedeckten Stellung mit Chassepotfeuer überschütteten. Immer wieder sprangen einzelne Leute vor, wo sie ein zu neugieriges Käppi erblickten, die Entfernung wurde in Seelenruhe geschätzt und dann erst der Abzug berührt. Vor Cornet d'Or fanden die beiden Kompanien Aufnahme.

General Graf zur Lippe entschloß sich, zunächst seine Artillerie gegen die feindliche Stellung wirken zu lassen und die Ankunft des von Tergnier kommenden 2ten Bataillons des preußischen Infanterie-Regiments Nr. 36 abzuwarten.

Kaum war endlich diese sehr erwünschte Verstärkung im Verein mit 3 Geschützen angelangt, kaum hatten sich Sachsen und Preußen jubelnd begrüßt, so befahl der sächsische Divisions-Kommandeur von neuem den Angriff.

Wiederum gingen die Jäger gegen den Park von le Poutchu vor; das preußische Bataillon richtete seinen Angriff gegen la Neuville. Jetzt galt es zu zeigen, wer beim sprungweisen Heranschießen an die feindliche Stellung die flinkesten Beine, in der Erwiderung des gegnerischen Feuers die sicherste Hand bewies.

„Die Preußen dürfen uns nicht zuvorkommen!" sagten die Sachsen und ließen sich von ihren Offizieren kaum halten. Diese hatten nur immer wieder zu ermahnen: „Ruhe, Leute! — Ruhe! Spart eure Patronen; je besser ihr schießt, desto eher kommen wir zum Ziel." — Viele der braven Jäger erlebten freilich diesen Augenblick höchster soldatischer Begeisterung nicht, wo alles jubelnd zur letzten Entscheidung unter Hurra vorwärts drängt.

Von Tout Vent her kommen hoch oben in der Luft scharf begrenzte kleine Rauchwolken pfeilschnell daher. Über den Soutiens scheinen sie einen Augenblick zu stehen, dann kracht es dumpf und die krepierenden Shrapnels ergießen ihren Bleihagel trichterförmig über das Gelände.

„Das thut euch nichts, meine Kinder!" ruft Oberstleutnant Graf Holzendorf und setzt lachend hinzu: „Viel Geschrei und wenig Wolle. — Vorwärts die 1te Kompanie! — Wenn möglich, Herr Hauptmann, bis an den Abhang."

Auf springen die kotbedeckten Jäger, die Büchse in der Rechten eilen sie gebückt vorwärts über das Feld.

Vom Höhenrande fegt Chassepotfeuer über sie hin, hoch über ihnen ziehen die Shrapnels gleich Raketenbündeln ihre Bahnen; die Jäger setzen unbeirrt den letzten Atem daran. Aber nun heult es anders und in niedrigem Bogen von der feindlichen Artilleriestellung daher — und krach, reißt die Granate einen Mann in Stücken.

Die Leute prellen im Lauf nach rechts und links auseinander, aber die ruhige Stimme des Hauptmanns mahnt: „Noch zwanzig Schritt, meine Jäger!"

„Endlich! — Halt! — Nieder! — Auf die zurückgehenden Schützen — Schnellfeuer!"

Zwar klopft das Herz zum Zerspringen von dem langen Ansprung, aber die Jägerbüchse weiß dennoch auf der abfallenden Halde ihr Ziel zu finden. Der Hang bedeckt sich mit toten und verwundeten Franzosen.

Und kaum haben sich die Jägerkompanien auf der Höhe ein wenig verschnauft, so gibt ein von rechts her herüberdringendes Hurra der 86er den Impuls für ein allgemeines Vorgehen.

Graf Holzendorf führt seine schneidigen Jungen durch den Grund gegen den Park von le Poutchu. Feindliche Schützen werden rückwärts getragen und suchen das schützende Holz zu erreichen, aus dem es den Deutschen in der Front ununterbrochen entgegenprasselt.

Die sächsischen Offiziere sehen es, jeder Augenblick des Stutzens muß schwere Opfer kosten.

„Erster und Schützenzug gegen die vorspringende Ecke. Der zweite Zug gerade aus! — Marsch — marsch in den Wald. — Hurra!"

Kaum ist dieser begeisternde Ruf über die Lippen des Hauptmans Bartky gedrungen, so besiegelt er die Treue zu König und Vaterland mit seinem Blute. Noch ein letztes „Vorwärts" hören seine das Holz gewinnenden Leute, dann haben sie des Führers Stimme zum letztenmal vernommen.

Aber sie haben keine Zeit, sich nach dem Gefallenen umzusehen. Freilich sitzen sie am Rand des Parkes fest, aber aus Busch und Strauch blitzt es hervor und ein Lusthaus scheint Feuer zu speien.

Ein Oberjäger rafft eine Handvoll Leute zusammen. Mit Hurra dringen sie vor. — „Halt! — Legt an! — Feuer!"

Aha, das hilft. Die Besatzung weht zum Zeichen der Ergebung mit den Tüchern.

Eine Pantomime bedeutet die Franzosen, herauszukommen;

da tönt es hinter dem Lusthaus: „Vive la France!“ drinnen fliegen die Gewehre noch einmal an den Kopf und ein Jäger bezahlt die Heimtücke mit dem Leben.

„Weeß Knebbchen die L . . . . kerle schreien Pardon und nachher menen se schießen zu können! Na, de können mer leb duhne. — Ruhig, ruhig! echeffiert euch nicht, die müssen alle dran glauben! —

Und in der That lagen in dem engen Raum später sieben Leichen neben- und übereinander.

Mit „Hurra“ ging es dann durch den Park, mit „Hurra“ wurde der Ort und die Höhe genommen und ein vernichtendes Schnellfeuer verfolgte den gegen die Vorstadt von St. Quentin fliehenden Feind, während Jägerabteilungen zahlreiche Gefangene sammelten.

Während sich so die 12ten Jäger glänzend bewährten, hatten auch die 86er in stetem Vorwärtsdringen La Neuville genommen und General Graf zur Lippe konnte im stolzen Bewußtsein des Sieges seine Kavallerie-Regimenter zur weiteren Umfassung des feindlichen linken Flügels vortraben lassen. —

Noch bevor die sächsische Kavallerie-Division in so günstiger Weise auf den linken feindlichen Flügel zu drücken vermochte, war Oberstleutnant von Hymmen links von der 16ten Division mit dem Füs.-Bataillon des 81ten und dem 1ten Bataillon des 19ten Regiments, 2 Eskadrons seiner Husaren und einer Batterie über Grand Seraucourt gegen Contescourt vorgerückt. Grand Seraucourt war nach leichtem Gefecht genommen und von den 81ern nebst den Husaren besetzt worden; gegen das von starken feindlichen Kräften verteidigte Dorf Contescourt hatte sich jedoch das von dem Feuer der reitenden Batterie unterstützte Bataillon des 19ten Regiments lediglich auf die Abwehr feindlicher Vorstöße beschränken müssen.

General von Göben, welcher zu dieser Zeit von einer bei Roupy gelegenen Höhe den Gang der besonders auf seinem rechten Flügel lauter und lauter brüllenden Schlacht beobachtete, erteilte deshalb der unter Oberst von Böcking aus Ham anrückenden Armeereserve — bestehend aus dem 41ten Regiment, 3 Eskadrons und 2 Batterien — Befehl, Contescourt zu nehmen und in der Richtung auf Grugies das Gefecht der 16ten Division zu unterstützen.

Oberst von Böcking, dem gemeldet wurde, daß sich die Franzosen gegenüber der Division Barnekow zu einem höchst bedrohlichen Offensivstoß gegen Essigny aufgerafft hätten, säumte nicht eine Sekunde:

„Leute, wir werden jetzt das Dorf dort oben nehmen!“

„Befehlen Herr Oberst!“ brauste es ihm als einzige Entgegnung zurück.

Jubelnd und siegesgewiß klang es aus den Kehlen der 41er und kaum hatten die beiden Batterien Zeit gefunden, dem Feinde hinter seinen Mauern, Zäunen und Gräben in Contescourt ordentlich einzuheizen, so klang auch schon jener brausende Siegesruf vom Dorfrande hernieder, den die Franzosen so wenig zu ertragen vermochten. Zwei Kompanien des 1ten Bataillons kehrten die Rothosen aus dem Ort hinaus und drangen dann in feurigem Draufgehen mit zwei Füsilier-Kompanien dem fliehenden Gegner auf den Fersen auch in Castre ein.

Inzwischen gingen die übrigen Kompanien des Regiments, von ihrem eben so umsichtigen wie braven Obersten geführt, weiter östlich bei Castre vorbei gegen den Höhenrücken vor. Die 4te Kompanie, unter Führung des Premierleutnants Teschner, erstürmte dort, fast ohne einen Schuß zu thun, ganz im Sinn der von General Göben erteilten Disposition — alles vor sich nieder zu werfen — ein massives Gehöft und nahm 1 Offizier und 130 Mann gefangen. Und mit der gleichen Energie ward von Schwesterkompanien auch der tiefe Hohlweg gesäubert, welcher sich nordöstlich von Castre auf der Höhe hinzog. Die Franzosen wollten hier nicht weichen, aber ostpreußische Kolben machten ihnen Beine.

Oberst von Böcking stand als Herr und Sieger auf der Höhe und seine Bataillone nisteten sich im Verein mit den 19ern vom Detachement Hymmen in der eroberten Stellung ein. Drei

Batterien beschossen das als Schlüssel der feindlichen Stellung anzusehende Grugies, und als Seine Königliche Hoheit Prinz Albrecht Sohn, dem das entscheidende Eingreifen der Reserve-Bataillone unter Oberst von Böcking nicht entgangen war, noch zwei Kompanien des 19ten Regiments und 2 Batterien zur Unterstützung sandte, spieen von der Höhe nordöstlich Castre 30 Geschütze Tod und Verderben gegen den inzwischen auch zur Rechten des Bahndammes — mit Hilfe der Bataillone der 3ten Reserve-Division — mehr und mehr auf St. Quentin gedrängten Feind.

Jede deutsche Granate fand hier ihr Ziel. Grugies ging an mehreren Stellen in Flammen auf, in der Zuckerfabrik stürzten ganze Mauerteile, zuckende Leiber begrabend, nieder. Protzkasten und Munitionswagen flogen in die Luft und die feindlichen Reserven fanden vor unseren beim Einschlagen auch sicher krepierenden Todesboten, nirgends mehr Schutz noch Deckung. Oberst von Böcking, der das Kommando über alle Truppen westlich der Bahn übernommen, ließ dem Gegner einen gewaltigen Kehraus aufspielen und hielt seine Bataillone bereit, den feindlichen Brigaden Gislain und Förster endgültig den Weg zu weisen.

Bevor wir diesem letzten Ansturm auf die feindliche Stellung folgen, ist es unsere Pflicht, nach dem Gange des Gefechtes auf unserem linken Flügel Umschau zu halten.

Die 15te Division unter General von Kummer war, über Etreillers und Savy vorgehend, erst gegen 11 Uhr in ernste Berührung mit dem Feinde gekommen. Rittmeister Rudolphi von den Königs-Husaren, der seine Leute schon am vergangenen Tage zu schneidiger Attacke gegen feindliche Infanterie geführt, war es gleich bei Beginn des Gefechtes geglückt, eine feindliche Dragoner-Eskadron, die ihn mit seinen drei Zügen durch eine Salve abweisen zu können hoffte, über den Haufen zu reiten und auf der bis Epine de Dallon ausgedehnten Verfolgung größtenteils außer Gefecht zu setzen. Die Königs-Husaren hauten und stachen, so lange sie den Arm zu rühren vermochten, bis feindliches Infanteriefeuer die vollständig zerstreuten Dragoner aufnahm und das Rangieren der Husaren damit geboten erschien.

Nach dieser glänzenden Eröffnung des Gefechtes durch die Divisions-Kavallerie entwickelte sich die Brigade Bock unter dem Schutz ihrer Artillerie gegen den Feind, der die Gehölze zwischen Francilly und Savy stark besetzt hielt. Den beiden feindlichen Brigaden Lagrange und Isnard gegenüber gelang es ihr indessen nicht, Boden zu gewinnen.

Auch die 30te Brigade, welche auf Befehl des Generals von Göben das 8te Jägerbataillon unter Major von Bronikowski nebst zwei Bataillonen des 28ten Regiments und einigen Batterien an Stelle der früheren Armee-Reserve zur Verfügung des Oberkommandierenden gestellt hatte, ward in das Gefecht gezogen. Und da die Franzosen jeden Busch, jeden Baum mit anzuerkennender Tapferkeit verteidigten, so mußte zunächst auch hier unsere Artillerie ein gewichtiges Wort mit dem Gegner sprechen.

Während 48 Geschütze aus Stellungen nördlich und südlich von Savi die entgegentretenden französischen Geschütze allmählich zum Zurückgehen veranlaßten und das im Walde hin und her wogende Gefecht der 15ten Division durch Granaten unterstützten, befahl der Oberkommandierende der neu gebildeten Armee-Reserve unter Major von Bronikowski den Angriff gegen l'Epine de Dallon.

Wir haben die Jäger in Daours an der Hallue bei der Arbeit gesehen, wie sie dort Brust an Brust mit dem Feinde um den Sieg gerungen und wundern uns daher nicht, wenn sie heute Schulter an Schulter mit den 28ern — des Bleiregens nicht achtend — die Höhe emporklommen und erst Luft schöpften, nachdem ihre Büchsen dem fliehenden Feinde aus der genommenen Stellung ein lang rollendes, vernichtendes Geleit gegeben. —

Auf dem äußersten linken Flügel war die dem Grafen Gröben mit unterstellte 1te Division etwa in Höhe der Division

Kummer zu beiden Seiten der Römerstraße gegen Francilly und Holnon vorgegangen.

Nach glänzendem Gefecht hatten die Kronprinz-Grenadiere das erstgenannte Dorf genommen. General Graf Gröben sah sich indessen gegenüber der Brigade Michelet und einem gegen seine linke Flanke gerichteten Vorstoß der anrückenden feindlichen Brigade Pauly solange auf die Verteidigung beschränkt, bis die 15te Division gegen den von dem furchtbaren Artilleriefeuer erschütterten zähen Gegner unter Trommelschlag und Hurraruf zum allgemeinen Angriff schritt.

Dieser Zeitpunkt der Entscheidung gestaltete sich überhaupt zu einem gemeinsamen konzentrischen Vordringen gegen den von Grugies und Rocourt aus jetzt langsam nach der inneren Stadt abziehenden Gegner.

Das zur Abteilung des Obersten von Böcking gehörige 41te Regiment unter Oberstleutnant von Hüllessem, welches bei Castre den ersten glücklichen Umschwung gab, hatte schon früher in bewundernswerter Tapferkeit die Höhenstellung um Grugies genommen. Nun drängten auf und neben der großen Straße Kompanien des 40ten und 70ten Regiments vorwärts, warfen unterstützt durch das Vorgehen der 1ten Reserve-Dragoner und 3ten Reserve-Husaren, welche die feindlichen Schützenlinien niederritten, ein letztes Vorbrechen der Brigade Pittié zurück und als dann überall auf der ganzen Linie hell und freudig das Signal erklang: „Das Ganze avancieren!" da ward dieser letzte Teil der Schlacht zum wilden Wettstreit um Ehre und unvergänglichen Ruhmeslorbeer.

Eine Kompanie des 69ten, 3 Kompanien des 29ten Regiments und 2 Kompanien der 40er stürmten westlich der Bahn gegen die Zuckerfabrik. Ein furchtbares Feuer schlug ihnen aus den zerschossenen Mauern entgegen. Die 29er waren fast führerlos, schrecklich hatte der Tod ihre Reihen gelichtet und doch klang ihr „Hurra" so frisch und kräftig, als sie im wütenden Anlauf mit den andern Kompanien dem Feinde das letzte Bollwerk entrissen, daß heute wahrhaftig jeder stolz sein kann, ein 29er zu heißen

Die Ostpreußen unter Oberstleutnant von Hüllessem mochten sich aber von keinem zuvorkommen lassen. Unsere östlichen Landsleute sind für gewöhnlich namenlos gutmütig, gereizt werden sie gefährlich. Pulverdampf und Schlachtgebrause berauscht sie, dann fühlen sie sich von dem durch den Ausspruch unseres großen Kanzlers berühmt gewordenen „furor teutonicus" gepackt; so lange das Herz noch schlägt, stürmen sie vorwärts, so lange die Lippe noch bebt, rufen sie „Hurra", und so lange die derben, treuen Fäuste das Gewehr zu umspannen vermögen, schmettern sie die Feinde ihres Königs und Herrn zu Boden. So haben ihre Väter unter York von Wartenburg gearbeitet, so nahmen die 41er heute das Vorrecht für sich in Anspruch, als erste zu siegen oder zu sterben für König und Vaterland.

Während Major von Bronikowski mit seiner Abteilung in ehrenvollem Wettkampf Rocourt, dann Oestre nahm und die 15te Division jetzt ebenfalls unaufhaltsam bis gegen die Stadt vorging, stürmten die 41er den Bahnhof und drangen bei einbrechender Dunkelheit über die verbarrikadierte Kanalbrücke in die Stadt ein, wo ihnen allein 54 Offiziere, 2260 Mann und 4 Geschütze zur Beute wurden. General Faidherbe, welcher seine Truppen unausgesetzt zur Ausdauer ermahnt hatte, entkam selbst nur mit Hilfe der Einwohner durch die rückwärts liegenden Gärten.

Aber noch war die ganze Arbeit nicht gethan. Teile des XXIII. französischen Korps verteidigten sich von Haus zu Haus. Indessen schon nahte Hilfe.

Von der Abteilung des Majors von Bronikowski drang die 1te Kompanie der 8ten Jäger und die 5te Kompanie des 28ten Regiments, bald darauf auch 68er und 33er in die Stadt und erdrückten den ihnen entgegentretenden Widerstand.

Gegen 6 Uhr war St. Quentin in den Händen der Deutschen, die Franzosen eilten in wilder Hast ihren Schlupfwinkeln hinter den Mauern von Cambray und Dauai entgegen, und die erschöpften Bataillone des Siegers tasteten sich in tiefer Dunkelheit von ihren jeweiligen Standorten in die nächstgelegenen Vorstädte oder Dörfer, wo sie Quartiere nahmen. Das Gros der 16ten Division und die Truppen des Prinzen Albrecht besetzten St. Quentin.

Über dem Schlachtfelde aber lag die Nacht. — Für Tausende eine Nacht unvergeßlicher Schrecken und Qualen. Die Schwerverwundeten, welche sich nicht mehr an trockene oder geschützte Stellen zu schleppen vermochten, sanken durch die Schwere des Körpers in den tief durchweichten Boden ein und, während ein Brand in ihrem Innern glühte, fielen sie doch der Erstarrung zum Opfer. Noch immer rieselte eine feiner Regen nieder und ließ auch die leichter Verwundeten, selbst an den Sammelplätzen, bis ins Mark der Knochen erschauern. Werfen wir nur einen kurzen Blick auf die Unsumme allen Elends, welches sogar die Natur in den Thränen des Himmels zu bedauern schien.

Von allen Seiten durchstreifen in langen, dünnen Linien die Krankenträger das wellige Gelände, Kavallerie-Patrouillen traben über das Schlachtfeld und berittene Offiziere eilen, von Ordonnanzen gefolgt, behufs Abstattung von Meldungen oder zum Befehlempfang dahin.

Hier jammert es den Krankenträgern unter stöhnendem Ächzen flüsternd entgegen: „Wasser, — ich sterbe!“ — Dort sitzt ein preußischer Artillerist mit dem Rücken gegen einen Pferdekadaver gelehnt, die brennende Pfeife im Munde, schweigsam da und starrt in die gewaltige Flammenfackel, welche das brennende Fayet bildet. Die niederkrachenden durchbrannten Sparren der Gebäude scheinen ihn völlig in Anspruch zu nehmen. Er rührt sich nicht, als ihm jetzt die Hilfe naht; was sieht er in den knisternden Flammen?

Teilnehmende Arme umfangen ihn mit der Frage: „Was fehlt dir Landsmann?“

Er antwortet nicht, nur eine matte Bewegung der Rechten deutet leicht nach der linken Brust, welche ein Granatsplitter unter dem Herzen zerrissen.

„Herr Doktor, — bitte hierher!“

Unnötig! Dem Todeswunden entgleitet die Pfeife zwischen

den Zähnen, ein tiefer Seufzer noch und der Sanitätssoldat hält einen Toten im Arm.

Weiter ziehen die Helfer, selbst erschöpft, und doch treu der Pflicht, den Puls der dahingestreckten Körper prüfend.

„Grâce!" wimmert es ihnen schon von weitem aus einer Mulde entgegen. „Grâce, au nom de Dieu" klingt es noch deutlicher; dazwischen stampft es, als nahe Kavallerie. In der That stürmen mehrere herrenlose Pferde daher und ein Schimmel folgt auf drei Beinen den stadtwärts jagenden Rossen.

Die deutschen Verwundeten stöhnen und ächzen, der Franzose jammert laut und klagt sein Schicksal an, noch während ihm der erste Verband angelegt wird.

Welche entsetzliche Ernte hat der Tod überall gehalten! Wo die 29er gekämpft, liegen ganze Reihen, in Kopf und Brust getroffen, dahingestreckt. Einige Leichen halten die Erkennungsmarke in der krampfhaft umschlossenen Rechten, als sei es der Sterbenden letzter Gedanke gewesen, die Lieben daheim sollten erfahren, wie sie treu dem Eide für König und Vaterland gestorben. Andere schauen mit großen Augen gleichsam anklagend zum Himmel auf.

Weiter und weiter geht die Streife, und nur Elend und trostlose Schmerzenswunden zeigt die schaurige Nachtseite des Krieges.

In der Höhe von Grugies liegt an dem Bahndamm ein Offizier, dem die Hüfte zerschmettert. Als die Krankenträger nahen, tönt ihnen als erstes die Frage entgegen.

„Haben wir gesiegt?"

„Freilich, Herr Leutnant, St. Quentin ist genommen!"

„Gott Lob, so kann ich sterben." — Er wendet sich zur Seite und eine wohlthätige Ohnmacht läßt ihn die Schmerzen nicht empfinden, als man ihn aufhebt und zum Verbandplatz ins Dorf trägt.

Gesiegt! Dieser Gedanke ist der einzige Trost der meisten zu Tode Verwundeten.

Gesiegt! durchzuckt es auch jedes noch frisch und kräftig

schlagende Soldatenherz, als spät am Abend der Armee-Befehl des Oberkommandierenden bekannt wird:

„Die französische Nordarmee ist vollständig geschlagen; St. Quentin ist von den Divisionen des Generals von Barnekow und des Prinzen Albrecht, Königliche Hoheit, besetzt, mehrere Geschütze sind im Feuer genommen, über 4000 Gefangene befinden sich in unseren Händen. Ich spreche allen Truppen, welche ich zu befehligen die Ehre habe, meinen Glückwunsch zu dem erfochtenen Siege aus.

„Jetzt handelt es sich darum, diesen Sieg auszubeuten. Heute haben wir gekämpft; morgen müssen wir marschieren, um die Niederlage des Feindes zu vollenden.

„Alle Truppen marschieren morgen fünf Meilen; die Infanterie, indem sie, wenn irgend möglich, die Tornister auf Wagen mit sich führt.

gez.: von Göben."

Bei den höheren Stäben aber wurde als schönste Krönung des Tages von St. Quentin noch der mit Jubel begrüßte Allerhöchste Erlaß bekannt, nach welchem der allverehrte Heldenkönig Wilhelm am 18. Januar zu Versailles die deutsche Kaiserkrone angenommen hatte.

Viele starben ruhig und ergeben in ihr Schicksal, als sie am nächsten Tage die feierlichen Worte ihres Königs vernahmen:

„Mit dem heutigen für Mich und Mein Haus denkwürdigen Tage nehme Ich, im Einverständnis mit allen deutschen Fürsten und unter Zustimmung aller deutscher Völker, neben der von Mir durch Gottes Gnade ererbten Stellung des Königs von Preußen auch die eines deutschen Kaisers an.

„Eure Tapferkeit und Ausdauer in diesem Kriege, für welche ich Euch wiederholt Meine vollste Anerkennung aussprach, hat das Werk der inneren Einigung Deutschlands beschleunigt, ein Erfolg, den Ihr mit Einsetzung Eures Blutes und Lebens erkämpft habt.

„Seid stets eingedenk, daß der Sinn für Ehre, treue Kameradschaft, Tapferkeit und Gehorsam eine Armee groß und siegreich macht; erhaltet Euch diesen Sinn, dann wird das Vaterland immer wie heute mit Stolz auf Euch blicken, und Ihr werdet immer sein starker Arm sein.

Hauptquartier Versailles, 18. Januar 1871.

gez.: Wilhelm."

In unbeschreiblicher Begeisterung brach die erste Armee am nächsten Morgen gegen Norden zur Verfolgung auf. Der letzte Hauch gehörte dem hehren Einiger des deutschen Vaterlandes und in stolzem Jubel wallte es über vieler Tausender Lippen: Kaiser Wilhelm, hoch — hoch — hoch!

VIII.

Bis zum Frieden.

Während die deutschen Divisionen nach der Schlacht bei Bapaume an der Somme die Wacht hielten, gestaltete sich die Sachlage um Rouen und auf beiden Seineufern wesentlich günstiger für uns.

Generalleutnant von Bentheim hatte am 4. Januar dem wieder bis in den Seinebogen südwestlich von Rouen vorgedrungenen Gegner bei Robert le Diable mit seinen Ostpreußen eine so heilsame Lehre erteilt, daß der Feind, welcher überdies all seiner regulären Truppen zu dem beabsichtigten entscheidenden Vorstoß gegen St. Quentin bedurfte auf dem linken Flußufer jede ernste Unternehmung aufgab.

Dasselbe war auf dem rechten Seineufer der Fall, wo sich die Franzosen vor Le Havre darauf beschränkten, die Linie St. Romain-Montevillers durch zahlreiche Franktireur-Banden und neugebildete Mobilgardenbataillone gegen regelmäßig vorgetriebene fliegende Kolonnen zu halten. Demgemäß schritt unter dem Schutz zweier Brigaden in dem Departement der Seine-Inferieure die Beruhigung des Landes im allgemeinen weiter fort und in Rouen konnte mit Emsigkeit an dem Retablissement der Truppen gearbeitet werden.

Nicht so gut hatte es die 4te Brigade unter General von Zglinitzki, welche vor der Austerberthe eine Beobachtungsstellung genommen hatte.

Mit der 2ten Eskadron des ostpreußischen Dragoner-Regiments Nr. 10 und dem Füsilier-Bataillon des 45ten Regiments in Barentin, der 3ten Eskadron desselben Regiments und einer Kompanie 45er in Duclair, gestaltete sich die Wacht der mit ihrem Gros um Roumare und St. Pierre de Varengeville stehenden 4ten Infanterie-Brigade zu einem ununterbrochenen kleinen Krieg, der die höchste Anspannung und Aufmerksamkeit der Vortruppen erforderte.

Feindliche Kanonenboote kamen fast täglich die Seine bis Caudebeck herauf, beschossen die Vorposten und landeten an irgend einem beliebiger Punkt Infanterie-Abteilungen, von denen dann kurz vorher ungehindert westwärts gelangte Patrouillen und Abteilungen auf ihrem Rückwege überraschend angegriffen wurden.

Franktireurbanden tauchten bald hier bald dort zwischen Bolbec und Yvetot auf und erschwerten einen regelmäßigen Patrouillengang der Kavallerie. Auf dem Hinwege ließ diese truppweise in den Gehöften an der Straße versteckte Geißel des Krieges die kleinen Patrouillen regelmäßig passieren, kamen die Reiter, ohne auf den Feind gestoßen zu sein, zurück, so empfing sie aus irgend einem Gehöft wütendes Feuer, und fiel diesen Unholden dann wirklich ein verwundeter oder seines Pferdes beraubter Dragoner in die Hand, so hatte meistens auch seine letzte Stunde geschlagen. In viehischer Roheit ward er mit Kolben oder Steinen ermordet und ausgeraubt. Dabei erwiesen sich diese von Gambetta ins Feld gesandten Retter der belle France als ein panischer Schrecken für ihre eigenen Landsleute. Wo sie erschienen, machten sie 'kurzen' Prozeß,' indem sie sofort die Gütergemeinschaft einführten. Was ihnen begehrenswert dünkte, wurde genommen. Unter dem Vorwande, diesen „maudits prussiens" dürften keine Lebensmittel in die Hände fallen, wurden wahre Schlachten unter dem Federvieh der Landbewohner angestellt und Hühner, Enten, Puten wanderten mit nach Havre, wo sie zu Geld gemacht wurden.

Einem ehemaligen Notar in der Nähe von Bolbec wurden unersetzbare Werke seiner Bibliothek entwendet, andere zerfetzt und der alten Stiche beraubt. Der alte Mann beschwor die Stegreifritter, seine Bibliothek zu schonen, aber er vermochte den geforderten Cognac nicht herbeizuschaffen, und als Verfasser dieser Zeilen auf einem Patrouillenritt bei ihm anfragte, ob etwa Franktireurs im Orte seien, gab er nicht nur willig Auskunft, sondern berichtete thränenden Auges von dem geübten Vandalismus, der schlagend den Niedergang französischer Gesittung beweise.

Solche Art der Kriegsführung zwang unsere Heeresleitung, außerordentliche Opfer an die Leistungsfähigkeit der Truppen zu stellen. Aufgefangene Briefe aus le Havre meldeten den unmittelbaren Vormarsch einer Armee über Yvetot gegen Rouen und die Kanonenboote auf der Seine entwickelten, bis gegen Duclair heraufdampfend, eine immer gesteigertere Thätigkeit.

Man schritt deshalb dazu, unterhalb des letztgenannten Ortes Torpedos im Fahrwasser zu versenken und ganz regelmäßig gemischte Kolonnen aller drei Waffen, von der Austerberthe aus, gegen Bolbec vorzutreiben. Und diese Expeditionen wurden, als ihre Regelmäßigkeit von den Einwohnern der Orte erkannt war, von denselben mit Freuden begrüßt. Die Ostpreußen fanden willige und gute Verpflegung, nachdem sich die Quartiergeber sicher vor der Franktireurrache fühlten.

In der Regel gingen 2 Kompanien, 1 Eskadron und zwei Geschütze gegen Havre vor.

Am 6. Januar überfiel eine solche Kolonne unter Hauptmann von Krzewski morgens früh 3 Uhr Trois Pierres (zwischen Bolbec und St. Romain) und jagte den Feind, unter Verlust von vielen Toten und Verwundeten, bis hinter seine Schanzen vor Harfleur. Als hier den beiden Kompanien des 5ten Regiments mehrere Bataillone entgegentraten und feindliches Geschützfeuer den Beweis lieferte, daß der Feind zum warmen Empfange bereit sei, brach Hauptmann von Kczewski das Gefecht unter dem Schutz der Dragoner ab und marschierte noch in dunkler Nacht nach Bolbec, welches diesesmal unbesetzt gefunden wurde.

Am nächsten Morgen 3 Uhr befand sich die Kolonne bereits in Fécamp am Ozean. Mit affenartiger Geschwindigkeit wurden die Telegraphen längs der Küste zerstört und dann für Offiziere und Leute ein vortreffliches Mahl mit einer Flasche Wein pro Kopf befohlen. Und — um 12 Uhr mittags mochten es die Bürger von Fécamp kaum glauben, daß sie die so plötzlich hergeschneiten Preußen 4 Stunden lang in ihren Mauern beherbergt hatten. Kein Pferdeschwanz war mehr von den zuletzt abmarschierten Dragonern zu sehen.

Wo waren sie hergekommen? — Hatten sie nur auf Kosten der Stadt das Wohl ihres allerhöchsten Kriegsherrn trinken wollen, um dann zu verschwinden?

Hauptmann von Kczewski aber hatte seine Truppen nach Nouville zurückgeführt, ließ dieselben dort ruhen und stand am 9. abends mit seiner Abteilung unbemerkt vor Gainville nahe Harfleur. Nachts 2 Uhr wurde der Ort in lautloser Stille überfallen und der Feind gegen Harfleur zurückgeworfen. Zwei zur Aufnahme vorrückende Infanteriebataillone jagte das wohlgezielte Granatfeuer der beiden Geschütze in wilde Flucht, und Rittmeister von Esebeck trieb nachhauend die Fliehenden hinter ihre Schanzen zurück. Über 50 tote und verwundete Franzosen bedeckten den Kampfplatz. Hauptmann von Kczewski aber überließ dem Gegner den Samariterdienst. Als der Tag anbrach, war er mit den Seinen schon wieder in Bolbec, von wo aus er am nächsten Tage nach Yvetot marschierte, als ihm die Meldung zuging, daß feindliche Kanonenboote bei Caudebec französische Truppen gelandet.

Ein kommenden Tages gegen diesen Ort geführter Vorstoß ergab die bereits ausgeführte Räumung seitens des Feindes und nunmehr erst rückte die Kolonne, welche keinen Tag unter sechs Meilen gemacht, in ihre Kantonnements hinter der gewählten Verteidigungsstellung der 4ten Brigade.

Indessen war auf der großen Straße nach Yvetôt die Ablösung bereits im Vormarsch gegen Bolbec begriffen.

Rittmeister von Frantzius sollte mit zwei Kompanien des 45ten Regiments, einem Pionier-Detachement, seiner Eskadron und zwei reitenden Geschützen vor allem die Eisenbahn zwischen Bolbec und Fécamp zerstören, dann aber — wenn möglich — die Stärke-Verhältnisse der vor Havre versammelten feindlichen Truppen feststellen.

Am 14. Januar früh 4 Uhr rückte diese Kolonne auf der Chaussee gegen Havre vor; Offizier-Patrouillen trabten vorwärts.

Leutnant Hardt sollte über Fécamp nach Bolbec gehen, Leutnant von Prittwitz St. Romain zu erreichen suchen und Leutnant Alberti von Trois-Pierres aus gegen Montivillers rekognoszieren.

Die beiden letztgenannten Offiziere, deren Weg bis hinter Bolbec der gleiche war, erreichten diese in einem waldumschlossenen Thalkessel liegende Stadt bei Tagesanbruch und da die Straßen vollkommen öde dalagen, auch westlich der Stadt durch Patrouillen nichts vom Feinde gesehen wurde, so beschlossen sie, in dem Hof eines Gasthauses den Pferden etwas Brot reichen zu lassen und den Kaffee einzunehmen. Vor der Stadt wurden zwei Vedetten ausgestellt, der Avertissementsposten am Hause nicht vergessen, dann befahl Leutnant Alberti: „Abkandarren!"

Kaum war indessen dieser Befehl befolgt und Offiziere wie Leute befanden sich im Gastzimmer, so fielen erst von den Vedetten her, dann in nächster Nähe des Gasthauses Schüsse.

Alles stürmte in den Hof. Hals über Kopf wurde aufkandarrt.

Leutnant von Prittwitz war mit zuerst auf dem Pferde. Gefolgt von einigen Dragonern sprengte er auf die Straße.

Eine Salve krachte ihm entgegen und von drei Kugeln in

Kopf und Brust getroffen, sank der hoffnungsvolle junge Offizier vom Roß, während die im Ort versteckt gewesenen, nun von allen Seiten herbeieilenden Franktireurs den prachtvollen Rappen des Gefallenen aufgriffen und einen mit seinem Pferde gestürzten Dragoner unter Mißhandlungen gefangen nahmen. In einem Augenblick war Dragoner Dauer seiner Stiefel entledigt und ihm die Taschen durchsucht. Als wenn man einem blutdürstenden Rudel Wölfe ein Fleischstück hinwirft, so sammelte sich die wüste Bande um ihr Opfer; auch die Leiche des Offiziers ward geplündert. Dank dieser gemeinen diebischen Lüsternheit gelang es jedoch Leutnant Alberti mit den Dragonern durch eine Seitengasse zu entkommen.

Zwar sandten ihnen nun die „Frank-Knalleurs" ungezählte Schüsse in der engen langgestreckten Straße nach, aber nur die Fensterscheiben der aus dem Schlummer geschreckten Bürger hatten unter dem verpufften Pulver zu leiden.

Sie sollten bald sehen, wie die Deutschen ihr kostbares Pulver verwerteten.

Rittmeister von Frantzius langte auf der Höhe östlich der Stadt an und als seine Patrouillen aus den ersten Häusern Feuer erhielten, glaubte er sich berechtigt, anzunehmen, die Stadt sei stark besetzt. „Mit Granaten geladen! Sechshundert Schritt! Erstes Geschütz — auf das Haus, aus dem die Schüsse fielen — Feuer!"

Ein halbes Dutzend Granaten mußte genügt haben, den Feind in völlige Flucht zu treiben. Als Rittmeister von Frantzius die Stadt durch seine Infanterie absuchen ließ, war kein Franktireur mehr in Bolbec. Da indessen die Beteiligung von Zivilpersonen an dem ausgeführten Überfall festgestellt war, so mußte die Stadt eine zuvörderst nur teilweise aufgebrachte Kontribution von 100,000 Franken zahlen. Die ausgeraubte Leiche des gefallenen Offiziers wurde nach Roumare zurückgebracht, wo sie einige Tage später zur ewigen Ruhe bestattet wurde.

Während in Bolbec die Strafexekution vollzogen wurde, bewirkte das Pionier-Detachement unter dem Schutz eines Dragonerzuges bei Beuzeville unbehindert die Sprengung der Bahn und gelangte für die Nacht nach Bolbec zurück.

Gegen Morgen des 15. Januar rückte die Kolonne Frantzius gegen St. Romain vor. Ohne Schuß gingen die Kompanien ins Dorf hinein und trieben den Gegner vor sich her, allein westlich des Ortes standen vor Porte-rouge mehrere Bataillone zur Aufnahme bereit. Es entwickelte sich ein längeres Feuergefecht, in welchem die preußischen Kompanien mehrere Tote und viele Verwundete hatten und auch Rittmeister von Frantzius das Pferd unter dem Leibe erschossen ward; allein einen genauen Einblick in die Stärkeverhältnisse vermochte man gegenüber der numerischen Überlegenheit des umfassend vorgehenden Gegners nicht zu gewinnen. Rittmeister von Frantzius brach also das Gefecht ab und ging mit seiner Kolonne nach Yvetôt zurück, wo ihm die neue Ablösungskolonne unter Major von Helmschwerdt entgegenkam.

Bei dieser Abteilung befand sich auch Verfasser dieses mit einem Zuge der 2ten Eskadron des ostpreußischen Dragoner-Regiments Nr. 10 und möge es ihm gestattet sein, ein Begebnis zu berichten, welches für ihn noch heute eine angenehme Rückerinnerung an jene Zeit ununterbrochener dienstlicher Anspannung bildet.

Es war starkes Schneetreiben eingetreten, und da unsere Dragoner auf den weiten Patrouillenritten außerordentlich durch Kälte und Wetter litten, so beschloß ich, kaum in Yvetôt ins Quartier gekommen, diesem Zustande abzuhelfen. Mit Erlaubnis des Detachementsführers begab ich mich in eines der größten Tuchgeschäfte der Stadt und requirierte kurzer Hand ein Stück dunkelgrauen Tuches, um durch zusammengeholte Schneider für meine Leute Kapuzen fertigen zu lassen.

Der Inhaber des Geschäftes, ein alter, würdiger Herr, war anfangs durchaus nicht erfreut über den Gedanken, ein wertvolles Stück seines Lagers gegen einen Bon hergeben zu müssen, allein sein Gesicht klärte sich nicht nur auf, als ich ihm die Notwendigkeit auseinandersetzte, nach Kräften für meine Leute sorgen zu müssen, sondern er rief auch aus einem Nebenzimmer einen jüngeren Herrn, dessen Züge auf eine nahe Verwandtschaft mit ihm wiesen.

Während ich den Bon schrieb, schien er jenen über mein Verlangen aufzuklären, und als ich ihm dann die Empfangsbescheinigung hinreichte, gab er dieselbe, nach einem kurzen Blick darauf, mit den Worten an den Jüngeren:

„Sieh, mein Sohn, wenn unsere Offiziere bei jeder Gelegenheit so an das Wohl ihrer Leute dächten, ständen wir jetzt nicht vor dem Anfang vom Ende.“

Nun aber begab sich etwas Wunderbares. Der von dem alten Herrn Angeredete trat, starr auf meine Unterschrift blickend, an mich heran und fragte mit gespanntem Ausdruck in gutem Deutsch: „Herr von Pressentin?“

In hohem Grade verwundert, bejahte ich.

„Etwa aus Ostpreußen?“

Das überstieg für mich fast das Begreifliche; ich nannte ihm meine Heimat und fragte: „Ist Ihnen ein Träger meines Namens bekannt?“

Unter freudigem Ergreifen meiner Hände ward mir entgegnet: „Seit langen Jahren lasse ich für meine ausgedehnte Wollspinnerei in Louvier regelmäßig die Kanoter Wolle kaufen und bin stets vortrefflich dabei gefahren.“

Und nun überstürzten sich die Fragen von Vater und Sohn: „Wo liegen Sie im Quartier?“ — „Wann marschieren Sie?“ —

Das wurde denn nun freilich ein lustiger Tag. Selten habe ich so feine Weine getrunken, nie bin ich in Frankreich mit so ausgesuchter Liebenswürdigkeit überschüttet worden und als ich dann gegen Abend Befehl erhielt, in der Nacht mit meinem Zuge gegen Bolbec vorzugehen, waren die Kapuzen für meine Leute — deren Anfertigung der Vater des Fabrikanten besorgt — fix und fertig.

Ehe ich gegen 3 Uhr am nächsten Morgen in den Sattel

stieg, drückten mir Vater und Sohn die Hand und boten mir: „Bonne chance!“

Und die Expedition Helmschwerdt verlief in der That völlig unblutig. Die Franzosen schienen, über das Heranrücken der Mecklenburger genau informiert, den Gedanken an einen Angriff auf Rouen fallen gelassen zu haben, und sahen nur vorsichtig dann und wann aus ihren Schlupfwinkeln hervor.

Nachdem die von der Kolonne Frantzius in Bolbec unter Pflege der barmherzigen Schwestern zurückgelassenen Verwundeten nach Rouen zurückgeschafft, die Unfahrbarkeit der zerstörten Bahn festgestellt und nach allen Seiten rekognosciert war, trat Major von Helmschwerdt am 27. den Rückmarsch nach Yvetôt an, wo zunächst 1½ Eskadronen 2ter Garde-Dragoner und dann am 28. Januar die Ablösungstruppen von der mecklenburgischen Division Tresckow eintrafen.

Hatte die 4te Brigade in dem vorstehend gekennzeichneten Sicherheitsdienst an der Austerberthe während des Januar eine die ganze Pflichttreue von Offizieren und Leuten erfordernde schwierige Aufgabe, so war Rouen unter diesem sicheren Schutz inzwischen zum beliebten Sammelplatz aller dienstfreien Offiziere und Mannschaften geworden. Das Einvernehmen zwischen der Bevölkerung und unseren Truppen war überall vorzüglich, die Verpflegung überreichlich und Restaurants, Cafés und Läden machten an den Deutschen die besten Geschäfte.

Für die 4te Brigade war aber die Zeit der Erholung nur von kurzer Dauer. Am 29. Januar setzte sich die 2te Infanterie-Division nach Dieppe in Marsch, um eventuell von dort aus gegen die auf 40,000 Mann geschätzte Armee bei Le Havre an der Küste entlang vorzugehen.

Bei fünf Grad Kälte ging es vorwärts gegen das Meer, allein schon während des ersten Marsches wurde die Nachricht bekannt, daß die Pariser Forts von deutschen Truppen besetzt seien und vom 31. Januar ab eine dreiwöchentliche Waffenruhe eintreten solle.

In der Nacht vom 29. zum 30. Januar erhielt Oberst

von Einem den Befehl, mit dem 5ten Regiment, 2 Eskadronen Ostpreußischer Dragoner und der reitenden Artillerie schleunigst nach Dieppe vorzugehen, um diese Stadt noch vor dem 31. mittags 12 Uhr zu besetzen, infolge welchen Befehles es denn in Dieppe fast noch zu einem Gefecht gekommen wäre. Kriegsschiffe lagen daselbst am 31. beim Eintreffen der Dragoner im Hafen, Marinesoldaten hielten die Mairie besetzt und deren Kommandant weigerte sich, die Stadt zu räumen.

General von Göben befahl indessen auf telegraphische Anfrage die Besetzung unter allen Umständen.

Der 31. verging, da die Infanterie noch nicht heran war, unter resultatlosen Verhandlungen und die Dragoner bezogen vor den Thoren der Stadt Quartiere.

Glücklicherweise sollte kein weiteres Blut mehr vergossen werden. Die Unterhandlungen mit den Franzosen kamen gegenüber dem Vorrücken unserer Kolonnen zu schnellem Abschluß und die feindliche Besatzung dampfte auf zwei Fregatten vor den Augen der einrückenden Ostpreußen nach Norden ab. Die 2te Infanterie-Division aber bezog in und um Dieppe und an der Küste entlang Quartiere.

In denselben fand zwar gegen Ende des ursprünglichen Waffenstillstandes eine Verschiebung zur neuen Gefechtsbereitschaft statt, als aber die Verlängerung bekannt wurde, durften sich die Truppen wieder räumlich ausdehnen. Leute und Pferde erholten sich, Bekleidung und Ausrüstung von Mann und Pferd wurden in stand gesetzt und in unermüdlicher Thätigkeit alles vorbereitet, um bei etwaigem Wiederausbruch der Feindseligkeiten den Gegner vollends niederschmettern zu können.

Gegen Mitte des Monats Februar fiel der Kavallerie noch ein höchst peinlicher Dienst zu. Um unseren Truppen eine Zulage zu verschaffen und nebenher auch die große, breite Masse der Franzosen, welche die Härten des Krieges noch nicht so recht eigentlich zu fühlen bekommen hatten, einem Frieden geneigter zu stimmen, war aus dem großen Hauptquartier zu Versailles die Beitreibung einer Kriegs-Kontribution von 25 Franken pro

Kopf der Bevölkerung anbepfohlen worden. Wo diese Summen von den Gemeinden nicht aufgebracht werden konnten, sollten Geiseln genommen und nach Rouen geschafft werden.

Dem Verfasser fiel die Aufgabe zu, mit 3 Zügen der 2ten Eskadron Ostpreußischen Dragoner-Regiments Nr. 10 die genannte Kontribution von den Gemeinden des Kantons Pavilly einzutreiben, und diese Tage werden ihm ewig unvergeßlich bleiben.

Fielen unsereinem die Requisitionen während des eigentlichen Krieges oft schon schwer genug, wenn es mitunter zum Zwecke der Selbsterhaltung galt, der armen Witwe die letzte Kuh aus dem Stall zu nehmen oder das sorgfältig verborgene Schwein zu entführen, so forderte die Erhebung dieser Geldkontribution eine Selbstüberwindung noch weit härterer Art. Gestatte mir der Leser, ihm in kurzen Umrissen zu schildern, wie das unerquickliche Geschäft verlief.

Am 12. Februar ging ich mit der Schwadron nach dem fabrikreichen Pavilly, marschierte vor der Maire auf und versuchte den Maire für den Gedanken zu gewinnen, die auf den Kanton entfallende Gesamtkontribution durch eine Kantonal-Anleihe aufzubringen. Derselbe erklärte dieses indessen bei den obwaltenden Kriegsverhältnissen für vollständig unmöglich.

Ich glaubte den Gedanken jedoch als den kürzesten Weg zum Ziele zunächst festhalten zu müssen und sandte deshalb durch kleine Patrouillen an alle Maires des Kantons Befehl, sich bei Strafe von 100 Franken am nächsten Mittage 12 Uhr auf der Mairie in Pavilly einzufinden. Die Herren erschienen, und ich versuchte ihnen in längerer Auseinandersetzung klar zu machen, daß die gemeinsame Anleihe für sie das beste sei.

Aber ich hatte gut reden. Sagte der eine ja, so fielen 10 andere mit Vorwürfen über ihn her. Einzelne Gemeinden wollten wohl kleine Abschlagszahlungen leisten, aber alle erklärten die geforderte Summe für unerschwinglich.

Dabei stieg die Aufregung unter den Gemeinde-Vertretern in einem so hohen Grade, daß mit Rücksicht auf die vor der

Mairie zusammengerottete feindselige Fabrikbevölkerung, welche nach Tausenden zählte, die Lage bedenklich zu werden schien. Ich sah, daß ich auf diese Weise nicht zum Ziele kam, und verpflichtete jeden einzelnen Maire, die auf seine Gemeinde entfallende Quote binnen 24 Stunden an mich nach St. Austerberthe zu zahlen, oder die rücksichtslose Einziehung von Geiseln zu gewärtigen.

Die Zeit verstrich und ich hatte in dem etwas nördlich von Pavilly gelegenen St. Austerberthe, wo ich bei dem Baron Adam Quartier genommen, auch nicht einen Sous. Jetzt galt es schnell und entschieden zu handeln oder besonders in Pavilly auf unangenehme Zusammenstöße gefaßt zu sein. In der Umgegend wurden eine Anzahl Wagen requiriert und der Rest des Tages benutzt, um mir die Adressen der reichsten und angesehensten Einwohner der verschiedenen Gemeinden zu beschaffen.

Um 3 Uhr in der Nacht zum 15. brachen die drei Züge in Begleitung zugeteilter Wagen nach verschiedenen Richtungen auf. Jede Unterhandlung sollte ausgeschlossen werden, sämtliche Geiseln bis mittags 12 Uhr in einem einsamen Gasthaus zu St. Quen de Breuil vereinigt sein. Ich selbst wandte mich mit meinem Zuge nach Pavilly. Das Haus des mehrfachen Millionärs, Fabrikbesitzers Cerf, wurde umstellt, und ich klopfte. Ein alter Diener öffnete.

„Ich wünsche Ihren Herrn zu sprechen!“

„Herr Cerf schläft und ist erkältet. Es ist völlig unmöglich, ihn zu wecken.“

„Nichtsdestoweniger werden Sie mich zu Ihrem Herrn führen. — Vorwärts, ich habe keine Minute Zeit!“

„Mais, monsieur!“

Das Klopfen, die Unterredung hatten den Fabrikbesitzer geweckt. In der Thüre seines Schlafzimmers trat mir der kleine korpulente Greis, einen schußfertigen Revolver in der Rechten, wie er aus dem Bette gestiegen, mit der Frage entgegen:

„Qu'est-ce que cela?“

„Mein Herr, legen Sie zuvörderst den Revolver weg und

dann ziehen Sie sich an. Der Kanton Pavilly hat die ihm auferlegte Kontribution im Laufe des gestrigen Tages nicht gezahlt, Sie werden mir sofort als Geisel nach St. Oueu de Breuil folgen.

Der alte Herr brach unter dieser Erklärung fast zusammen, seine Leute weinten und jammerten, aber was half es? In Gegenwart eines Unteroffiziers mußte er sich ankleiden; dann wünschte er den Kaffee zu nehmen. Aber auf den Straßen wurde es lebendig, Blusenmänner strömten trotz der Nachtstunde in vollem Lauf von allen Seiten herbei. Ich mußte ihm erwidern: „Auch ich habe noch keinen Kaffee getrunken. Sie können das im Gasthof zu St. Oueu de Breuil nachholen."

Einen Augenblick später fuhr der Bedauernswerte unter Bedeckung von Dragonern seinem Bestimmungsort entgegen, ich aber trabte mit meinem Zuge nach Barrentin.

Dort war Herr Damilaville, Besitzer einer großartigen Spinnerei, bei dem ich während 6 Wochen im Quartier gelegen und eine geradezu aufopfernde Gastfreundschaft genossen hatte, der einzige Mann von Gewicht und Ansehen. Mit welchem Gesicht sollte ich vor ihn treten und die Forderung an ihn stellen: „Begleiten Sie mich!" Und doch mußte es sein. Der Befehl schrieb unerschütterliche Strenge vor.

Was ich gesagt hätte, ich weiß es nicht. Glücklicherweise sollte mir diese Pein erspart werden. Herr Damilaville empfing mich mit den Worten: „Ich soll Sie als Geisel für Barentin begleiten?"

Auf meinem Gesicht mußte er die Antwort gelesen haben. Er klopfte mir lachend auf die Schulter und meinte: „Deshalb bleiben wir doch gute Freunde. Nur bitte ich Sie, mir zu gestatten, daß ich mich heute mittag selbst in Rouen stelle. Ich gebe Ihnen mein Wort darauf, daß ich mich präzis 12 Uhr beim Oberst von Burg in Rouen melde."

Ich nahm das Wort dieses Ehrenmannes an und hatte es nicht zu bereuen; pünktlich kam er seiner Verpflichtung nach. Wir frühstückten sogar noch zusammen und tranken ein Glas

Sekt auf baldigen dauernden Frieden. Und noch heute stehe ich mit diesem Vorbild eines liebenswürdigen Franzosen in freundschaftlicher Korrespondenz, und zu jedem Neujahr sendet er mir seine Glückwünsche.

Um 12 Uhr waren, nach meiner Rückkehr, in St. Oueu de Breuil an Geiseln und Vertretern der Gemeinden über 50 Personen versammelt. Um 1 Uhr hatte ich die Kontribution, mit Ausnahme von zwei Orten, in der Tasche.

Aber wie? — Das Jammern von Müttern, Frauen und Töchtern, die nach und nach eingetroffen waren, um die Entlassung der Ihrigen zu erflehen, hatte mich ungerührt lassen, die Beschwörungen der Männer mich taub finden müssen! Glücklicherweise wurde gerade durch die entfaltete Rücksichtslosigkeit mein unsympathisches Kommando schnell beendet und ich konnte mit meinen Leuten wieder in das herrlich gelegene Kantonnement am Ozean abrücken.

Das erste Frühlingswehen ging jetzt mit sicherer Friedenshoffnung Hand in Hand. Viele Offiziere nahmen einen kurzen Urlaub und reisten über Dieppe nach London, die Leute lebten einen guten Tag und gewöhnten sich wieder an die genau bestimmten Formen des Friedensdienstes. Und als dann am 2. März die freudig begrüßte Kunde von Mund zu Mund flog, die Friedenspräliminarien seien unterzeichnet, da ward sich erst jeder Soldat der Armee recht klar darüber, zu welchen gewaltigen Errungenschaften ihre großen Schlachtenlenker sie geführt. Jeder fühlte, daß die eiserne deutsche Disziplin mit der anscheinend bis ins kleinliche gesteigerten Detailausbildung solche Erfolge allein möglich gemacht und nichts zeigte sich von dem Übermute der Sieger. Offiziere und Leute hatten sich kennen gelernt, und bis ins kleinste Gefüge unerschüttert stand die geeinte deutsche Armee auch nach dem Riesenkampf auf dem Plan.

Und der Gegner?

Alle Landstraßen bedeckten sich mit aus le Havre entlassenen Mobilgarden. Truppweise wanderten sie daher, beschimpften den gefangenen Kaiser, schwuren wie große Kinder darauf, daß sie von ihren besten Führern verkauft und verraten seien, fluchten dem Gott, der Frankreich verlassen, und versicherten dann in einem Atem: „Aber in zwei Jahren werden wir uns Elsaß und Lothringen schon wieder holen!"

Inzwischen arbeiteten wir Deutsche daran, die Anzüge und Ausrüstungsgegenstände sauber zu machen. Denn wir sollten ja unseren über alles geliebten Kaiser wiedersehen, der die Absicht ausgesprochen hatte, am 12. bei Rouen eine Parade über das I. Korps und die mecklenburgische Division abzunehmen. Den Kaiser wiedersehen! Vor seinem väterlich milden und doch scharf prüfenden Auge zu bestehen: das war der Gedanke, welcher Offiziere und Leute beherrschte!

Am 4. März rückte die 2te Division in die ihr in und um Rouen zugewiesenen Kantonnements. Am 6. hielt der stellvertretende kommandierende General des ersten Armee-Korps, General von Bentheim, eine Musterung über die Garnison von Rouen ab, die zur vollen Zufriedenheit ausfiel, und vielleicht für keine Parade wurden jemals mit solcher Begeisterung von allen Seiten die Vorbereitungen getroffen, wie zu derjenigen, die am 12. März 1871 vor unserem Allerhöchsten Kriegsherrn stattfinden sollte.

Da kam der 11. März, an dessen Nachmittag Seine Majestät mittelst der Bahn eintreffen sollte, und brachte uns insofern eine schmerzliche Enttäuschung, als Kaiser Wilhelm durch ein Unwohlsein verhindert war, persönlich zu erscheinen. Doch hatte er in gewohnter Güte Seine Königliche Hoheit den Kronprinzen, den bewährten ritterlichen Sieger von Weißenburg und Wörth, mit seiner Stellvertretung betraut, so daß wir uns also nicht umsonst gefreut hatten.

Leider fiel aber ein Mißton in die allgemeine Jubelstimmung, welche bald in kaum verhaltene Wut überging; man sah nämlich, daß es die Franzosen eigentlich auf eine geflissentliche Beleidigung unseres Kaiserlichen Herrn abgesehen hatten. Am Morgen des 11. blieben nämlich sämtliche Läden von Rouen, wie auf Verabredung, geschlossen und nach und nach bedeckten sich fast alle Häuser der Quais und Hauptstraßen mit schwarzen

Trauerfahnen, auf welche schauerliche Gerippe und Totenköpfe gedruckt waren. Die Fronten der Gebäude wurden in ihrer ganzen Breite mit Flor beschlagen und von Stunde zu Stunde gewann die selten schöne Stadt mehr und mehr ein düsteres, unheimliches Aussehen. Man begann sogar, die Restaurants an den Quais zu schließen und versuchte es hier ebenfalls, schwarze Fahnen anzubringen, allein nun war die Langmut des Generals von Bentheim erschöpft.

Die zur Parade des kommenden Tages in die Stadt rückenden Truppen erhielten Befehl, sich selbst und zwar in der Weise in den Hauptstraßen einzuquartieren, daß in jedes mit Trauerfahnen geschmückte Haus 50 Infanteristen gelegt würden.

Viele Fahnen verschwanden, als aber unser geliebter Kronprinz um 5½ Uhr mittelst Sonderzuges eintraf und in einer zweispännigen offenen Extrapost vom Bahnhof durch eine schweigsame düstere Menge nach der Präfektur fuhr, stießen seine Blicke noch überall auf diese widerliche Demonstration der Bewohner.

Was hatten dieselben damit erreichen wollen? Glaubten sie den hohen Herrn mit derartigem Firlefanz zu schrecken? Meinten sie dem unerschrockenen Heerführer der Deutschen durch ihre Kinderei auch nur eine unangenehm Stunde zu bereiten? Wenn sie dies geglaubt, so sahen sie sich völlig enttäuscht. Die männlich offenen Züge des hohen Herrn schienen im Gegenteil von dem Karnevalsscherz belustigt. Das Fäusteballen der Maulhelden mochte dem an der Seite eines Adjutanten ohne jede Bedeckung durch die Straßen Fahrenden höchst scherzhaft vorkommen. Auf alle Fälle imponierte er den Franzosen gewaltig, und wiederholt hörte Verfasser Arbeiter in den unwillkürlich bewundernden Ruf ausbrechen:

„Quel Gaillard“! —

Am Vormittage des 12. März durften dann das I. Korps und die 17te Division vor Seiner Kaiserlichen Hoheit Zeugnis dafür ablegen, daß sie jeden Augenblick bereit seien, dem Rufe ihres Allerhöchsten Kriegsherrn von neuem zu folgen. Auf einer Wiese am südlichen Seineufer erwarteten die drei Divisionen, in zwei Treffen aufgestellt, den Kronprinzen.

Und nun kam er, mit enthusiastischem Hurra empfangen, dahergesprengt. In der Blüte seiner Jahre, kraftstrotzend, machte er, wie er nach dem rechten Flügel galoppierte, auf die Truppen einen geradezu begeisternden Eindruck. Nachdem die Treffen abgeritten waren und auch der Vorbeimarsch beendet war, fand auf dem Paradefelde noch ein Dankgottesdienst statt, an dessen Schluß es viel tausendstimmig über das Feld brauste: „Ehre sei Gott in der Höhe!"

Der vielgeliebte Kaisersohn hatte den einen Teil der ersten Armee gesehen und erklärt, er wolle über den vorzüglichen Zustand der in Parade gestandenen Truppen seinem Vater berichten; er eilte von Rouen nach Amiens, um dort auch die anderen Divisionen der Armee zu besichtigen und dann als jubelnd begrüßter Sieger mit Seiner Majestät in die Heimat zurückzukehren.

Kaiser Wilhelms Güte ließ ihn aber nicht von seiner Armee scheiden, ohne ihr selbst noch wenigstens ein Lebewohl zuzurufen. Unter dem 15. März erging von Nancy aus der nachstehende Armeebefehl:

„Soldaten der deutschen Armee!

„Ich verlasse an dem heutigen Tage den Boden Frankreichs, auf welchem dem deutschen Namen so viel neue kriegerische Ehren erwuchsen, auf dem aber auch so viel teures Blut geflossen ist. Ein ehrenvoller Frieden ist jetzt gesichert und der Rückmarsch der Truppen in die Heimat hat zum Teil begonnen. Ich sage Euch Lebewohl, und danke Euch nochmals mit warmem und gehobenem Herzen für alles, was Ihr in diesem Kriege durch Tapferkeit und Ausdauer geleistet habt. Ihr kehrt mit dem stolzen Bewußtsein in die Heimat zurück, daß ihr einen der größten Kriege siegreich geschlagen habt, den die Weltgeschichte je gesehen, — daß das teure Vaterland vor jedem Betreten durch den Feind geschützt worden ist, und daß dem deutschen Reiche jetzt Länder wieder erobert worden sind, die es vor langer Zeit verloren hat. — Möge die Armee des nunmehr geeinten Deutschland dessen immer eingedenk sein, daß sie sich nur bei stetem Streben nach Vervollkommnung auf ihrer hohen Stufe erhalten kann. Dann können wir der Zukunft getrost entgegensehen.

gez.: Wilhelm."

Auch wir wollen die Feder nicht niederlegen, ohne die feste Überzeugung auszusprechen, daß der Geist des großen Herrschers für und für mit unserer Armee sein wird, und daß es auch bei unseren Kindeskindern dereinst wie heute heißen soll: „Ganz Deutschland hält die Wacht!"

WEITERE UMGEBUNG VON STRASSBURG

Geograph. Anstalt von Wagner & Debes, Leipzig

1: 200.000. Kilometer.